创建乡村发展新模式

CHUANGJIAN XIANGCUN FAZHAN XINMOSHI

——可持续农村发展论

—KECHIXU NONGCUN FAZHANLUN

[日]小田切德美 编

廉 成 译

中国农业出版社
北 京

图书在版编目（CIP）数据

创建乡村发展新模式：可持续农村发展论／（日）小田切德美编；廉成译. -- 北京：中国农业出版社，2024.12. -- ISBN 978-7-109-32928-7

Ⅰ. F331.3

中国国家版本馆 CIP 数据核字第 2025UB0540 号

ATARASHII CHIIKI O TSUKURU：JIZOKUTEKI NOUSON HATTEN RON
edited by Tokumi Odagiri
© 2022 by Tokumi Odagiri
Originally published in 2022 by Iwanami Shoten，Publishers，Tokyo.
This simplified Chinese edition published in 2025
by China Agriculture Press Co.，Ltd.，Beijing
by arrangement with Iwanami Shoten，Publishers，Tokyo

本书中文版由日本岩波书店授权中国农业出版社独家出版发行，本书内容的任何部分，事先未经出版者书面许可，不得以任何方式或手段刊载。

著作权登记号：图字 01 - 2025 - 0830 号

创建乡村发展新模式——可持续农村发展论
CHUANGJIAN XIANGCUN FAZHAN XINMOSHI — KECHIXU NONGCUN FAZHANLUN

中国农业出版社出版

地址：北京市朝阳区麦子店街 18 号楼
邮编：100125
责任编辑：姚　佳　王佳欣
版式设计：王　晨　　责任校对：张雯婷
印刷：中农印务有限公司
版次：2024 年 12 月第 1 版
印次：2024 年 12 月北京第 1 次印刷
发行：新华书店北京发行所
开本：720mm×960mm　1/16
印张：13.5
字数：250 千字
定价：88.00 元

序

PREFACE

农村地区的发展历来都是社会各界关注的焦点。

首先，让我们回顾一下近年日本农村地区的发展状况。2014 年提出的"地方消亡论"揭示了农村地区人口减少的问题，并将 896 个市町村①级行政区列入"有可能消亡的行政区（城镇）"名录。虽然名录中也包括东京下辖的一些特别区，但大部分被列入名录的是农山渔村地区（本书简称为"农村"）。这引发了农村居民的普遍焦虑与部分人的绝望情绪，他们担忧自己所在的地方是否也会面临消亡的风险。

日本政府以"地方消亡论"为契机，迅速推出了"地方创生"这一政策领域，并制定了相应的法律（《城镇、人口、工作创生法》）和预算方案。自此，社会上掀起了"地方创生"热潮，农村地区对该政策的期待也随之增强。

"地方创生"政策实施已行之数年，针对政策效果的负面评价也屡见不鲜。总体而言，农村的人口减少和老龄化问题尚未得到有效遏制。然而，由"地方创生"热潮所引发的年轻人回归田园的现象，已日益受到社会的高度关注。2020 年暴发的新冠疫情在大城市迅速传播，暴露了东京人口过度集中与密度过高的问题。为了躲避疫情，东京开始出现人口减少的新趋势。人口密度较低的农村地区因此备受关注。然而，疫情之后回归田园是否会出现飞跃式增长，仍有待观察。

总体而言，农村地区的状况正受到多方面的关注，其定位正在迅速变化。因此，农村地区在成为热点话题的同时，也带来了积极的一面，即人们对农村地区的兴趣正在不断提高。例如，关于涵盖外国人在内的农村移

---

① 市町村为日本对于市、町、村等"基础自治体"（基础的地方公共团体）的总称，也是日本最底层的地方行政单位。——编者注

居、创业活动，以及反映偏远地区农村的孤独定居者等题材的电视节目，已不再罕见，甚至可以说是近年电视荧屏上的"常规节目"。

然而，即使在公众高度关注之下，仍然存在着诸如"农村真的会消亡吗""田园回归是否有可能性""农村没有工作吗"等疑问。因此，迫切需要重新客观、系统地分析农村地区的现状，并揭示农村地区的现实情况与所面临的问题。特别是，希望以易于理解的方式向年轻人传达农村问题研究的趣味性以及对这些疑问的根源探索与未来展望，就是本书出版的目的所在。

因此，本书旨在作为研究"农村问题"与"地方区域问题"的教材。更具体地说，我们期望本书能够作为大学地方区域研究系、农学系、经济学系、社会学系等专业课程的讲义及研讨会的教材来使用。为了满足这一需求，我们在每章中附带了相关的文献介绍，以供读者深入学习与参考。

*

2013 年，笔者在岩波书店出版了《农山村复兴的挑战：从理论到实践》一书（以下简称《挑战》）。然而，正如序开头所述，经过 8 年的发展，农村地区发生了翻天覆地的变化。数据和政策状况都需要进行更新。不仅如此，本书与《挑战》在以下三个方面有所不同，这些差异都在书名中有所体现。

首先，研究对象从"农山村"扩展到"农村"。"农山村"通常指中山间地区或人口稀少的偏远地区等条件相对不利的农村区域。人口社会性减少是这些地区的典型趋势。然而，如今即使是城市周边的农村也普遍存在这种现象。各种"空洞化"现象正在从山区向平原扩展。换言之，在"农村的农山村化"进程中，扩大研究对象和研究领域是不可或缺的。

其次，本书标题中的动词使用了"创建"而不是"挑战"。"挑战"一词带有"朝着更高目标努力"的含义。过去，农村地区的地方建设确实是一种"挑战"。然而，现在的"地方建设"已在日本全国范围内普及，与其说是"挑战"，不如说是一种普通的建设行为。而且，随着地方建设的积累，它已经开始与更大规模的举措紧密相连，即"创建"新社会。也就是说，农村已成为以居民为首的众多参与者开展"创建"活动的场所（平台）。因此，我们用"创建新乡村"来表达这一概念。

最后，本书副标题为"可持续农村发展论"。众所周知，"可持续发展"（sustainable development）一词及其翻译存在着各种各样的争论。它的原意是指建立一个能克服下一代人与当代人之间冲突的社会。它并不仅仅意味着"持续性"或"稳定性"。随着其被作为SDGs（联合国可持续发展目标）收录并逐渐普及，经济、社会与环境这三大要素的协调发展受到了重视。在农村地区，尤其是在地方政府（自治体）谋求发展的举措中这已成为一个理所当然的议题。本书就是在这样的时代背景下探讨农村复兴问题，并因此倡导"可持续农村发展论"。

＊

本书旨在具体阐述"可持续农村发展"，除了序和第十一章结语外，各章节的标题均以"新（的）"及"创建（与该词含义相近的词汇）"这两个词来连接主题。在此基础上，第二至七章分别将"培育新型人才""打造新工作岗位""建设新经济循环体系""创建新社区""地域资源利用与管理新模式""人口流动新动态"等定位为各自独立的论点。这些都可视为可持续发展所不可或缺的实践要素；并在整合这些要素的基础上，探讨了地方社区、地方自治体、国家各层级应对措施的方向性（广义上的政策），并分别在"构建新的复兴进程"（第八章）、"制定新政策"（第九章）、"建设新国土"（第十章）中论述。此外，为便于读者理解本书旨趣，开头位置便安排了"新地方发展理论"（第一章）作为基础。因此，本书以"理论—要素—政策"的结构安排，整体论述了如何将"可持续农村"作为"新地方（乡村）"进行"创建"。

本书各章节的内容相互独立，读者可以根据兴趣和需求选择阅读的顺序。同时，本书在第十一章（结语部分）对各章要点进行总结，并阐述农村问题的整体图景，因此读者也可以选择优先阅读该章。

本书的编撰邀请了具有不同专业背景的学者共同参与，以实现多学科交叉的视角。除最后一章外，各章主题所对应的专业领域如下：

第一章地方发展理论（经济地理学）；

第二章人才（农业与农村经营学）；

第三章工作（农村地理学）；

第四章经济循环（区域环境经济学）；

第五章社区（区域社会学）；

第六章地域资源利用与管理（农业土木学）；

第七章新的人口流动（区域规划学）；

第八章复兴方式与过程（农村经济学）；

第九章政策（行政学）；

第十章国土（经济地理学）。

具有多学科背景的学者共同执笔是本书的一个特点。这是为了在日本建立与欧美一样的"农村问题研究学（rural studies）"，即对农村问题进行综合分析的学科。这种跨学科的研究方法有助于更全面地理解农村问题，并为解决该问题提供更全面的视角。

此外，各执笔者都是各自所在领域的新一代领军人物。他们中的大多数成员都担任着各自所在学会的重要职务。农村问题研究学的最终建立，包括国际比较，将由他们这一代人完成。期待本书能成为他们迈出第一步的踏板。

本书还设立了专栏栏目，邀请来自学界、新闻界和地方自治界的学者与实践工作者撰写基于实地调研的短篇论文。由于篇幅限制，涉及案例的内容已尽量简化，但这9篇专栏文章对本书进行了补充。同时，这些专栏内容也对与农村相关的"术语与数据""生活与生产""自治体及其政策"等方面提出了尖锐的观点。这些观点和见解为本书增添了多样性和深度，使其更加贴近现实和具有实用性。

本书从紧贴农村实地的视域对"地方（乡村）建设"维度进行了充分论述。因此，本书除可作为大学教材之用，也自然具有地方建设实践手册的属性。我们希望那些有志于地方振兴并致力于实践的地方政府（自治体）、非营利组织（NPO）的工作人员以及地方领导者也能拨冗展阅本书。谨望此书能为推进可持续农村发展实践做出些许贡献。

小田切德美

2022年1月

目 录
CONTENTS

第一章 CHAPTER 1

新地方发展理论

[日]立见淳哉

第一节 本章讨论的问题

本章旨在从资本主义这一较为宏观的视角出发，深入探讨时代变迁的背景之下，可持续性新地方区域发展理论的发展方向。

资本主义并非仅等同于市场经济，它涵盖了更广泛的社会和经济领域。资本主义是一个复杂且多维度的概念，远超其作为经济制度的狭义定义。在经济与社会紧密交织的背景下，要深刻理解时代变迁的内在逻辑，我们必须同时关注这两个领域的动态。值得注意的是，尽管资本主义的概念复杂且难以捉摸，但在此我们可以借鉴法国社会学家博尔唐斯基和夏佩罗的观点，将资本主义理解为"一种驱动人们不断追求财富积累（以货币衡量的财富增长）的机制"（博尔唐斯基等，2013）。

然而，资本主义的本质决定了，若资本不受约束，往往会过度追求利润，从而破坏劳动和生活的基础。因此，在考虑地方经济增长的同时，我们也需要关注如何实现经济与社会之间的平衡，以及如何建立适当的体制和机制来实现这一目标。特别是在当前经济增长停滞的时代，社会与经济之间的平衡显得尤为重要。面对诸如失业、就业不稳定、就业质量下降以及气候变化等诸多问题，我们亟须寻求解决方案。基于这一认识，本章将扩展时间跨度，深入追溯第二次世界大战后支撑地方区域发展的理念演变，以期探寻适合当今时代的区域①经济发展理论。在此，预先概述本研究的主要发现：团结经济作为一种新兴模式，展现出了推动地方区域经济发展的潜在可能性。

本章的结构安排如下。首先，将以"资本主义精神"为轴线，考察资本主

---

① 在日语中，"地域"这一词汇不仅涵盖了地理层面的意义，还隐含了行政区划中地方与中央的相对关系，以及用于界定范围或区域的概念。本书在翻译过程中，将依据上下文的具体语境，对"地域"一词进行恰当的诠释和转换。——译者注

义的变化（第二节）。这里的"精神"是指在特定时期资本主义经济中被尊重的思想和行为规范。特别是在研究区域经济的发展时，深入理解这些"精神"的变迁，有助于我们更准确地把握和理解区域发展理论和政策的特点。

随后，将介绍在经济高增长时期地方区域发展理论的基本理念（第三节）。这一时期的关键词是"区域开发"。该理念主张国家应从全国的角度出发全面考虑各个地方的特点，以推动国家经济增长为前提，对特定地区进行重点开发。尽管这一理念旨在缩小区域之间的经济差距，但在实际操作中，却在一定程度上加剧了区域之间的不均衡，从而引发了各种批评。

本章还将回溯 20 世纪 70 年代至今的发展历程，直至"内生性发展"理论的兴起。"内生性发展"理论主张不依赖外部资本，而是强调地方自身的特点和居民的生活方式，利用地区的独特性来实现地方的自我发展。

在此基础上，我们将提出一种新的地方区域发展理论——团结经济理论。这一理论可以视为"内生性发展"理念的具体化（第四节）。团结经济倡导利用参与式民主的方式管理经济，引导经济朝着"对所有人都有利"（也称为"共同利益"，英文为 bien commun）的方向发展。在法国，这一经济模式被称为社会团结经济，并于 2014 年获得了立法保障。在本章第五节中，将深入探讨社会团结经济法的整体框架和具体内容，并揭示其作为地方区域发展理论的特性。

最后，在本章第六节中，将综合评析当前关于市场经济变化的多种观点，旨在有效利用市场经济力量的同时，深入探讨如何通过团结经济等方式实现经济与社会之间的平衡发展，并探究其推进区域发展的可能性。

第二节 资本主义的发展与地方区域：基于"资本主义精神"的视角

一、资本主义精神

在此，首先基于博尔唐斯基和夏佩罗于 1999 年出版的《资本主义的新精神》一书，来审视支撑资本主义发展的精神及其变迁。

根据博尔唐斯基和夏佩罗的观点，资本主义需要一种能够从"对所有人都有利"（称为"共同利益"）的角度来使资本主义合理化的精神，并吸引人们参与资本活动。这种"共同利益"是本章的核心关键词。值得注意的是，"合理化"在此并不意味着为资本主义进行辩护，而只是提供一个判断"观点正确与否"的标准。

资本主义精神并非仅仅旨在为资本主义正名，其更为深刻之处在于，它同时通过界定资本主义的"理想形态"来规范和约束人们的行为。换言之，资本主义精神具备构建规则以对资本主义施加约束的能力。鉴于"理想形态"与现实之间存在的差异，人们更倾向于对资本主义提出批判。这些批判又反过来促使资本主义进行自我调整和完善，甚至有时为了规避批判而将其融入自身精神体系，进而实现自我形态的变革。因此，批判对资本主义的持续发展具有重要意义。

然而，批判不会被资本主义完全吸收，即使被吸收，也会重新活跃起来，成为推动其进一步发展的动力（本章第四节之后将详细介绍）。

博尔唐斯基和夏佩罗认为，至今资本主义已受到过种种批判，但这些批判大体上可以归纳为社会批判和艺术家式批判两类。社会批判作为一种由劳工运动发起的批判形式，对资本主义所导致的剥削、贫困和不平等现象，以及其对社会团结的破坏提出了强烈的质疑。在此基础上，劳工运动进一步呼吁建立一种能够保障生活质量的制度，其中包括提供稳定的就业环境等内容。与之相对的是艺术家式批判，此类批判起源于 19 世纪巴黎的波希米亚人（自由奔放的知识分子和艺术家）。他们关注"世界合理化和商品化过程"所带来的幻灭和真实性的丧失，以及对自由、自律和创造性的压抑问题，并主张从一切束缚中解放出来。

二、资本主义精神的变迁与地方区域发展

资本主义的"精神"这一概念，是在博尔唐斯基和特沃诺共同定义的"公民意识（cité）"概念的基础上构建的（博尔唐斯基，2007）。公民意识是一个相当复杂的概念，简而言之，它类似于人们在为自己的主张辩护时所持的世界观。它拥有迄今为止政治哲学著作所深化的高度一致性和完整性的逻辑，展示了什么是共同利益，什么是应有的行为。

公民意识是历史形成的，如今已确定有 7 种公民意识。它们分别是家庭式公民意识、工业式公民意识、启示式公民意识、舆论式公民意识、商业式公民意识、公民社会式公民意识和项目导向式公民意识。每种公民意识都具备其独特的共同利益。例如，商业式公民意识，这是亚当·斯密所描述的世界，个人利益的追求导致社会财富的增长，因此被视为利益，使成功者成为伟大的人物。另外，公民社会式公民意识则源自卢梭的社会契约论，在该理论中，脱离个人利益而接近追求普遍利益（普遍意志）的公民才是伟大的。

如表 1-1 所示，资本主义迄今为止存在三种精神：工业经济兴起的 19 世纪末至 20 世纪 20 年代的第一种精神，20 世纪 30 年代至第二次世界大战后经济高增长时期的第二种精神，以及 20 世纪 70 年代至 90 年代基于第三种精神的新资本主义。本章主要探讨第二和第三种精神。

表1-1 资本主义的三种精神与地方区域

资本主义的三种精神	时代特征	自主性	安全性	共同利益	妥协	地方区域
第一种精神（19世纪末至20世纪20年代）	• 资产阶级 • 个体创业者 • 家族企业	• 竞赛、风险、投机、重视革新 • 雇佣劳动、随着通信工具的发展而实现的地理或空间解放	• 父权主义 • 家族、遗产、雇员抚养关系等与家长制特征联系的重要性	• 功利主义 • 相信进步、科学、技术的力量，以及工业的恩惠	• 家庭式公民意识与商业式公民意识之间的妥协	• 雇佣劳动与人口流动 • 人口与产业向都市集中
第二种精神（20世纪30—60年代，经济高速增长期）	• 经理（管理者） • 工业领域的大型企业 • 合理的劳动组织	• 获取权力地位 • 从必需品中解放出来 • 通过大规模生产和消费实现欲望	• 对理性的信仰与长期的规划 • 劳动法与社会保障制的发展	• 制度型集体主义 • 以社会正义为目标的财富再分配和财富共享	• 工业式公民意识与公民意识之间的妥协	• 国土均衡发展 • 增长的极限 • 中央集权
第三种精神（20世纪70—90年代）	• 具有能动性 • 地方分散 • 网络化企业	• 目标导向 • 拒绝等级制度与自我管理	• 能力主义 • 对未来的掌控 • 个人（个性）的绽放 • 信任	• 对新技术的信任 • 新正义感的兴起	• 项目导向式公民意识？	• 全球化 • 网络 • 整合地方资源 • 地方分权

资料来源：立见淳哉（2019）及笔者整理，新增"地方区域"列。

第二种精神支持大规模生产和大规模消费为基础的经济增长体系，即福特主义。它是对社会批判的回应，是工业式公民意识与公民社会式公民意识之间的妥协。其结果是福利国家的诞生。它融合了工业理论（如效率、绩效和官僚制机构）与公平理论（消除不平等）。例如，卓别林电影《摩登时代》中描绘的标准化、统一化的劳动以及大规模的商品生产和消费反映了工业式公民意识的理论；而利益分配平等、支持福利国家生活保障体系的发展，以及以"国土均衡发展"为目标的国家土地政策则体现了公民社会式公民意识的理论。

相比之下，第三种精神的形成是对福特主义的批判性反思，它拒绝了福特主义所强调的官僚制层级、权威以及基于量产的机械化、合理化和统一化等特征。第三种精神响应了艺术家式的批判，追求个性、创造性和美的表达，并致力于实现个体从一切束缚中的解放。

第三种精神在 20 世纪 90 年代之后开始逐渐显现，其核心是项目导向式公民意识。在当今社会，人们需要在各个领域通过项目自由地联系和发挥创造性，这正是项目导向式公民意识所强调的"联结主义"理论的体现。个人创业、新兴产业的创新以及设计思维的推广等方面都体现了这一点。此外，近年平台经济的兴起也反映了人们对人际交往和联结的需求。

从地方区域发展的角度来看，第二种精神与美国经济地理学家布伦纳所称的"空间凯恩斯主义"政策相对应，而第三种精神则与"全球地方化"政策相对应。

"全球地方化"是一个将全球和地方相结合的新概念。在福特主义时期，凯恩斯主义经济政策的地理投射旨在实现"国土均衡发展"，这一概念将在下一节中详细介绍。"全球地方化"则是 20 世纪 80 年代以来的一种趋势，当时经济增长和福利国家陷入僵局，全球化则不断发展。这一趋势强调在利用本地资源的同时，重视跨区域网络的形成和开放的价值链发展。然而，"全球地方化"具有双重性。一方面，它促进了区域竞争力的提升和中心的形成；另一方面，也激发了追求独特区域发展的潮流，与前者形成鲜明对比。

第三节　区域发展理论的原型：增长极

一、增长极与区域发展

首先，我们来探讨支持"空间凯恩斯主义"的各种理论。这些理论是对凯恩斯主义宏观经济政策的补充，强调国家在创造有效需求、促进就业以及发展民生保障机制方面应发挥主导作用。其核心内容是发展区域产业中心，通过工业化（区域发展）来促进国家经济增长。在这些理论中，"增长极"的思路对世界各地区的区域开发计划产生了直接或间接的影响。

"增长极"这一概念由法国经济学家弗郎索瓦·佩鲁（Francois Perroux）（1955）提出，其基本思想可以概括为，"经济增长并非在所有地方同时发生，而是出现在不同强度的增长点或增长极上。这些增长极通过多种途径扩散，并对整个经济产生不同的最终影响"。这句话被广泛引用，简明扼要地概括了当时的区域发展理论核心观点。

增长极理论的核心要点有两个：一是建立工业中心，促进具有高增长潜力的产业（即带动产业）的发展；二是将局部地区取得的增长成果扩散到其他地区。这两个要点共同构成了增长极理论的基础，对区域发展产生了深远的影响。

在此，有必要回顾一下早期发展经济学中阿尔伯特·赫希曼（Albert Otto Hirschman）（1961）的不均衡增长论。不均衡增长论认为，在欠发达国家或地区，各个产业不可能均衡发展，因此应该从特定产业的集中投资开始，逐步培育相关产业。这是在投入产出结构（即产业关联结构）中，集中投资具有高关联效应产业的战略。具体来说，不均衡增长理论主张初期应仅选择具有显著增长潜力的特定产业进行投资，然后通过关联效应（辐射效应）来带动其他产业的发展。

赫希曼的不均衡增长理论强调了产业关联效应在区域发展中的重要性。他将关联分为前向关联和后向关联两种类型。前向关联是指一个产业（A行业）的产品作为另一个产业（B行业）的投入品，从而促进B行业的发展。例如，钢铁行业的发展推动了机械行业的发展，因为机械行业需要钢铁作为原材料。后向关联则是指B行业的发展对A行业产生的积极影响。例如，汽车行业的发展扩大了对零部件的需求，从而促进了钢铁行业的发展。

赫希曼还认为，区域发展需要形成地理上的增长极。在秘鲁的案例中，由于需要克服距离因素以及存在马歇尔外部经济和产业氛围，增长在地理意义上必然是不均衡的（赫希曼，1961）。这些现象实质上就是广为人知的集聚效应。外部经济则是指企业外部的各种利润，如果农和养蜂人邻近便于授粉，从而提高果树的收益。产业氛围则是指产业集聚区内形成的独特氛围，如企业家精神和工匠精神等，这些氛围会影响人们的思想和行为。

二、增长极的终结

增长极理论在历史上对区域发展的指导起到了重要的作用，然而，其缺陷和终结点也是值得关注的。增长极理论不仅具有辐射效应，也会加剧地区之间的差距。这正是纲纳·缪达尔（1959）所定义的逆流效应。实际上，在日本经济高速增长时期，也出现过类似的情况，由于人口主要向大型都市和工业区域集中，导致了农村地区过疏化的加剧。在当时，区域差距已经成为全球范围内的一个重大问题，这也成为中心—周边理论的研究焦点。特别是以安德烈·冈德·弗兰克（Andre Gunder Frank）和萨米尔·阿明（Samir Amin）为代表的依附理论学派，他们揭示了资本主义内部固有的空间性问题，如中心—周边关系中的不平等交换和剥削。

在日本农村地区，随着商品经济的普及和大众消费生活方式的推进（替代了过去的自给自足经济），以及生活方式的"城市化"，农村地区的生活不便问题愈发严重（宫本宪一，1973）。这种情况可以被视为一种中心与边缘的两极分化。冈桥秀典（1997）指出，特别是在"农山村"地区，它们在经济高度增长时期被纳入了资本主义商品经济体系，从而失去了与生态系统的联系和社会自主性。在国家的区域结构中，这些"农山村"被重新编排为依附于中心地区的边缘地区。它们变成了"虽然已经被市场经济整合，但却缺乏城市辐射效应的非自治地区"（冈桥秀典，1997）。20 世纪 60 年代所呈现出的理想与现实之间的巨大落差，导致了对地方区域开发的众多社会批判，其中也包括对不平等和剥削的控诉。

然而，自 20 世纪 70 年代之后，世界格局发生了根本性的变化。随着工业的衰退和经济增长的停滞，基于增长极理论的思考和政策逐渐被放弃（Benko，1998）。根据 Benko 的观点，欧洲各国的"自上而下"的开发模式已经走向终结，取而代之的是强调内生性发展、区域发展、自下而上发展、城市建设、自力发展等的"地方发展"理念。在法国，20 世纪 80 年代初的地方分权为新理论的探索提供了动力。在这一时期，基于"柔性专业化"论的新产业集聚理论逐渐形成。这些理论具有各种变体，但共同点在于强调地方企业利用当地资源（技术、原材料、产业文化等）实现地方发展的重要性，并将地方视为一个通过地区内外的网络进行联系和创新的生态环境。这些新理论注重发挥地方的主动性和创新性，推动区域经济的内生增长和发展。

这种变化可以被理解为从资本主义的第二种精神向第三种精神的转变。具体而言，在这一过程中，地区发展的统一性、中央集权性和僵化性遭到了否定，而地区固有的资源、灵活性、分权、网络与联合受到了重视。基于第三种精神的区域发展理论，可以归结为 20 世纪 90 年代之后注重创新的区域产业政策。然而，艺术家式批判并未完全融入这一潮流。相反，它与社会批评相结合，促成了本章所探讨的"另一种经济"的尝试。

第四节 新地方区域发展理论：团结经济

一、内生性发展的视角

从博尔唐斯基和夏佩罗的框架出发进行深入分析，我们发现20世纪70年代之后，日本的内生性地方区域发展主要基于生态环境为导向的艺术家式批判的视角。玉野井芳郎（卡尔·波兰尼著作的译者），对基于中央集权的统一性和"生态遗忘"进行了批判，并强调了地方分权化的必要性（玉野井芳郎，1977）。他认为，地方主义应当从以下几个方面得以体现：首先，居民应当在深入理解和尊重地方乡土特色的基础上，培育并强化与地方社区的团结协作意识；其次，他们应当积极追求在行政管理、经济发展以及文化传承上的自主性与独立性。宫本宪一在对"外来式发展"（即地域开发）进行社会批判的基础上，提出了内生性发展理论，主张从本土技术和经济中寻找自力更生的新方向（宫本宪一，1980）。这一理论随后得到了进一步的发展和完善，并对以地域经济学为首的多个领域产生了深远的影响。

总而言之，这一理论主要强调了以下几点：首先，该理论主张地方地域发展的目标在于有效利用"本土技术与经济资源"，并鼓励当地居民积极学习经济体系的运作机理，并参与发展规划及经营管理。与地方主义有所不同的是，该理论并不过分强调地方自治，而是兼顾了与外部地区的互动与关系。其次，地域开发应秉持保护自然环境和提升街道景观的原则，致力于通过提高居民福利和文化素养来丰富其生活品质。再次，该理论倡导构建区域内多元化的产业关联结构，以实现附加值的区域内部化。最后，该理论强调自治体应享有基于居民参与制度的自治权。

关于构建产业关联的第三点，其核心思想与早期发展经济学家所倡导的进口替代策略（以本国产品逐步替代进口商品）及其产生的辐射效应理念不谋而合。在这一框架下，内生性发展理论的特征得以凸显，尤其体现在其第二点所强调的，为实现市民社会的共同利益而构建一种机制，该机制致力于激发当地居民对于学习地方区域建设机理的热情，并鼓励他们积极参与到开发建设与发展方向的规划与决策之中。

自20世纪90年代之后，以"地域建设"为代表的多种形式的内生性发展理论逐渐为人们所接受。然而，关于地域经济中内生性发展的具体形态及其支撑制度，仍未明确。正如小田切德美（2018）所指出的，在日本农村背景下，对内生性发展理论的深入研究尚显不足。本章将从团结经济的理论与制度层面入手，探讨具体的答案。

二、作为新地方区域经济理论的团结经济

团结经济是一种进入 21 世纪后，以南欧和拉丁美洲为核心，在全球范围内逐渐兴起的实践模式。其主旨在于超越资本主义所固有的局限性，如环境破坏、社会纽带的断裂以及不平等现象的日益加剧等问题，并力图构建"另一种经济"模式。团结经济立足于自由个体之间的自主与民主联系，深入探讨共同利益的内涵，并承担起生产及提供有益于共同利益的产品与服务的责任。如第二节所述，共同利益的表现形态可能呈现出多样化的特征，但本书主要聚焦于那些旨在为共同利益作出积极贡献的市民社会式公民意识所倡导的。团结经济的实践形式多样，包括消费合作社、非营利组织（NPO）、为贫困者提供金融支持的微型金融、致力于解决社会问题的社会事业等。这些实践旨在实现一般利益，并与周边地区以合理的价格进行公平交易。然而，需要着重强调的是，团结经济并非仅指个别企业或个人的孤立活动。它是一个持续探索"如何共享共同利益"与"如何参与（参与式民主）"的过程，并在共同利益、公共物品的生产、流通、消费的相互关联中，积极寻求"另一种经济"的具体形态。为了实现共同利益，一个供每个人自发联系、自由表达意见的场所不可或缺，这就是所谓的公共空间（espace public）。值得一提的是，企业在这一过程中也扮演着公共空间的角色，承载着促进交流与协作的重要使命。

在传统的营利性公司结构中，拥有更多股份的股东通常拥有更大的话语权（决策权）。然而，在团结经济的框架下，企业需要采用类似合作社的民主治理模式，遵循一人一票的原则。这种治理模式将企业的运营权分散并共享于所有成员之间。因此，即便某家企业致力于解决环境问题等社会议题，若其运营模式缺乏民主性，那么它就不属于团结经济的范畴。除此之外，还存在另一种企业经营模式，其中涵盖了员工、地方社区、客户等多方利益相关者。这些利益相关者可以通过资金投入和参与企业经营管理等方式，共同参与到企业的经营活动中来（有关 SCIC 的详尽介绍将在下一节展开论述）。

图 1-1 是由引领团结经济理论发展的拉维尔所绘制的团结经济概念图（Laville，2016）。从该图中可以清晰地观察到，团结经济涵盖了政治和经济两个重要的维度。在典型的市场经济环境中，个体通常基于自身利益，以卖家或买家的身份通过市场建立交易关系，并根据价格变动独立地做出买卖决策。这种经济活动调节方式被称为市场自我调节，其特点在于完全排除了人们团结一致、思考社会利益或共同利益的可能性。

相较而言，团结经济秉承互助共赢的原则，其核心理念在于推动人们学习理解经济体系的运作机理及其所引发的社会效应，并据此作出价值判断，以寻

维持公共行为能力

内部参与
直接表达机制

参与式民主
与代表制民主的
混合化

外部参与
在公共讨论中的
发言形式

将法律平等转化为
利益相关者的实质参与

与其他集体活动、社会运动，
重新联结的协作

参与式民主
构建"发声"
动态接近性的公共空间

政治维度

构建团结互助制度

经济维度

非货币经济
建立供需结合机制
互惠推动力

服务营销，
与私营合作伙伴签订合同

与公共和准公共机构
签订目标协议

将项目与
多种经济观念融合的
混合化

市场经济
通过市场调动资源

自我限制

非市场经济
通过再分配调动资源

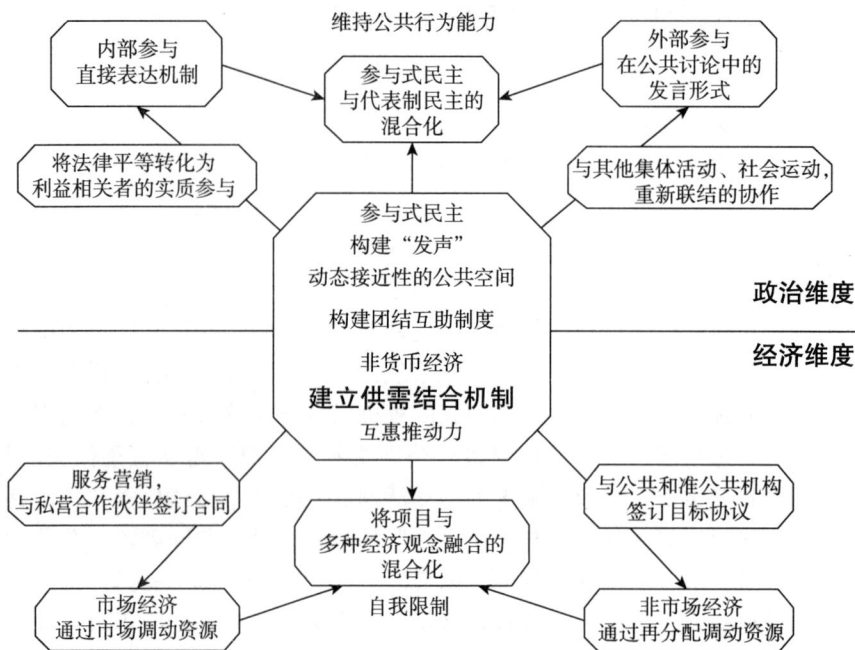

图 1-1 团结经济的概念图

资料来源：Laville（2016）。

求共同利益的最大化。在自我调节的市场中，产品和服务的相关质量信息往往被简化为价格。然而，即使产品功能强大且价格低廉，其背后也可能隐藏着童工或非法企业的不正当劳动。为了遏制这种经济失控现象，团结经济强调质量信息的共享，使经济活动的社会背景更加透明化。同时，它还试图通过扩大共同利益和增加公共物品来改善社会状况。这可以被视为一种通过参与式民主原则来治理经济的尝试，也是政治维度在团结经济中受到重视的重要原因。

因此，在团结经济中高度重视卖方和买方共同参与产品和服务价值（即质量）决定的过程。这一过程在图 1-1 中被描述为"建立供需结合机制"。在公共空间中，卖方、买方以及更广泛的利益相关者团结一致，通过相互试错和共同学习，准确识别社会问题所在，并共同赋予所提供的产品和服务以社会价值。公共空间的形式多种多样，既可以是企业形态，也可以是社区建设组织等其他形态。

团结经济的特点远不止于此。它积极调动基于不同原理的"经济"资源，并以混合的方式加以运用，特别是团结经济试图利用市场经济的力量。经济并非仅限于自我调节的市场，历史上有三个基本原则，即互惠、再分配和交换。

在资本主义社会中，市场交换（买卖）占据主导地位，然而在农村社会中，互惠原则依然存在，如不涉及金钱的交易。此外，还存在旨在缩小社会差距的基于政府收入再分配的补贴和社会保障等措施。团结经济以赠与、互助等互惠原则为基础，将这些原则与市场经济中的交换、与营利企业合作、补贴等方式相结合，从而构建一个多元化的经济体系。

如何才能更深入地理解团结经济所追求的共同利益？图1－2为法国团结经济参与者所采用的概念图，这一框架为我们提供了有益的参考。在此图中，共同利益亦被称为"公地commun（s）"。其中，"资源"具备公共物品的属性，是实际生产活动的对象。这些资源涵盖广泛，包括知识、公共空间、自然环境、文化景观、自由软件、流行文化、人类基因组（遗传信息）等，以及诸如性别平等和劳动者安全等社会权利。只有在不同的人参与生产、使用和分享的前提之下，它们才具有作为公共物品的价值。更为关键的是，围绕这些资源形成价值共享的共同体，并依据团结经济的原则进行生产、利用（治理），这样才能真正赋予这些资源公共物品的价值属性。因此，共同利益与公共物品被视作重要的概念，其成立与否需考量其生产及获取方式等核心要件。

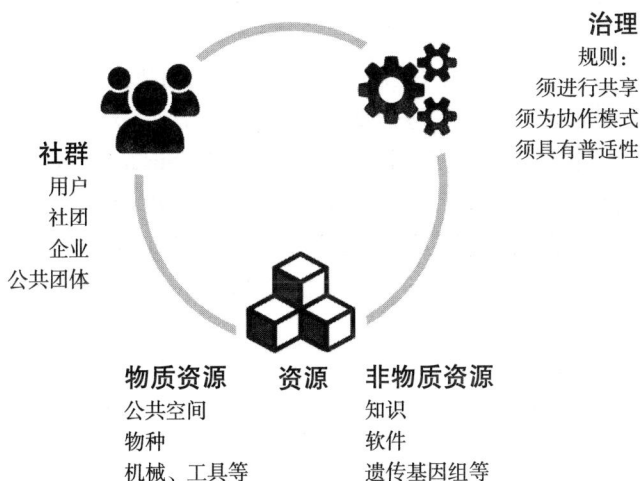

治理
规则：
须进行共享
须为协作模式
须具有普适性

社群
用户
社团
企业
公共团体

物质资源　　资源　　非物质资源
公共空间　　　　　　知识
物种　　　　　　　　软件
机械、工具等　　　　遗传基因组等

图1－2　共同利益概念图

资料来源：La chambre des communs（http://chambredescommuns.org，2021年9月26日）笔者编译。

在这里，我们需要注意对互惠性、共同利益的理解，这体现了团结经济与传统社会之间的显著区别，可以说是一种公民意识的差异。在传统社会的思维框架中（家庭式公民意识），往往赋予男性相对于女性、集体相对于个体、老年人相对于年轻人的优越性。然而，团结经济则强调对等的个人自主结合，着重凸显民主自治的价值。尽管须对支撑团结经济的公民意识做谨慎的探讨，若走向共享经济的主流经济形态则呈现为"项目导向"式公民意识与"商业导向"式公民意识并行的架构，团结经济或许可被视为一个以"项目导向"式公民意识为共享基础，且深受扮演社会批判者角色的市民社会式公民意识价值观所强烈支撑的世界。共享经济是指一种通过互联网专用应用程序，使人们能够自由交换或共享物品和技能的机制，如送餐服务 Uber Eats 等。然而，这种经济模式实质上是市场经济基于私人利益的延伸，且其通过将原本受劳动法保护的"劳动者"身份转变为不受保护的低收入"个体经营者"的内在机制也体现出其加剧经济不平等的一面。与此不同，团结经济则以社会批判的视角审视共享经济，着重强调人们的团结合作与对共同利益的贡献。

第五节 团结经济的实例：法国的政策形成

一、社会团结经济与社会团结经济企业

下面，将通过详述法国的社会团结经济实践，以作为展现团结经济具体制度化的范例。这些实例将揭示支持地方区域经济的具体图景。

在法国，起初存在着三个相互独立且稍有冲突的概念，即社会经济、团结经济以及社会创业家。然而，进入 21 世纪之后，这些概念开始逐渐融合，并形成了紧密的合作关系。最终，社会团结经济（économie sociale et solidaire，简称 ESS）应运而生。2014 年，法国颁布了《社会团结经济法》，推动了企业形态与融资机制等方面的制度化，使其得到广泛的应用与发展。2016 年，当时的社会团结经济已占法国国内生产总值的 10％，并为总就业贡献了 12.7％的份额。

值得一提的是，尽管日本在 2020 年也制定了《劳动者合作社法》，但法国 ESS 的法治化更为全面，它确立的是支撑整个经济体系的原则，因此具有更为深远和广泛的影响。

在法国的《社会团结经济法》中，"社会有用性（社会效益，utilité sociale）"一词，明确体现了其对共同利益的贡献。根据该法律第一条的定义，ESS 并非局限于特定的产业部门，而是指一种"以人为本，而非以资本为本的，适用于人类活动所有领域的规划与经济发展模式"。支持 ESS 的企业，即社会团结经济企业（ESS 企业），必须满足以下三个核心要件：其一为非利润分配导向，其二为采取民主治理模式，其三为践行负责任的治理原则。

图 1-3 展示了《社会团结经济法》的框架。在此框架内，设想的参与者

涵盖了被称为"社会经济型"的非营利组织（如合作社、协会、互助会、基金会）以及商业企业（或商贸公司）。社会经济型企业由于其本质上符合上述三个条件，而被自然归类为 ESS。此外，《社会团结经济法》第十一条进一步规定了一套认证机制，即对于那些致力于解决特定社会问题，特别是能够产生显著社会效益的企业，将授予其"社会效益团结企业"（entreprise solidaire d'utilité sociale）的认证。

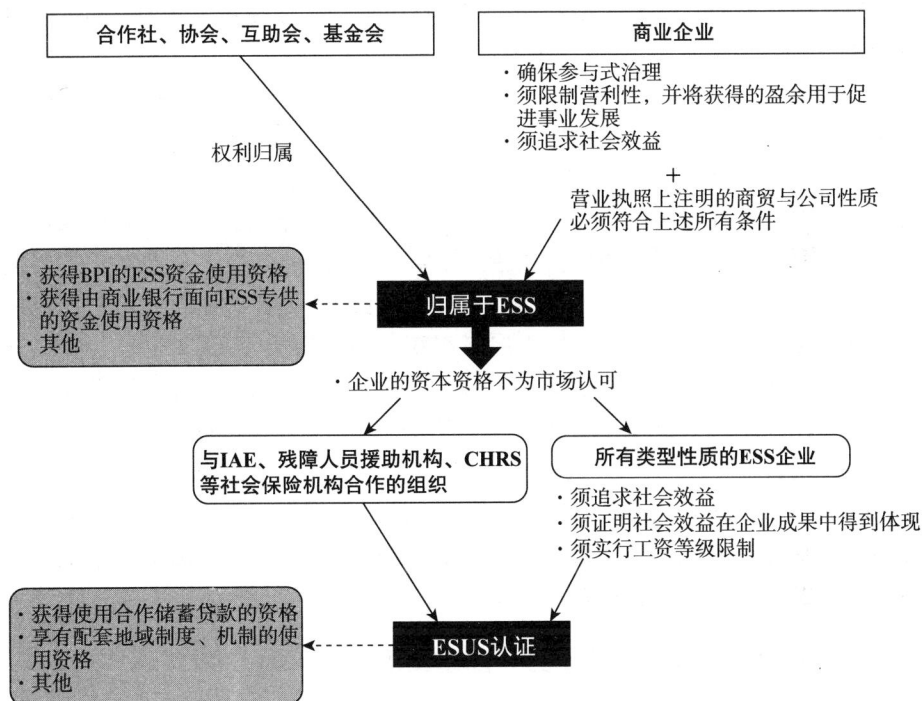

图 1-3　社会团结经济关联法结构

资料来源：依据 Lacroix et al.（2016）制作。

注：BPI（Banque publique d'investissement）：公共投资银行；IAE（Insertion par l'activité économique）：通过经济活动实现就业融入；CHRS（Centre d'hébergement et de réinsertion sociale）：住房援助和社会重新融入中心；ESUS（Entreprise solidaire d'utilité sociale）：社会效益团结企业。

这是一种被称作"ESUS"的认证体系，其名称源于相关术语的首字母缩写，即要获取此认证，除了必须是与国家及社会保险机构有合作关系的企业（如通过经济活动融入社会的企业、住房援助机构以及社会再融入中心等）之外，还须满足一系列额外的条件。一旦成功获得"ESUS"认证，企业将能够利用合作储蓄提供的贷款服务，并依据《社会团结经济法》第十三条的规定，在获得公共性工作分配上享有优先权。

正如前文所提及的，ESS 企业涵盖了多种组织形式，然而，合作社最能够彰显 ESS 的核心特性，即实现各类资源的有效整合与混合调动。合作社公司，作为一种独特的合作社组织形态，其运作既遵循合作社原则，即联合原则下的参与式治理，又采纳了公司法等商法所规定的法人架构。这种融合式的运作模式赋予了合作社公司独特的优势，使其能够通过参与式治理的机制有效地动员和配置（涉及商品和服务的销售、与营利性企业的合作等多个层面）市场经济资源。

合作社公司可细分为两大类型：一是 SCOP（法语全称为 société coopérative et participative，即合作参与公司）；二是 SCIC（法语全称为 société coopérative d'intérêt collectif，即集体利益合作社公司）。SCOP 是一种类似于日本劳动者合作社的组织形式，其核心特征在于员工持有企业的大部分资本，并因此共同享有治理权。相较之下，SCIC 则是由多个利益相关者共同出资构建的，这些利益相关者除员工外，还包括生产者、客户（用户、供应商）等受益者，以及地方政府、志愿者组织、协会等第三方。因此，SCIC 被寄予了促进地方区域发展的厚望，这主要归功于其能够将多元化的利益相关者包括员工、制造商、服务对象以及第三方组织等有效地聚集在一起，共同为地方区域发展贡献力量。其中，地方自治体的参与尤为重要，据统计，法国全国有 34％的 SCIC 得到了地方公共团体的资本注入。然而，为了确保各利益相关者的平等发言权，防止特定利益集团过度掌控，SCIC 对各类出资，包括地方自治体的出资，均设定了明确的上限。

二、社会团结经济与地方地域发展

ESS 不仅是一场致力于创造"另一种经济"的运动，其本质更是一种深深植根于地方地域，并强调邻近性的实践。在政策层面上，ESS 同样注重地方地域层面的发展，尝试构建"另一种地方地域经济"。

其中，pôles territoriaux de coopération économique（简称 PTCE），即经济合作地域中心，详见《社会团结经济法》第九条。便是一项明确强调地理邻近性的政策。拉克鲁瓦等（2016）指出，PTCE 的灵感主要源于具有全球影响力的产业政策理论——波特的集群理论，以及法国佩库尔等所倡导的"邻近性经济"等经济地理学理论。这些理论均为本章第三节所探讨的"地方地域发展"提供了有力支撑，它们强调本地参与者之间所形成的网络（集群）以及邻近性在推动创新和创造就业方面的重要作用。同时，这些理论也构成了自2005 年以来在产业政策领域被称为"竞争力之极"的政策（法国版的产业集群政策）的理论基石。该政策旨在依托本区域的知识和技术基础，通过将区域内的企业和机构以及域外的参与者联系起来，进而促进创新活动并推动区域经济的持续增长。

PTCE 作为一种政策工具，将类似的理念融入社会团结经济的实践之中。其核心在于以 ESS 企业为主体，构建一个促进区域内多元主体日常协作、共同推动社会进步与技术创新的框架。2013 年，法国政府正式启动了 PTCE 项目招标，首批共有 23 个项目获得批准立项，并享受了为期三年的财政补贴支持。PTCE 不仅是一个促进区域主体聚集与协作的平台，而且涵盖了如农业、文化、旅游、资源回收利用、失业对策、社会包容、区域振兴、竞争力提升、遗产保护和环境保护等丰富多样的活动领域和目标。PTCE 的启动流程相对简便，通常以社团的形式进行初步构建，但其长远目标则是逐步过渡至 SCIC（立见淳哉，2021）。如前所述，SCIC 作为一种集结区域内多元主体的框架，展现出了卓越的特性。此外，在 PTCE 的支持体系中，尽管能够获得多种类型公共团体的支援，但在资金筹措的关键环节，州政府的财政支持对 PTCE 的顺利运作与持续发展发挥着举足轻重的作用。

第六节　从团结经济到"地方区域价值"

如前文所述，团结经济作为一种新兴的地域经济理论，已在法国等国家得到政策层面的实践与应用。其对于地域经济的吸引力主要源于其独特的混合型资源利用方式，特别是能够有效地借助市场经济的力量，为地域经济发展提供一种切实可行的模式。然而，在当前地域经济的背景下，这种模式的可行性仍需进一步探讨。本章认为，市场经济的不断演变与发展正在为团结经济的实施创造有利条件，从而使其成为推动地域经济发展的重要趋势。

首先，市场上交换的商品和服务所遵循的价值标准呈现出多样化的特点。传统上，类似于工业产品，商品的价值主要归属于其固有属性，并可以通过数值进行衡量。然而，在当今"项目导向"式公民意识中，商品和服务的价值更多地取决于构成其"个性"的特定"故事"。这里所说的"个性"，指的是商品从生产到消费的整个过程中所蕴含的独特性和故事性。例如，公平贸易和旅行中的交流等活动，对于"故事"的共鸣和真实性产生了重要的价值影响。在这样的背景下，团结经济所提供的价值（对共同利益的贡献）被市场经济体系所接受，并视为商品价值的一部分，从而为市场经济力量的发挥提供了更广阔的空间。

其次，是"富饶经济"的兴起。这一概念由博尔唐斯基和埃斯凯雷提出，他们指出，在发达国家中，价值的创造越来越依赖于对现有事物的富饶化处理（Boltanski et al.，2017；立见淳哉，2019）。所谓"富饶化"，类似于博物馆策展人和收藏家的做法，即通过系统地将不同事物相互联系，以主题为核心构建故事情境（形成收藏），从而由新的视角赋予那些已失去原有价值的事物以新的价值。

在"富饶经济"的框架下，地域空间被赋予了收藏容器的功能。每个地域都蕴藏着独特的历史、文化、自然资源和地理位置等优势，这些元素为重新整合区域内各类资源并构建具有地域特色的收藏提供了丰富的素材。通过在"富饶经济"中凸显地域个性，那些曾经历衰退的地区，如农村和夕阳工业区，都迎来了新的发展契机。在这一背景下，我们不难理解欧洲为何要通过艺术和文化手段来振兴夕阳工业区，这一政策也被广泛称为城市创意政策。

近年，地域经济学和经济地理学以"地域价值"论为主题，对赋予地域价值及地方地域发展进行了研究（除本理史等，2020）。对于地方地域发展而言，"地域价值"具有两面性：一方面，它可以像"农村空间的商品化"（见本书第十章）与旅游业中的将生活文化商品化那样进行商品价值的转化并产生经济效益；另一方面，它也可能导致真实性（"非人工"、植根于生活的故事和景观）的丧失，并最终破坏价值基础。

然而，"地方地域价值"，或者小田切德美（2014）所指的环境、文化、地域纽带（社会关系资本）等"重要的地方地域价值"，并非完全可以商品化。在这里，值得注意的是，能赋予个性和真实性价值的"项目导向"式公民意识中存在以下矛盾：在这种公民意识中，一旦标价，叙事的真实性就会受到质疑（艺术家式批评），因此商品化不得不与之本来"隔绝"的世界（与商业市场式公民意识不同的价值观）共存，以支持"故事"的真实性。从这个意义上说，同不仅限于形象消费，而且通过学习追求真实性的顾客市场建立联系，对于防止"地方地域价值"的丧失至关重要。

若能妥善地将"地域价值"视作共同利益进行处理，将为地方、地域发展带来新的契机与前景。在这一议题上，除本理史（2020）考察了水俣的案例[①]。深入研究了水俣地区通过集体编织从严重公害中恢复的"故事"来推动该地区复兴的实例。基于这一案例，他进一步提出了以下关键问题："地域价

---

① 日本水俣病事件是 1956 年日本水俣湾出现的怪病事件。这种"怪病"是日后轰动世界的"水俣病"，是最早出现的由于工业废水排放污染造成的公害病。症状表现为轻者口齿不清、步履蹒跚、面部痴呆、手足麻痹、感觉障碍、视觉丧失、震颤、手足变形，重者精神失常，或酣睡，或兴奋，身体弯弓高叫，直至死亡。被称为世界八大公害事件之一。——译者注

值"的商品化由谁来主导？这一过程中的利益将如何分配，又将惠及哪些群体？地域外部的主体，如行政部门和企业，将如何参与并影响这一过程？从抽象的角度来看，当前争论的核心聚焦于价值中介者在权力与利益分配方面所扮演的角色及其引发的问题（Shepherd B.，2018；立见淳哉，2019）。事实上，关于价值主体在利益分配关系中的定位与权益，也已成为现代资本主义理论争论的重要议题（山本泰三，2021）。特别是在探讨"地方地域价值"这一维度时，正如佐无田光（2020）所指出的，构建一套能够评估真实性并有效承载地方、地域价值的"社会机制"尤为关键。

换言之，这恰恰是一个针对构建"地方、地域价值"的民主治理机制问题，同时也是团结经济所致力于开拓的领域。团结经济的核心目标在于制度性地确立"供需结合"的机制，对共同利益、公共物品进行有效的价值评估，并建立起公平合理的利益分配体系。本章所描绘的愿景是：在团结经济的驱动下，通过灵活利用市场变化，将地域内的各种资源紧密联结，进而创造出独特的"地方及地域价值"，为地方经济的可持续发展和社会经济的平衡提供一条切实可行的路径。然而，现实往往是由那些勇于打破"常规"、在试错中不断探寻新的"可能性"的人们所创造的。因此，我们期待着更多人能够积极投身于这一领域，共同开创地域经济的新篇章。

【相关图书推荐】

1.『社会連帯経済と都市——フランス・リールの挑戦』（《社会团结经济与城市——法国里尔的挑战》）

立见淳哉、长尾谦吉、三浦纯一编著（2021）；ナカニシヤ出版

推荐理由：该书基于长达 8 年的实地深入调查，以法国衰落的工业城市里尔为研究对象，全面而系统地阐述了社会团结经济的理论与实践。它是本章关于团结经济相关论述的重要参考书籍，诚挚地希望各位读者能够阅读此书，以深化对团结经济的认识和理解。

2.『連帯経済の可能性——ラテンアメリカにおける草の根の経験』（《团结经济的可能性——拉丁美洲的草根经验》）

阿尔伯特·赫希曼著，矢野修一等译（2008）；ハーシュマン，法政大学出版局

推荐理由：这是一部极具启发性和鼓舞人心的著作。它深刻地指出，阻碍变革种子萌发的并非所谓的"先决条件"的缺失，而是那种将新事物轻率地贴

上"不现实"标签并予以拒绝的思维定式。该书以其独到的洞察力，向我们揭示了如何通过巧妙地串联各种事物的线索，构建起一个相互关联、流动不息的链条，进而开拓出崭新的可能性和现实境界。

3.『きみのまちに未来はあるか？──「根っこ」から地域をつくる』

（《你的城市有未来吗？——从"根基"开始地方地域建设》）

除本理史、佐无田光著（2020）；岩波ジュニア新書

推荐理由：该书通过翔实的案例，深入浅出地阐释了本章第六节所提出的"地方地域价值"理念。它强调了居民与专家之间共同协作的重要性，并从"地域根基"的角度出发，深入探讨了如何有效地创造并提升"地域价值"。

【参考文献】

岡橋秀典（1997）『周辺地域の存立構造──現代山村の形成と展開』大明堂

小田切徳美（2014）『農山村は消滅しない』岩波新書

小田切徳美（2018）「農村ビジョンと内発的発展論──本書の課題」小田切徳美・橋口卓也編著『内発的農村発展論──理論と実践』農林統計出版

佐無田光（2020）「「地域の価値」の地域政策論試論」『地域経済学研究』38（0）

立見淳哉（2019）『産業集積と制度の地理学──経済調整と価値づけの装置を考える』ナカニシヤ出版

玉野井芳郎（1977）『地域分権の思想』東洋経済新報社

ハーシュマン，A.，麻田四郎訳（1961）『経済発展の戦略』巌松堂出版

ベッシー，C.・ショーヴァン，P.-M.，立見淳哉・須田文明訳（2018）「市場的媒介者の権力」『季刊経済研究』38（1・2）

ボルタンスキー，L.・シャペロ，E.，三浦直希ほか訳（2013）『資本主義の新たな精神（上・下）』ナカニシヤ出版

ボルタンスキー，L.・テヴノー，L.，三浦直希訳（2007）『正当化の理論──偉大さのエコノミー』新曜社

宮本憲一（1973）『地域開発はこれでよいか』岩波新書

宮本憲一（1980）『都市経済論──共同生活条件の政治経済学』筑摩書房

ミュルダール，G.，小原敬士訳（1959）『経済理論と低開発地域』東洋経済新報社

山本泰三（近刊）「価値づけと利潤のレント化──現代資本主義への視角」『経済地理学年報』

除本理史（2020）「現代資本主義と「地域の価値」──水俣の地域再生を事例として」『地域経済学研究』38（0）

Benko, G. (1998) *La science régionale*, PUF.

Boltanski, L. et Esquerre, A. (2017) *Enrichissement：une critique de la merchandise*,

Gallimard.

Lacroix，G. et Slitine，R.（2016）*L'économie sociale et solidaire*，PUF.

Laville，J.-L.（2016）*L'économie sociale et solidaire：pratiques，théories，bébats*（nouvelle édition），Editions du Seuil.

Perroux，F.（1955）"Note sur la notion de pôle de croissance" *Économie Appliquée*，1（2），307－320.

【专栏 1】

农村的界定与阐释

［日］桥口卓也

首要的议题是，究竟何为农村？不得不承认，对此进行确切界定具有相当的挑战性。即便是英国享有盛名的农村研究专家迈克尔·伍兹，也曾在其著作《农村》（农林统计出版社，2018 年）一书中坦言，"'农村'这一概念具有难以捉摸的特性"。日本农林水产省的官方资料同样指出，"农村没有明确的定义"。尽管如此，学界和实践领域仍不乏对农村进行概念化界定的尝试。接下来，本文将从多个维度出发，深入剖析和解读农村的内涵与外延。

首先，参考具有日本代表性的国语词典《广辞苑》（岩波书店，2018 年）中的定义，农村被界定为"居民主要以农业为生计来源的村落"，这一界定着重从产业构成的角度突出了农业劳动力的主导地位。"村落"则被定义为"与城市相对的，包括农村、渔村等类型的聚居地的统称"，这一概念与"农业聚落"在内涵上颇为接近。然而，根据农林业普查的相关规定，若以农业从业者比例为标准对日本全国约 15 万个农业聚落进行统计，农业从业者占比超过 50％的聚落数量仅为约 9 000 个，占比约为 6％。由此可见，按照词典的定义标准，严格意义上的农村在日本几乎不存在。值得一提的是，日本整体农业从业者比例仅为 3.6％（2015 年数据），这一现象在发达国家中普遍存在。

另一种颇具影响力的观点则聚焦于土地利用状况，其中，"农林统计上的地域区分"堪称典型代表。日本农林水产省于 1991 年正式确立了这一划分标准，将现有的市町村以及"昭和大合并"①（1954 年）前的市町村细分为城市地区、平原农业地区、中间农业地区和山间农业地区四个地域类别。这一划分

---

① "昭和大合并"：第二次世界大战后，日本为提升学校管理、消防、警察、卫生等行政事务效率，于 1954 年颁行了《町村合并促进法》，按照每个町村 8 000 人左右的标准开展市政合并。——编者注

大致依据耕地面积率、林地面积率以及耕地是否位于斜坡地等因素进行。在此分类下，除了没有使用"农业"一词的城市地区以外，其余地区均被划归为农村。此外，中间农业地区和山间农业地区多被称为"中山间地区"。

人们通常认为农村是人口分布较为稀疏的地区，而城市则是人口高度密集的区域。在日本进行的人口普查中，对"人口集中地区"（densely inhabited district，简称 DID）进行了详尽统计，而那些未被纳入 DID 的地区则被视为农村。1960—1985 年，DID 的数量和覆盖面积均呈现出持续扩张的态势。然而，自 1990 年以后，DID 的扩张速度逐渐放缓并趋于饱和，这标志着城市扩张（即农村地区的缩减）的进程已基本告一段落。

此外，法律对于农村的定义与定位同样具有重要意义，因为向农村提供财政支持必须建立在相应的法律依据之上。然而，在现行的日本法律体系中，"农村"这一概念的使用并不普遍。例如，《食品、农业和农村基本法》作为农业领域的核心法律，却并未明确界定农村的具体定义。与此同时，也存在若干法律适用于那些被划定为"农业振兴地区"市町村的情况。所谓"农业振兴地区"，是指根据《农业振兴地域整备法》划定的特定区域，在这些区域内会实施包括农田整治项目在内的各类农业相关公共事业。与《农业振兴地域整备法》相对应的是《都市计划法》。因此，一个地区被指定为农业振兴地区，实质上意味着它被定位为农村。除此之外，还有《过疏地域对策特别措施法》以及被称为"振兴八法"的一系列法律，这些法律所指定的地区与农村的定义在很大程度上是重叠的。

上文主要围绕日本的情况对"农村"概念进行了介绍，当然，世界上其他国家也存在"农村"的概念。在英语中对应的是"rural"（日语的"田舍"更接近"countryside"的含义）。那么，rural 是如何定义的呢？联合国每年发布的《世界人口展望》（*world population prospects*）中，将全球人口划分为农村人口和城市人口两大类别。但值得注意的是，该报告中对于"城市"这一概念（相对而言，其他地区则被定义为"农村"）的界定标准，因国家和地区而异，甚至在同一国家的不同区域内也可能存在显著的差异。以英国为例，在英格兰和威尔士，城市通常指的是人口超过 10 000 的聚居区；而在苏格兰，人口超过 3 000 的居住区即可被视为城市。这种定义上的多样性反映了各国的独特性，也使得在全球范围内寻求一个统一且普适的"农村"定义变得极为困难。

为了定义农村，人们尝试了各种指标，包括产业构成、土地利用和人口密度等，但都没有定论。因此，从不同角度表述"农村特征"也很重要。在国外，人们经常用"rurality"这个词来描述农村的特征。

在探讨农村特征时，学者们往往会聚焦于与土地利用息息相关的景观、习俗与传统、生活方式、家庭结构以及社交网络等方面。同时，通过将农村与城市进行对比分析，我们可以更深入地理解两者之间的差异。然而，这种对比同样揭示了农村内部所蕴含的丰富多样性。值得注意的是，"农村特征"并非一成不变，而是随着社会的发展和时代的变迁而不断演化。

正如本书第十一章所详尽论述的，农村在社会中的地位正经历着从"问题地区"向"价值地区"的根本性转变。历史上，农村可能因种种原因而背负着一些负面标签，但现今社会已经认识到农村所蕴藏的宝贵价值，并积极致力于改变过去的陈旧观念。本书正是对这一重要议题进行了深入剖析与阐释。

第二章 CHAPTER 2

培育新型人才

[日]中塚雅也

第一节 本章讨论的问题

在农村各项活动及其支持组织的可持续发展中，人才的获取和培养已成为一个关键性挑战。在人口老龄化和人口减少导致劳动力供给严重不足，以及农村面临的经济和社会挑战日益加剧的背景下，人们对具有高效领导力的领导者以及能够推动地方显著变革的"创新者"和企业家的出现寄予厚望。农村人才严重流失的问题并非始于今日。自明治时期起，历经第二次世界大战战前、战后以及高度经济增长时期，农村人才外流的现象一直存在，农村持续为产业界和城市提供人才资源。在此期间，农业和农村地区所处的环境不断恶化，变化也愈加剧烈。

在农业与农村环境内外形势动荡的背景下，关于农村领导者及人才培养重要性的呼声不断以各种形式重现（七户长生，1987）。例如，"地方振兴依赖于人才资源培养"以及"不仅要注重人才培养，更要重视形成人力资本"等众所周知的理念。近年，农业和农村政策持续关注"骨干人才培养"这一课题。同时，始于2014年的地方创生政策以"人"为核心，强调"地方、人才、工作"的协同发展。从这些政策导向可以看出，社会对农村人才培养寄予厚望。

从本质而言，农村人才培养可定义为：将本土出生的个体培养成为能够作为地方社会成员或领导者发挥作用的"人才"。这些人才不仅涵盖了能够在农村社会中发挥基础性作用的普通成员，还包括具备引领农村社会发展能力的领导者。传统上，农村人才培养是通过非正规学习机会（主要依托当地社区）与正规学习机会（如学校教育和社会教育）相结合的模式实施的。然而，鉴于当地社区教育功能的逐渐减弱、社区成员价值观念的多元化、对领导者能力要求的转变以及其他诸多因素的共同作用，传统的人才培养机制已无法有效运作。因此，重构农村人才培养机制是当务之急。

另外，近年，"外部人才"这一概念逐渐受到广泛关注。随着区域内人才供给短缺问题的日益凸显，人们开始积极探索引进域外优秀人才，期望他们能为地方各项社会经济活动的持续运作与发展提供有力支撑，推动创新活动和价值创造。

由日本总务省自 2009 年起推行的"地方区域振兴协力队"计划，作为一项旨在促进地方发展的具体举措，得到了推广与实施。该计划逐渐已被视作一种有效的外部人才引进与利用机制。截至 2020 年，日本全国范围内已有约 6 500 名队员完成了他们的任期，并且其中相当一部分队员选择留在当地，投身于创业活动。此外，随着新的工作方式（如副业和复合职业）的兴起与倡导，学界和实践领域开始重视一类特殊的人群——"关联人口"。"关联人口"的特点在于，他们在不改变居住地的前提下，便能够与地方区域保持持续且紧密的联系。此外，自 2020 年新冠疫情暴发以来，U·J·I 型人口回流现象①呈现出明显的活跃化趋势。这一现象导致农村地区在人才培养方面不仅关注培养机制的构建，而且开始重视如何有效吸引和留住人才，其中也包括那些与地方区域保持持续联系的"关联人口"。

总而言之，未来人才对于农村地区的价值将日益凸显，其获取与培养的重要性也随之增强。因此，本章将着重探讨农村地区新型人才的培养及其对农村发展的深远影响。

虽然近年外部人才受到广泛关注，但本章认为，人才来源的内部与外部之分并非问题的关键所在。如后文所述，除了需要将移居与定居等人口动态因素纳入全面考量之外，还应从更为宽广的视角出发进行深入细致的理解与探讨。

本章首先对农村"人才"概念进行梳理与界定，明确所探讨的"新型人才"在其中的定位。据此，通过与企业人才培养模式的对比分析，深入探究农村人才培养所面临的挑战与难点（详见第二节）。随后，将探讨人才培养的基本框架。在此过程中，为了准确把握人与地方区域之间的内在联系，必须明确并理解一些关键概念，这些概念对于之后的讨论至关重要（详见第三节）。同时，将借助具体案例来阐释构建地方区域人才培养系统的紧迫性及其有效模式（详见第四节）。此外，还将对未来人才发展的趋势进行预测，并对可能面临的挑战进行总结与探讨（详见第五节）。

---

① U·J·I 型人口回流现象：U 型迁移（U-turn migration），指个体在非出生地工作后重返故乡就业的现象。典型模式是本地高中毕业生在都市圈完成高等教育并就业后，转职至故乡企业；I 型迁移（I-turn migration），描述个体从出生地迁移至非出生地区域就业的行为。由于其迁移轨迹呈直线状，故与 U 型迁移区分，称为 I 型迁移；J 型迁移（J-turn migration），指地方出生者先在都市就业，随后迁往地方区域工作的过程。若迁移目的地为邻近原籍的府县或同一府县内的不同市町村，则被归类为 J 型而非 U 型迁移。例如，兵库县神户市出生者因就业迁往东京，随后迁移并就职于兵库县淡路市的情况。——译者注

第二节　农村人才

一、人才的概念

一般而言，开展任何形式的活动都需要能力、时间、资金、材料等多种资源的支持。从经营管理的视角出发，人力、物力、财力以及信息资源是构成运营的基础要素。

在各类资源中，人力资源无疑占据核心地位，只有拥有充足且优质的人力资源，其他资源才能得以有效调动和利用。对于农村振兴而言，人力资源同样扮演着举足轻重的角色。关于"人才"[①]一词的使用，有观点认为"材"字在某种程度上可能给人一种将人视为被动材料的印象。因此，更倾向于使用寓意着人才是宝贵财富的"财"字。实际上，在农村地区也经常使用"人财"一词。但是，无论是企业管理还是其他领域，都已不再将人视为简单的资源或手段。因此，从深层次意义上讲，无论选用"人才"还是"人财"作为表述，两者在表达这一核心思想上并无二致。

查阅字典，可以发现"人才"的定义包括"有才华的人""有用的人""人才"等。如果直接按照这种解释，那么是否有才华和是否有用就成了判断一个人是不是"人才"的重要依据。然而，进行这样的判断需要明确目的。

通过查阅词典，可以发现"人才"的定义涵盖了如"具备才华的个体""有用之人"以及泛指的"人才"等多个层面。若直接依据这些解释来判断一个人是否为"人才"，则必须考虑其是否具备才华以及是否能够发挥作用。当进行此类判断时，明确具体的目的和上下文背景则显得尤为重要。

通过查阅词典，可以发现"人才"的定义涵盖了如"具备才华的个体""有用之人"以及泛指的"人才"等多个层面。若直接依据这些解释来判断一个人是否为"人才"，则必须考虑其是否具备才华以及是否能够发挥作用。当进行此类判断时需要明确目的。按照这一理解，人才是根据其目的而确定的。考虑到目的层次多样性，理论上不存在不是人才的人，也不存在完全没有用处的人。从这一层面来理解，那些居住在地方并过着普通日常生活的居民，同样是地方社会经济体系中不可或缺的有益成员。他们的存在与贡献，本质上便构成了一种人才的表现形式。即便是那些被定义为"关联人口"的个体，只要他们与地方区域维系着持续的联系与互动，无论其职业身份或行为表现如何，都应被视为宝贵的人才。需要再次强调的是，在地方社会乃至更广泛的语境中，

---

① "人才"一词在日语中写作"人材"。——译者注

都不应仅仅从材料（material）或资源（resource）的狭隘视角来审视和评价人的价值。同样地，也不应采用单一的标准来简单粗暴地划分人有用与否。

　　此外，以上述前提为基础，从地方建设活动和地方区域经营的视角出发，确实需要存在狭义上被界定为"有用"的人才。具体而言，这类人才应具备主体性、能动性，能够通过自身活动创造价值，积极参与地方社会的构建，并为乡村的可持续发展做出实质性贡献的人。本章将这类人才，统称为"行动者"，明确定义为"新型人才"，并着重探讨其培养策略。地方居民以及与地方紧密相关的人才（广义上的人才）构成了地方社会的基础，然而，对于能够在地方区域激发新动力、创造新价值的人才（狭义上的人才）的需求与培养同样至关重要。在本文的论述中，传统的农村领导者被视作行动者在特定情境下所承担的一种角色。换言之，"领导者培养"仅为农村人才培养体系中的一个组成部分。因此，农村人才培养的概念不应被狭隘地等同于领导者培养。此外，在就业机会有限的农村地区，如何创造新的商业模式也是一个重大挑战。具备创业精神的企业家是推动新商业模式形成与发展的中坚力量，培养他们应被纳入人才培养的范畴之内。需要注意的是，与领导者培养相似，农村人才培养的范畴远比单纯的创业企业家培养更为广泛。

　　以往的人才培养对象常常在无意间将其局限于当地居民。与之相比，未来的"新型人才"培养策略应更为开放，积极地将非本地人员也纳入其培养范围之中。在当前人员流动日益频繁、地区内外界限逐渐模糊的时代背景下，将新型人才定位为超越地域界限的存在是恰如其分的。

　　图2-1直观地展示了上文所提及的各类"人才"之间的内在联系。图中着色区域代表了本章所重点探讨的"新型人才"。进一步来说，我们将"新型人才的培养"界定为一个动态过程，即推动外部的"广义人才"向核心区域的"狭义人才"转变与流动。

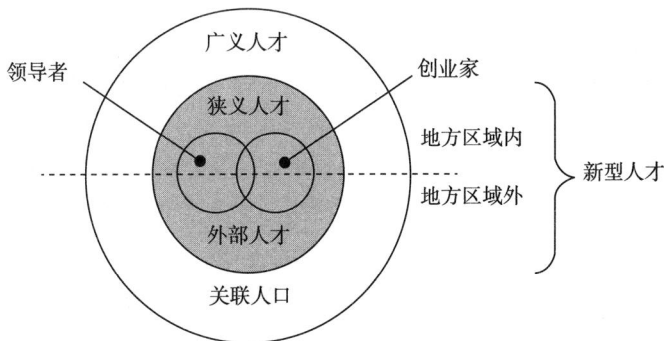

图2-1　农村地区的人才定位

二、农村人才培养的困境

那么，如何有效地实施新的人才培养策略呢？针对这些挑战，通用管理学领域（以企业等为研究对象）提出了相应的措施，即人力资源管理（human resource management），并围绕其开展了一系列深入研究。在管理学领域，早期的主流观念聚焦于如何有效地雇佣和利用人员以实现企业的目标，这类活动在当时被称为人事管理或劳务管理等。但自 20 世纪 80 年代起，人员的角色逐渐发生了转变，他们不再仅仅被视为企业的成本或劳动力，而是被看作是一种重要的管理资源。因此，人力资源的开发和利用开始受到广泛的重视，这一领域的管理活动也相应地被称为人力资源管理。换言之，人才不再仅仅是被动利用的对象，而是需要企业主动培养和发展的一种宝贵资源。这种理念逐渐在管理学界中占据了主导地位。另外，对于人力资源管理，有观点认为其是指通过一系列制度性安排，将员工的自主性和他律性有效结合，进而促进组织目标的实现（奥林康司等，2010）。自主性是指员工在签订劳动合同时能够基于个人意志进行判断，并拥有选择工作地点及工作方式的自由。相对地，他律性则是指员工在加入组织后必须服从上级指示和遵守组织规章的约束。人力资源管理理论的核心在于系统地调和劳动者所展现出的两种看似矛盾的特质：自主性与他律性。其中，工作动机与组织承诺等因素均属于这一调和过程的关键要素，本文将在后续部分进行详细阐述。

通过深入研究人力资源管理领域的相关成果，我们可以得到诸多有助于农村人才培养的启示。然而，在此之前，必须认清几个根本性的前提差异。首要的是管理主体的不同。在企业组织中，管理主体通常是基于雇佣契约关系而存在的。

在农村地区，虽然同样存在企业和事业组织，这些组织在人才培养方面通常可以遵循管理学的一般逻辑。但是，当论及地方区域层面的人才培养时，情况则呈现出特殊性。主要差异在于地方区域作为一个整体，并不具备传统意义上的管理主体身份。地方区域与个体之间也不存在明确的契约关系。尽管行政机关、学校、非营利组织等公共机构在地方区域人才培养中发挥着重要作用，但与企业相比，它们的强制力较弱，难以被视作严格意义上的管理主体。另一个重要的差异在于"目标"的设定。如前所述，人力资源管理致力于将个体的自主性和他律性融合到组织目标之中。然而，在农村地区，首先面临的挑战是整合的目标具有不确定性。此外，他律性的影响力几乎可以忽略不计，而自主性则占据了主导地位。

与地方区域相关联的个体在居住与职业选择方面拥有自由，从本质上看，他们并不应被视为传统管理模式下的被管理对象。鉴于此，或许将地方区域人才置于管理框架下的观念本身就存在偏颇。因此，直接将人力资源管理模式套用于农村环境确实面临诸多困难。然而，这并不意味着地方区域无法有效推进人才培养工作。如前所述，包括政府在内的各类地方区域主体可以通过相互协作的方式来推动人才培养。然而，这里所指的人才培养应被视为一种旨在支持和辅助个体成长的宽松型活动，而非人力资源管理中所强调的具有强烈目标导向性的活动。基于这样的理解和认识，我们可以在借鉴人力资源管理相关知识的同时，灵活推进地方区域的人才培养工作。

第三节 人才培养的逻辑和框架

一、理解和应对与地方区域相关的"情感"

在考虑地方区域培养时，需要稍微深入地了解一下涉及的"人"的情况。首先，我们需要思考的是，人们为什么会参与到地方区域活动中来。

为了探究这一问题，我们引入动机理论作为分析工具。动机理论指出，人的行为是由满足自身需求的动机所驱动的。在关于人的需求研究方面，已涌现出众多模型。其中，最为经典且广受认可的是马斯洛的需求层次理论。

马斯洛将人的需求划分为五个层次，即"生理需求""安全需求""社交需求"（或称为"亲和需求"）、"尊重需求"（或称为"自尊需求"）以及"自我实现需求"。他阐述了这些需求之间的层级关系，即个体在满足较低层次需求后，会进而追求更高层次的需求满足。与此相关的是，奥尔德弗随后提出了ERG 理论，该理论将人的需求分为三类，即"存在需求（existence）""关系需求（relationship）"和"成长需求（growth）"。奥尔德弗强调，这些需求虽呈层次性排列，但它们之间是相互作用的。

基于上述理论框架，我们可以深入探讨新型人才参与地方区域发展的动机所在。对于农村地区的新型人才而言，他们的行为可能主要受到需求层次理论和 ERG 理论中较高层次需求的驱动，这些需求包括自我实现、社交关系和个人成长等方面。此外，与"高度自觉"这一概念相契合，这类人才往往持续受到高层次需求的激励和引导。然而，实际情况往往更为复杂。例如，有些人在选择辞去工作后加入"地方区域振兴协力队"，即便他们的基本需求尚未得到充分满足，但仍然可能高度重视自我实现和成长等更高层次的需求。对于另一些人而言，他们在地方区域生活的最主要动机可能是追求一种无忧无虑的生活方式，这与生理需求、安全需求以及存在需求等更为基础的需求密切相关。因此，现实情况并非理论模型所能完全涵盖。

从这些观点出发，关键并不在于简单地满足所谓的"高层次"需求，而是深入理解个体的多样化需求，并采取相应的行动以满足地方区域的实际需求。在接纳或提供支持的过程中，尊重个体的自主性和主体性，同时给予恰当的反馈，显得至关重要。例如，在成功接收地方区域振兴协力队员的案例中，通常并非仅仅聚焦于预先设定的实施项目及其成果，而是采用一种更为人性化的接纳制度，该制度充分尊重队员的内在需求。在录用过程中，会事先细致地了解候选队员在该地区期望实现的目标，进而根据这些目标与地区所面临问题以及可用资源的契合度，来作出是否录用的决策。在协作活动实施期间，以行政部门为主导的接纳方通过地方区域的协调、咨询及建议等多种方式，为队员提供必要的支持。同时，建立有效的成果评价与反馈机制，以便内外部相关方能对队员的工作成果进行全面评估并提供及时反馈。在这样的环境下，队员们受到内在动机的激励，带着强烈的成就感投入活动，因此往往能展现出卓越的表现。相反，在队员离职率较高的地区，则可能存在对队员内心"情感"需求理解不足的问题。

另一个值得关注的概念是与地方参与情感紧密相关的"承诺"（commitment）。简而言之，对地方的承诺反映了个体对参与区域建设所持有的情感强烈程度。与此相类似的概念还有"场所依恋"（place attachment），它描述的是个体与某一特定场所之间所形成的积极心理纽带。此外，在组织理论中，组织承诺通常被划分为三个维度，即"情感承诺""规范承诺"以及"持续承诺"。情感承诺体现了个体对组织的深厚情感联系和归属感；规范承诺则反映了个体对组织所持有的道德责任感与忠诚；而持续承诺则是基于个体对离开组织所面临的机会成本与继续留在组织中所获得的利益之间的权衡考量（铃木龙太等，2019）。

个体对地方的承诺程度越高，其参与地区各类活动的积极性以及维持与地方持续正向关系的可能性就越大。此外，无论是定居人口还是与该地区有关联的人口，单纯地将他们区分为"人口（广义人才）"和"新型人才（狭义人才）"也可视为对地方承诺程度的一种反映。若采用此种定位方式，那么增强个体对地方区域的承诺将成为人才培养过程中的一个重要指标。

那么，如何增强承诺呢？组织理论探讨了诸多影响因素，其中一个重要观点指出，强大的组织文化和共享的价值观能够提升个体的承诺水平，并激发其对组织的贡献意愿。在地方区域贡献的情境中，也存在类似的机制。然而，不同于公司组织文化的相对明确性，全面理解和把握地方区域文化具有相当的挑战性。尽管"地域风情"这类概念在讨论中频繁出现，然而人们对其具体内涵往往难以形成统一的认识并加以共享。近年，地方区域品牌建设的加强确实为确认和分享地方文化提供了契机，但由于这些活动通常与特产销售等经济利益紧密相连，且主要由商会、农业合作社等组织主导，因此有时可能过于注重表面形式，而更多地倾向于促进消费。地方区域文化和价值观的共享并非单纯依赖自上而下的地方品牌化努力所能实现，而应被视为在村落层面以及各种社群活动中自下而上、多层级地逐渐形成的过程。这种共享的文化和价值观随后会逐渐扩散至更广泛的地理区域。此外，对地方的承诺可以通过在地方社群中持续开展正式与非正式活动来得以增强（柴崎浩平等，2017）。当然，活动的质量是提升承诺的关键因素，然而，若缺乏与社群互动的"接触点"，那么提升承诺便无从谈起。节日庆典、集体农业劳作、学校活动以及自治会活动等传统形式的接触点依然具有重要意义。然而，随着人才队伍的扩大，需要重新审视这些活动，当前的任务在于，创新活动形式，以增加新的接触点。

二、两种人才培养活动

在农村地区实施人才培养时，应深入理解地区参与者的个人情感，并以此为基础展开工作。然而，在实际操作中，人才培养主要通过两类活动得以实现：一类是"人才获取"，另一类是"人才技能与能力开发"。

"人才获取"这一术语涵盖了如人才挖掘、吸引、招募以及留任等一系列活动。在公司组织中，这通常包括有目的的招聘策略以及旨在减少人才流失的留任措施。然而，就农村地区而言，目前在人才获取方面尚未形成系统化的努力。乡土教育和地方教育作为促进长期定居的重要活动，在学校教育体系中的重视程度相对不足。自2017年教学大纲修订以来，针对地方区域知识的学习重新获得了关注，然而，其实施方法仍处于摸索阶段，包括建立合作与协作的有效机制等方面仍在尝试与调整中。

从地方区域的角度出发来吸引人才，同样是一种新颖且具有前瞻性的视角。随着地方层面人才短缺问题的日益严峻，以及自2010年起地方区域振兴协力队等外部人才利用策略的兴起，人们逐渐意识到这种视角的必要性和重要性。随着时间的推移，人们对于地区之间人才竞争的关注逐渐升温，已经形成了一场激烈的人才争夺战。然而，需要认识到的是，不能只偏重吸引外部优秀人才（尽管这也是必要的），更重要的是在地区内部发掘并培养人才。因此，下一阶段的人才技能与能力开发显得尤为关键。

人才能力开发是指确认人的现有能力并提高其能力的活动。一般来说，提及人才培养时，很多人可能会想到这一点。这被称为狭义的人才培养。具体的活动包括通过培训和现场体验等方式进行，对于培养者来说，如何促使受训者进行什么样的培训和积累什么样的经验，以及如何支持他们，都是需要解决的课题。

人才能力开发是指识别个体现有技能并进一步提升其能力的系统性活动。通常提及人才培养时，这一概念往往被狭义地理解为通过各种培训和实地经验来增强个人能力。在实施过程中，培养者面临的挑战包括如何确定适当的培训内容、选择有益于技能提升的经验类型，以及提供必要的支持来确保受训者的有效学习和成长。此外，在企业界普遍存在一种职业发展理念，它强调在工作中不断积累经验并提升能力的重要性。这种理念同样被视为能力开发的一个重要组成部分。此外，企业还普遍存在着一种职业发展理念，即如何在工作中积累经验并开发能力。这也被定位为能力开发的一部分（图 2-2）。

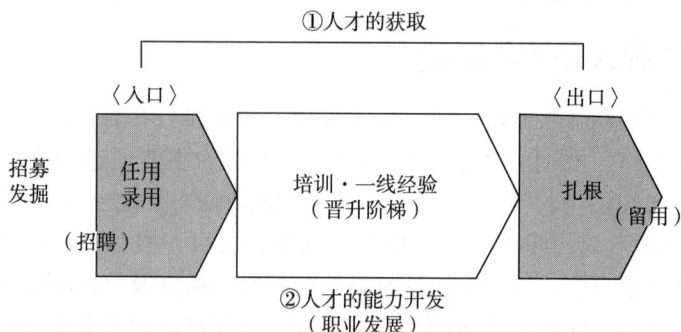

图 2-2　农村地区人才培养框架

在能力开发领域，农村地区过去也曾实施过一系列活动。其中，日本一项尤为独特且具有深远意义的活动是通过社会教育途径进行的居民能力开发。此类活动以公民馆（即公民活动中心）为核心基地，在日本国内广泛推行。事实上，那些地方区域中发展领先的地区，其背后往往都有着活跃的公民活动中心以及与之密切相关的人才培养实践。此外，在地方区域内部，同样存在着一种类似于职业发展的地方领导培养机制。七户长生（1987）曾指出，在地方内部组织的多样化群体活动和事业活动中，个体有机会担任关键角色，并在这一过程中提升领导能力，这构成了一种"晋升阶梯"机制。这些既有机制并不能完全契合本文所探讨的"新型人才"的培养需求。因此，如何重构并创新这些机制，以适应新型人才的培养和发展需求是现代社会面临的课题。需要再次强调的是，与企业不同，地方区域并没有一个特定的部门能够领导和管理整个人才培养过程。尽管行政部门在这一过程中扮演着核心角色，但单纯依赖行政力量是不够的。如何与地方各类组织，包括公共部门和民间组织进行有效合作，共同构建一个全面、系统的人才培养体系是当今的挑战。

第四节 人才培养的生态系统

一、地方社会所需要的体系

地方要如何培养新型人才呢？如前所述，地方原本具备的人才培养功能已大幅减弱。同时，尽管地方所需的人才和领导力的特质在不断演变，但传统的培养体系仍主要关注地区内居民的培养，而对于近年备受关注的外部人才，地方尚未给予充分的重视和回应，更勿论建立有效的人才引进机制了。

鉴于上述情形，当前的人才培养体系首要之务是构建一套完善的人才获取保障机制。如前文所述，确保人才的有效获取需从两个维度着手：其一，提升对人才的吸引力，以增强人才库的输入；其二，建立防止人才流失的机制，即便在人才流失的情况下，亦能保持与他们的有效联系。这两个维度可分别被视作入口策略和出口策略。无论从哪个维度来看，其核心要素皆在于存在能促使人们与地方社会产生交互作用的"接触点"或"参与空间"。一个具体的实例便是那些显而易见的中心设施。目前，日本国土交通省正致力于推进"小型区域中心"的建设，这些中心被设计为地方区域的交流枢纽。通过改造废弃的学校、旧民居等闲置设施，将其转变为咖啡馆、住宿设施、共享办公空间以及孵化器办公室等多元化功能空间，从而有效发挥这些闲置设施的潜在效用。

在各地均能观察到由当地居民自发构建的设施，这些设施已然演变成为区域性的象征性地标。它们不仅有效地拓宽了地区的"入口"，增强了人才的集聚效应，还在很大程度上抑制了人口的外流。

与硬件设施相同，软件的优化与完善亦具有举足轻重的作用。以政府为主导力量，日本在全国范围内积极推行了与地方区域建设紧密相关的培训及终身学习项目。近年，各地亦纷纷启动了一系列旨在吸引外部人才的迁入促进计划和创业者培育项目。这些项目作为直接的接触点和参与空间，正发挥着不可或缺的重要作用。

在设计过程中，将硬件设施与软件项目视为车之两轮、鸟之双翼，实现两者的紧密结合至关重要。同时，必须致力于推动区域内各类设施和项目的相互连接与互动，避免其孤立存在。在保持各自主体性的基础上，加强彼此之间的联系与协同作用。此外，未来的人才培养应以地方区域为基本单位，不仅关注设施和项目的建设，更应重视不同利益相关者之间的协同合作。这种合作需要跨越行业与地域的界限，形成多方共同参与的人才培养机制。此外，这种由多元主体相互协作、共同作用的系统类似于自然界的生态系统。因此，我们的目标应致力于构建这样一个具有协同效应的人才培养生态系统。然而，构建此类生态系统并非易事。其形态多样，且充满挑战。以下，以兵库县丹波篠山市为例，深入探讨其具体的设施配置、项目实施、设计理念，以及试图构建的生态系统形态和当前所面临的挑战。

二、构建人才培养生态系统的实例

丹波篠山市，位于兵库县东部的农村地区，通过与神户大学的紧密合作，正在积极探索并尝试建立人才培养生态系统。主要的基地和项目包括农村创新实验室和篠山创新者学校。实验室位于丹波篠山市 JR 篠山口车站检票口旁的市属空间，经过精心翻修与改造后于 2016 年正式开放。它不仅是一个交流和人才培养的核心设施，更承载着推动地方创新发展的重要使命。其主要项目——篠山创新者学校，致力于促进创业和吸引新居民。自学校创办至 2021 年度，累计共有 190 人积极参与了各项学习活动。通过对迄今为止的学员数据进行观察分析，我们发现超过 70％的学员是来自周边城市的外地人士。在这些学员中，大约有 20％已经在某种程度上成功创业，同时约有 10％的学员选择移居至丹波篠山市。从数量上看，这些成果显然不容忽视。那么，究竟是哪些因素促成了这些积极成果的产生？从地方区域的角度观察，他们又构建了怎样的有效系统来支撑这一进程？接下来，我们将深入探讨这些问题，以期揭示其背后的成功机制。

此项目为期一年，共招收 30 名学员，其构成主要涵盖以下三个层面：其一，是在教室内进行的"研讨会"；其二，"融入地方社会的学习实践（community based learning，简称 CBL）"；其三，"创业继业支持"，在这一阶段，为学员提供全方位的伴随性支持，协助他们编制商业计划，推动业务的实际运作与实现。传统的此类项目往往以课堂教学为中心，偏重知识传授或商业计划的编制。然而，此项目的创新之处在于，通过融入地方社会的学习实践和创业继业支持等环节，使学员能够直接与当地社区建立联系，并在与同伴的交流对话中，反思并明确自身在地方社区中的职业定位与生活规划。换言之，此项目不仅是一个提升学员职业素养与创业能力的平台，更是一个引导学员深入挖掘个人价值观与需求，进而实现自我认知与职业定位的反省性学习计划。这无疑是此项目的显著特色之一。

此项目的另一显著特点在于其致力于促进篠山口站基地项目与市内各地的研究课题、资源以及基地设施之间的有效衔接与整合。在此过程中，CBL

发挥着至关重要的作用，它旨在根据地方区域的实际需求，有针对性地设置与之相契合的研究主题。举例而言，若某农业组织面临接班人匮乏的问题，项目便可将农业业务的创新与传承作为研究主题；同样地，对于存在的空置房屋或闲置农地，项目将探索其有效利用途径作为研究主题，以期学员在课程结束后能够直接将所学应用于实践中。除此之外，该项目还致力于与各地的中心基地设施建立紧密的合作关系，将这些设施打造成为创业初期的理想孵化场所，如办公室或店铺等，从而为学员的创业之路提供有力的支持与保障。

随着时间的推移，人脉网络的不断扩展已逐渐演变成为一项重要的资产。在过去的数年里，所邀请的专家讲师人数已累计超过 50 人。毕业生群体以及实际创业或迁入地方区域的人数均呈现出逐年递增的趋势。尽管这些都是弱连接的网络形态，然而，正是这些看似偶然的交汇点，却孕育出了创业机遇与问题解决的实例。这也为吸引新型人才构建了有效的平台。人与人之间的相互吸引与招揽正是基于这样的机制。值得特别关注的是，自 2020 年起，地方区域振兴协力队制度正在经历一系列整合与优化。该制度通过选拔那些具有创新思维和可行创业计划的迁入者及创业者，任命他们为协力队员，旨在降低创业过程中的不确定性，为他们的移居和创业之路提供有力支持。该项目在实施过程中亦面临若干挑战。具体而言，如何建立并维护与毕业生及讲师之间的长效联络机制、如何深化与市内各地区中心基地及各项活动的协同合作、如何与小学、中学、高中等教育机构以及社会教育、农业等人才培养相关的地域性机构进行有效对接，以及如何培养具备推动上述工作能力的专业协调人员等问题，均是该项目未来亟待解决的重要课题。

经过上述分析，我们对丹波篠山市在人才培养方面如何通过地方区域系统的运作并取得显著成效有了较为深入的理解。图 2-3 对丹波篠山市的实践进行了适度的抽象提炼，呈现为一个生态系统模型，以便进行更为系统的总结。出于简化表述的考虑，图中主要展示了核心交流设施与各地区之间的关联。然而，需要强调的是，核心设施并非必然唯一，它们同样可以存在于地区内部，形成多层次的支撑体系。在这个生态系统中，人们参与的接触点越多越好。尽管人才培养的生态系统目前仍处于建设完善阶段，但丹波篠山市通过在地方区域层面上实现中心和项目的有效连接与协同，显著促进了人才的汇聚和能力的开发。因此，这个案例可以被视为一个值得借鉴和追求的模式。

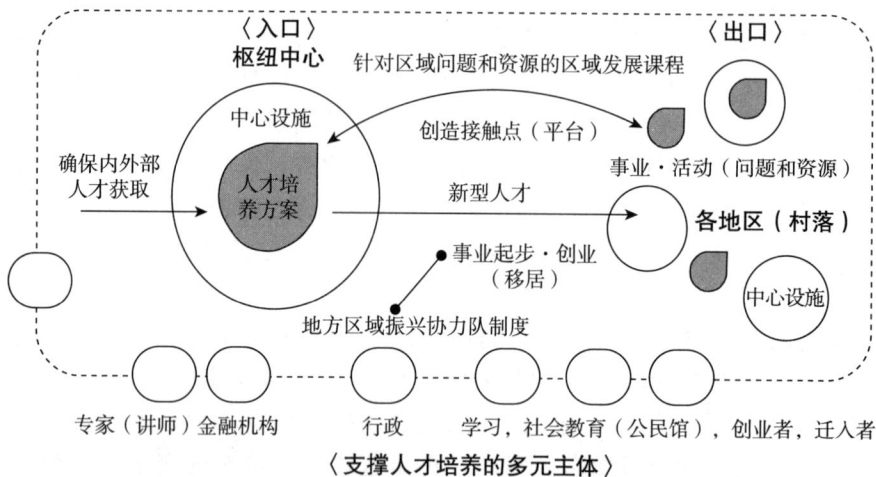

图 2-3　人才培养生态系统示例

第五节　未来人才培养趋势："地方人力资源部"的构建意义

　　本章首先系统梳理了持续推动农村发展所需的新型人才类型，并深入探讨了进行人才培养时应遵循的理论基础和框架体系。基于此，我们进一步阐释了地方区域在人才培养方面的重要性，以及在实际构建过程中所面临的挑战。并通过具体案例分析提炼了人才培养生态系统的有效构建模式。

　　本章所倡导的"新型人才"，是指那些具备独立思考和行动能力，能够为农村地区创造新活动和新价值的人才。在人口不断减少的背景下，这类人才对于地方发展的重要性将日益凸显。然而，与此同时，也必须认识到，新型人才的培养难度将会不断增加。随着时代的变迁，人才环境也将发生深刻变化。区域人才流动性有望进一步增强。随着年轻一代主导的田园回归现象的显现，如副业、兼职、并行工作等多元化工作方式正逐渐成为常态，而远程工作的普及也为这一趋势提供了有力支撑。与此同时，参与地方区域发展的人群在多个层面呈现出显著的多样化特征。从外在层面看，如种族、国籍和年龄等方面，这一群体已展现出丰富的多样性；而在更深层次的意识和行为层面，如价值观和对区域的参与方式等方面，同样呈现出日趋多样化的趋势。

　　在此背景下，对地方区域人才的认识也需要进行根本性的转变。传统的人才培养理念往往侧重于培养那些完全投身于并长期生活在本地区的人才。然而，随着时代的发展，也需要将区域参与视为一种更为灵活和多元的模式，其中可能包括暂时的和部分性的参与形式。为适应这一新趋势，人才培养机制必须进行重新构建。具体而言，我们需要转变对人才的固有认知，从静态的、固定的视角转变为动态的、流动的视角。通过这种思维方式的转变，可以更全面地理解人才的多样性和灵活性，进而创新人才培养的形式和方法。在实际操作中，这将促进增加跨越地方区域界限的活动，以及根据项目需求灵活组建离散集合的项目型和网络型活动，从而更有效地促进人才的成长和流动。这意味着地区内"接触点"在促进新联系和增强承诺方面的重要性将进一步凸显。同时，流动性和多样性所带来的潜在冲突也不容忽视。然而，我们必须包容这些缺点，并积极探索将其转化为新机遇和创新方向的可能性。通过有效的引导和转化，可以将流动性和多样性带来的问题变为地区发展的新动力和创新源泉。

在追求这样一个近期目标的过程中，关于新人才培养的"管理"职责归属问题显得尤为重要。理想情况下，我们期望所有与地区发展相关的参与者能够自主地相互联系，共同构建一个相互协作的系统。然而，这需要所有参与者都具备相当高的能力，而且在实际操作中很难立即实现。特别是在农村地区，寻找一个明确的主体来负责人才管理更是一项艰巨的任务。在这种情况下，政府和公共机构的作用就显得尤为重要。政府等部门可以率先发起并成立类似于地区"人力资源部"的组织或项目，作为构建人才培养生态系统的起点。以丹波篠山市为例，政府在该市的人才培养中所发挥的作用是有目共睹的。

此外，农村创业往往面临经营资源匮乏的问题。因此，期待政府能够发挥类似于风险投资机构的作用，尽管政府无须直接承担此类职能。相反，政府应当积极寻求并吸纳外部的人才和资金等关键经营资源，同时在行政部门之外构建全新的组织和项目。实际上，在日本全国各地的创业移居示范区中，已经有许多新的组织和项目正是通过这样的方式得以成功创立。然而，为了推动进一步的发展，关键在于不仅要与行政部门紧密合作，还需与现有的相关机构建立稳固的合作关系，从而将整个区域融入一个协同的生态系统中。从区域内部来看，涉及人才培养的行为主体众多，如农业合作社、商会、学校以及社区中心等。这些主体长期以来各自依据其使命和任务独立开展活动，但彼此之间的横向联系往往较为薄弱。鉴于"人才培养"是各行为主体共同面临的挑战，因此该主题本身具有潜力成为促进区域合作的重要"参与空间"。

构建自上而下的人才培养生态系统确实是一项艰巨的任务。在尊重各行为主体自主性的基础上，需要以全局的视角审视整个区域，并逐步将这些行为主体紧密联系起来，这可能是成功构建生态系统的核心所在。尽管我们强调了行政部门在其中的重要作用，但决定其最终成败的关键因素并非仅在于行政部门或其他任何一方，而是那些对该区域怀有深厚情感、致力于推动区域发展的个体。我们诚挚地希望您能成为其中的一员，并探索出属于您自己的独特方式，为地方区域的发展贡献一份力量。

【相关图书推荐】

1.『経験から学ぶ人の資源管理〔新版〕』（《从经验中学习人力资源管理（新版）》）

上林宪雄、厨子直之、森田雅也（2018）；有斐阁

推荐理由：为了更准确地掌握人力资源管理的基础知识，建议通过专业教材进行系统的学习。尽管企业与农村在前提条件上存在显著差异，但社会、企业与农村的变革是相互交织、互为影响的。因此，在积极借鉴国内外人才管理领域的新实践和先进理论的同时，我们也应深入思考和关注农村的"人力资源"问题。

2.『新しい農村リーダー———求められる資質と機能』（《新型农村领导者——所需的素质和能力》）

七户长生（1987）；农文协

推荐理由：该书从人际关系和社会关系的角度，描绘了"领导者缺失"和"新型农村领导者"两个期待已久且密不可分的问题。虽然已经过去了35年，但这些基于大量丰富材料的研究并未褪色。由此将发生怎样的变化，我们又能够改变些什么呢？

3.『人を助けるとはどういうことか——本当の協力関係をつくる7つの原則』（《协助他人：构建真正合作关系的七个原则》）

Edgar H. Schein.，金井真弓译，金井寿宏校译（2009）；英治出版

推荐理由：原著的标题为 *Helping：How to Offer，Give，and Receive Help*，日文译著标题直接且明确地揭示了书籍的核心主题。在本人看来，农村人才培养的核心要义并非传统意义上的"管理"，而是更倾向于"帮助"与"支持"。此书作为"支援学"领域的入门之作，对于希望深入了解该领域的学生、研究者以及实务工作者而言，具有极高的参考价值，建议广泛阅读。

【参考文献】

奥林康司・上林宪雄・平野光俊编著（2010）『入门人的资源管理〔第2版〕』中央经济社

小田切徳美・橋口卓也編著（2018）『内発的農村発展論——理論と実践』農林統計出版

忽那憲治・山田幸三編著（2016）『地域創生イノベーション——企業家精神で地域の活性化に挑む』中央経済社

佐藤厚（2016）『組織のなかで人を育てる』有斐閣

柴崎浩平・中塚雅也（2017）「地域おこし協力隊員の地域コミットメントの特性」『農林業問題研究』53（4）

図司直也（2014）『地域サポート人材による農山村再生』筑波書房

鈴木竜太・服部泰宏（2019）『組織行動——組織の中の人間行動を探る』有斐閣ストゥディア

中塚雅也・内平隆之（2014）『大学・大学生と農山村再生』筑波書房

中塚雅也（2018）『拠点づくりからの農山村再生』筑波書房

牧野篤（2018）『公民館はどう語られてきたのか——小さな社会をたくさんつくる①』東京大学出版会

松尾睦（2011）『職場が生きる人が育つ「経験学習」入門』ダイヤモンド社

若林直樹（2009）『ネットワーク組織——社会ネットワーク論からの新たな組織像』有斐閣

【专栏 2】

通过民意调查审视农村

［日］桥口卓也

　　尽管媒体对于内阁支持率等民意调查的报道常常引发广泛关注，然而实际上，作为日本中央政府机构的重要组成部分，负责策划和协调重大政策的内阁府，每年亦会进行大约 10 次的各类民意调查。这些调查结果可在内阁府的官方网站上查阅，涵盖了自第二次世界大战后不久的 1947 年至今的 1 200 多次调查数据。特别值得一提的是，近年内阁府还每年开展一项名为"外交民意调查"的调查研究，旨在了解民众对美国、俄罗斯、中国、韩国等国家的好感度等问题。相信许多人已通过各类报道对这些调查结果有所了解。

　　此外，针对当今时代的需求，还开展了诸如"气候变化"（2020 年）、"男女平等参与社会"（2017 年）等新主题的调查。同时，调查范围也相当广泛，涵盖了其他诸多主题，如"药店利用情况"（2020 年）、"使用公共交通工具时的注意事项"（2020 年）等。

　　在这些民意调查中，也经常进行有关农村的调查。整理其实施年份、调查名称等情况后，如表 1 所示。其中，有些调查是与有关饮食生活的调查一起进行的。从本书的主题来看，人们有关农村移居意愿也是一个值得关注的重点，通常每隔大约 10 年政府会开展一次相关调查。因此，我们想从 2021 年 6 月进行的最新调查的结果中，窥探一下对农村的关注。

表 1　日本内阁府关于农村地区的民意调查一览

调查时间（年）	调查名称	农村移居	调查间隔
1949	农村		
1965	农村青少年的意向		
1977	农村地域的定居环境	√	
1984	粮食及农业、农村		10 年
1987	饮食生活与农村的作用	√	
1990	饮食生活与农村的作用		9 年
1993	饮食生活与农村的作用		
1996	粮食、农业与农村的作用	√	9 年
2005	城市与农山渔村的共生、对流	√	
2008	粮食、农业与农村的作用	√	9 年
2014	农山渔村	√	7 年
2021	农山渔村	√	

注：调查标题中的"关于×××的民意调查"部分被省略。

在这些民意调查中，涉及农村的调查也屡见不鲜。经过整理，其实施年份和调查名称等信息如表 1 所示。值得注意的是，部分调查与饮食生活调查并行进行，但总体而言，每隔约 10 年，政府便会针对农村移居意愿进行一次系统调查。鉴于本书主题聚焦于农村可持续发展议题，人们的农村移居意愿自然成为我们关注的重点。因此，接下来让我们从 2021 年 6 月进行的最新调查结果切入，深入探究人们对农村的态度和看法。

图 1 展示了根据不同性别和年龄段划分的农村迁居意愿分布情况。在男性和女性中，18～29 岁年龄组的受访者表示"有"或"较倾向于有"迁居意愿的比例最高。相对而言，在除 30～39 岁年龄组以外的其他年龄段中，表示"无"或"较倾向于无"迁移意愿的比例呈现逐渐增加的趋势。

表 2 归纳了有意愿移居至农山渔村的人们对于移居后生活的期望。无论男女老少，他们都渴望能够亲近并感受"大自然"。然而，对于特定年龄段的人群，如男性 30～39 岁以及女性 18～29 岁和 30～39 岁，他们除了对大自然的向往外，还将在与城市环境迥异的农村中"育儿"视为第二大期望。

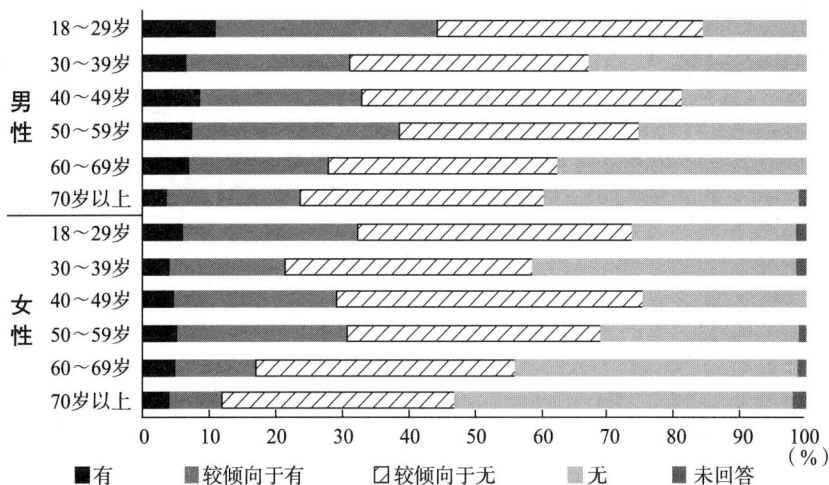

图1　按性别和年龄段划分的向农村地区移居的意向

资料来源：根据内阁府"农山渔村民意调查"（2021年6月进行）结果编制。

表2　未来移居至农山渔村后对生活的期望

性别	年龄层	大自然	农林渔业	邻里关系	新工作	活动参与	育儿
男性	18～29岁	90.0	**35.0**	**35.0**	25.0	**35.0**	20.0
	30～39岁	100.0	42.1	10.5	47.4	21.1	**52.6**
	40～49岁	66.7	**40.0**	20	30.0	23.3	10.0
	50～59岁	87.1	**38.7**	35.5	35.5	19.4	12.9
	60～69岁	55.0	25.0	15	**30.0**	15.0	10.0
	70岁以上	81.5	**33.3**	**33.3**	14.8	14.8	11.1
女性	18～29岁	85.7	28.6	23.8	38.1	28.6	**52.4**
	30～39岁	81.3	25.0	12.5	25.0	12.5	**31.3**
	40～49岁	77.4	**32.3**	**32.3**	25.8	19.4	19.4
	50～59岁	72.4	24.1	**27.6**	24.1	13.8	10.3
	60～69岁	78.6	35.7	**50.0**	21.4	28.6	7.1
	70岁以上	44.4	**27.8**	44.4	0.0	**27.8**	0.0

资料来源：根据内阁府"农山渔村民意调查"（2021年6月进行）结果编制。

注：阴影部分为回复百分比排名第1的区域，黑体字为排名第2的区域（多个回复）。

　　根据图1所示，30～39岁年龄组，即处于育儿的最佳阶段，相较于其他年龄组，其移居至农村的意愿较低，因为农村育儿环境的问题无疑是他们在考虑移居时的重要因素之一。

创建新的"工作"岗位

[日]筒井一伸

第一节 本章讨论的问题

21世纪初，笔者曾在爱知县的一个村级行政机关任职，主要职责是接待有移居意愿的人士。为了让这些有意向的移居者能够真实地体验乡村生活，村里特地建设了当时颇为罕见的移居体验设施。然而，笔者与同事们当时普遍认为，即便有移居意愿者到访，我们也只能坦诚相告，"村内缺乏就业机会"。当时，除了林业的衰退外，由于公共事业的缩减，土木建筑等"基础产业"也开始崩溃。特别是传统上以雇佣型就业为前提的找"工作"模式，在21世纪初已经变得不再可靠。大约10年后，进入2010年，农村工作的新模式开始引起人们的关注。如第七章所详尽阐述的，在田园回归的趋势推动下，不仅从城市到农村的移居意愿者数量呈现增长态势，而且其年龄结构亦发生了显著变化。以提供移居者支援服务的非营利组织"故乡回归支援中心"为例，其用户中49岁以下的在职人群比例在2011年首次超过了50岁的有望退休人员，占比达到51.3%，而此后至2017年，这一比例更是进一步攀升至72.7%。

从政策层面来看，2014年日本制定了《城镇、人口、工作创生法》，并随之通过了《城镇、人口、工作创生长期愿景》与《城镇、人口、工作创生综合战略》。这一系列举措标志着地方创生战略的全面启动。在《城镇、人口、工作创生法》的第2条第5款中，明确将"通过促进创业和鼓励充分利用当地特色的商业活动，创造具有吸引力的就业机会"纳入其基本理念，并强调"地方"作为这一战略中的核心关键词。根据政府发布的《促进移居等人口增长的公共关系战略制定与实施调研项目报告》（2020年3月），在地方希望从事的工作意向中，有三项比例较高的选项：①希望从事能够发挥自己能力和职业优势的工作的人数比例为49.0%（此处的回答者为正在具体规划移居的群体，下同）；②希望从事扎根于地方的工作的人数比例为45.0%；③希望自己创业或成为个体经营者的比例为 32.0%。从这些结果可以看出，新的工作方式既体现了追求自我实现的生活方式（如①和③所示），又体现了与地方区域的紧密联系（如②所示）。

　　值得注意的是，筒井一伸等（2014）提出，将"工作"的概念扩展至"生计"，并纳入了与地方区域关系的考量。本章将以此观点为基础，结合当前社会发展趋势，如图 3-1 所示进行深入阐述。对于移居者而言，除了传统意义上的维持生计的工作外，还需探索以实现自我价值为核心的生活方式，即所谓的"工作（方式）选择"。更进一步地说，将地方区域资源的广泛利用、与社区的关系等地域性因素纳入"生计"的考量范畴，不仅展现了地方区域可持续发展的愿景，更彰显了积极寻求未来地方区域创新与价值创造的"进取"精神。换言之，我们不能将"生计"狭隘地理解为个人议题（如个人就业问题），而应将其提升为新时代乡村可持续发展的地方区域主题。这代表了一种视角的转变，同时也强调了乡村必须积极参与其中，以期推动乡村可持续发展进程。

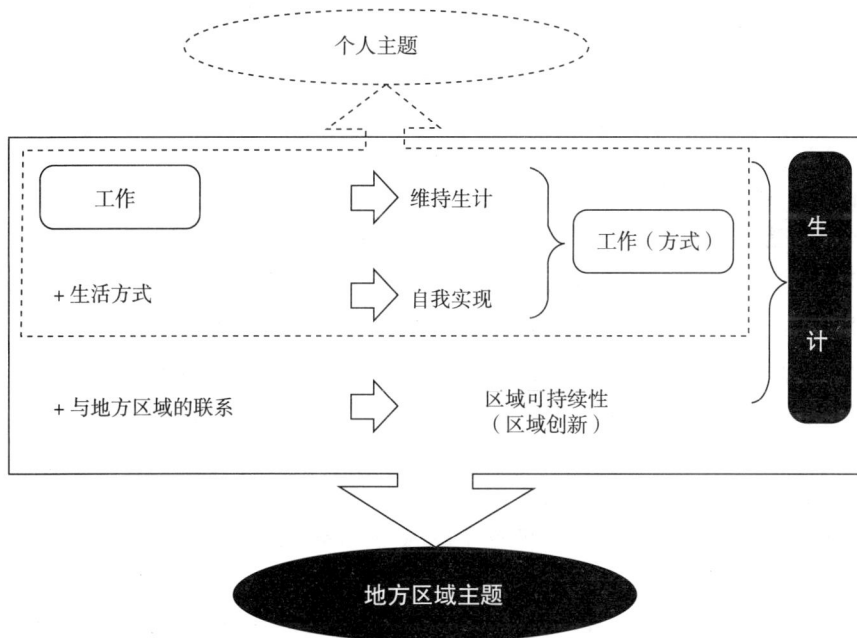

图 3-1　生计的定位

资料来源：笔者在筒井一伸等（2014）的原图的基础上修改补充制成。

　　在本章中，将探讨一种有望在未来崭露头角的新型社区经济模式。此模式将作为地方区域创造"就业机会"的一种有效途径，其参与者不仅局限于移居者，同时还将汲取从移居者自主创造生计的实际案例中获得的宝贵经验。

第二节 地方劳动力市场面临的"工作机会"与"劳动力"缩减问题

第二次世界大战后，日本农村在经历由复兴到高速增长的经济阶段转型过程中，遭遇了第一产业作为支柱产业的衰退、大量人口（劳动力供给）流向大都市区域，以及随之而来地方社会结构瓦解等人口稀少问题。为应对相关问题，地方区域产业化在"缩小地区差距"和"实现国土均衡发展"的方针下，借助外部型开发得到了发展。同时，随着社会分工和地区之间分工的持续深化，传统"生计"逐渐式微，以兼职农民为主的就业形态逐渐成为普遍现象。过往那种以农业、林业为主导，辅以多种副业的地区经济特征也渐趋消亡（藤田佳久，1981）。

1971 年，日本政府颁布了《农业地区引进工业促进法》（该法于 2017 年修订为《促进农村地区产业引进等相关法》），旨在推动工业等产业向农村地区布局，以创造新的就业机会。作为对此政策的响应，众多大型制造企业在全国范围内发展了企业内部地区之间的分工体系。这些企业在非大都市圈地区建立了以分厂和生产子公司为核心的层级分包结构（地区生产体系），并形成了与之相对应的多层次劳动需求。这种需求与主要由农户提供的劳动力供应相结合，共同构建了所谓的"地区劳动力市场"（田代洋一，1975）。此外，为改善生活基础设施而实施的公共工程，对建筑业的发展起到了积极的推动作用，进而在地方区域创造了众多的就业机会，为当地居民提供了维持生计的工作岗位。然而，这些"工作机会"虽然在一定程度上吸引了男性劳动力的参与，但同时也成为女性劳动力相对低工资的集聚地。因此，尽管有这些就业机会的存在，农村人口，尤其是年轻人口的流出现象并未得到有效遏制。许多位于农村的工厂被置于以城市为轴心的制造业区域之间分工体系的边缘位置。同时，在建筑业领域，大量订单严重依赖于中央政府的财政措施（如补贴）。由此，农村经济沦为依赖城市和中央政府等"中心"的"边缘地区"，其自主性受到削弱。这一现象在地理学界一直备受争议（冈桥秀典，1997）。

人们很早就意识到这种依赖外部型经济的模式存在问题，这也是 20 世纪

80 年代"村落振兴"① 这种强调自力更生型经济发展战略受到广泛关注的重要原因。此外，随着经济从稳定增长阶段过渡到低增长阶段，制造业和建筑业的增长速度也开始放缓，这一趋势在 20 世纪 80 年代中期尤为明显。在日元升值引发的经济衰退背景下，制造业企业更倾向于将生产基地转移至海外以降低成本。因此，许多原本为寻求低成本劳动力而设立在农村的工厂，也不得不面临规模缩减或撤资的困境。

以人口稀少地区为例，其制造业企业的设立数量在 1977 年至 1990 年呈现出显著的增长趋势，从最初的 115 个增加至 430 个。然而，自 1990 年后，该数量开始持续下降，到 1999 年已减少至 75 个，基本回归到 1975 年的水平。进入 21 世纪后，过疏地区的企业设立数量再次出现增长势头，截至 2018 年，已达到 697 个，其中非制造业企业占 520 个。值得注意的是，在这些非制造业企业中，规模在 10 人以下的企业有 236 个（占比为 45.4%），这表明就业岗位的非制造业化和小规模化趋势正在显现（数据来源于 2019 年版《人口过疏地区对策现状》，由总务省于 2021 年 3 月发布）。

然而，人口过疏问题依然十分严重。尤其是在高度经济增长时期，留在农村的人口逐渐老龄化，同时人口外流导致社会总人口减少，死亡人数超过出生人数，形成了人口自然减少的局面。以 20 世纪 80 年代中期为转折点，农户不再具备向农业外提供劳动力的功能，地区劳动力市场不仅迅速萎缩，而且还面临着农业劳动力不足的新挑战（山崎亮一，2020）。

如上所述，农村地区劳动力市场正经历着由"工作岗位"减少向"劳动者"数量下滑的趋势转变。然而，现有政策多基于"工作机会匮乏引发人口外流"的传统观念制定，这与当前"工作岗位尚存但劳动力不足"的实际情况存在显著偏差，进而导致对相关议题的深入探讨不足。此外，由于这种认知上的鸿沟，21 世纪初仍延续了以雇佣为前提的 20 世纪型就业岗位创造模式。然而，随着以制造业为代表的传统产业逐渐衰退，以及对潜在需求和新兴需求的日益关注，自 2010 年以来，人们开始积极寻求农村地区替代性的就业岗位创造模式。这一转变体现了对"生计"概念的深入理解，并在实践探索中催生了

---

① 日本的"村落振兴"（むらおこし）与我国的"乡村振兴战略"存在以下本质区别：①历史背景与政策动因不同。日本的"村落振兴"出现于 20 世纪 80 年代，是对外来型经济发展模式局限性的反思与应对。其产生源于制造业向农村转移的减速、撤离，以及日元增值背景下农村工业化战略的失效，本质上是一种"自下而上"的内生型发展战略。②发展路径与策略重点不同。日本的"村落振兴"模式强调地方自助（self-help）与内生发展，注重激活本地资源和社会资本。中国的乡村振兴战略则体现为国家战略主导下的综合性发展规划，包含产业振兴、人居环境改善、公共服务提升等多维目标。——笔者注

如"地方区域创业""接班制度"以及"生计型农业"等新概念的涌现。因此，在本文的第三节和第四节中，我们将对这些新概念进行详尽介绍，并在剖析网络及社区参与、小规模起步的重要性的基础上，探讨面向可持续发展的地方区域生计的核心要素。

第三节　地方区域创业与接班继承

一、网络驱动下的地方区域创业

自 2014 年 1 月《产业竞争力强化法》付诸实施以来，创业支援工作便得到了广泛的推进和开展。截至 2019 年 12 月，由中小企业厅主导的市町村创业支援等业务计划已在多达 1 443 个市区町村得到了正式的认定。

随着有移居意愿者的持续增长，市町村、都道府县等各级地方政府根据各自的地域特性，积极采取了独具特色的措施。这些举措旨在充分利用地方资源，创造新的生计，并推动以地方创业为核心的活动。若追溯探讨地方区域内新业务的起源，我们可以发现 20 世纪 90 年代后期至 21 世纪初备受瞩目的"社区经济"。尽管当时业界已围绕将解决地区问题、振兴地方经济与促进就业相结合的概念及活动领域展开了讨论，然而关于如何具体构建社区经济机制的深入探讨并未广泛展开。

随后，社区经济的讨论逐渐被纳入社会事业的领域，主要因为它被普遍视为一种能够解决各类社会问题的商业实践活动。然而，我们不仅要着眼于区域性问题，还需重视农村地区特有的区域性互助关系，那么社区经济的概念依然具有重要的应用价值。

本章旨在从农村移居者重视与地域紧密相关的生计经验这一角度出发，深入探究新型"就业"创造的本质内涵。这一研究视角既承袭了社区经济议题的延伸脉络，同时也融入了 21 世纪初社区经济议题之后兴起的田园回归潮流中所包含的多元化等现代新尝试。

这些案例亦彰显了农村移居者在地方区域创业方面的独特特征。通过对福岛县二本松市的农家民宿、秋田县三种町的农场餐厅以及鸟取县大山町的海产品加工等实例进行深入的实证调查，揭示了地方区域创业的完整过程及其成果，并探讨了支持地方创业的地方"接力"模式（简井一伸等，2014）。

如图 3-2 所示，地方区域创业呈现出一种接力模式，而其核心则在于支持主体的网络构建。对于移居者参与创业的支持，地方层面的主要举措可划分为三个维度："鼓励促进机制的设立""助力创业步入正轨"以及"支持日常运营"。其中，鼓励促进机制可视为创业的触发点，主要由中央、都道府县以及市町村等政府部门通过创业支援金等形式提供关键性支持。

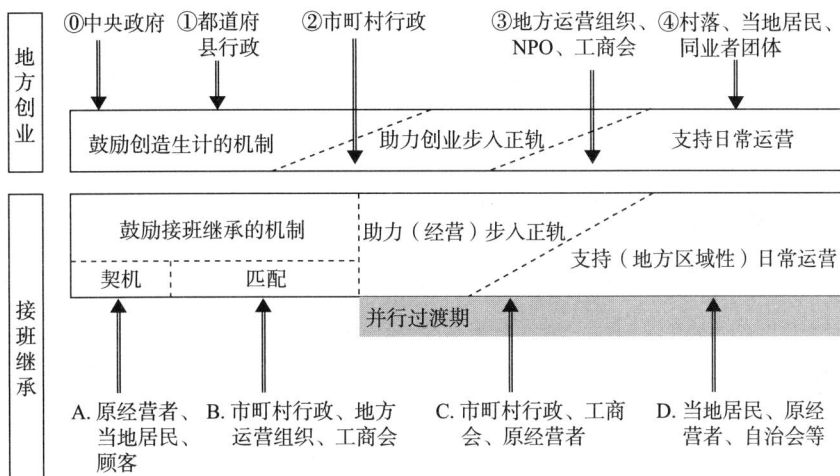

图 3－2　地方创业与接班继承过程中的接力扶持机制及其主体

资料来源：参考筒井一伸等（2014，2018）配图制成。

要推动创业活动步入正轨，一种有效的方式是通过市町村级行政机构或地方运营组织等新兴社区，为创业者提供在闲散期或创业准备阶段的临时性就业机会。在日常运营方面，根据创业者所采用的生计模式，现有社区如村落居民、地区民众以及同行业从业者等，将提供多样化的支持措施，以确保创业活动的顺利进行。

例如，经过对兵库县丹波市的深入分析，我们发现存在众多实例，其中创业者在迁居之前便已经与支持者构建了稳固的联系，或者支持者自身亦在丹波市成功创业，并持续作为支持网络的一部分发挥着作用（酒井扶美等，2020）。依据接力赛理论，这些均可视为对日常运营或创业步入正轨的关键支持。然而，对于迁居者而言，在本地创业的支持体系远非仅限于制度层面，更为核心的是要深入探究当地各类主体如何提供实质性支持，以及这些支持网络的整体架构与运作机制。

在第二章中，我们探讨了将整个地区的人才培养和创业都纳入生态系统，增进了对整个地区生态系统的理解。以被誉为"创业之村"的冈山县英田郡西粟仓村为例，该村以林业和木材产业为主导产业。通过对其细致的分析，我们强调构建一套系统的重要性，这套系统需通过有效解决地区问题、积极吸引外来人才与资本，并充分利用地方政府资源来推动外包业务和合作项目的开展，进而促进民间企业的成长与繁荣。在该生态系统中，创业历程被依次划分为"建立人脉关系""进行试验与商业化尝试"以及"实现规模扩张与稳固市场地位"等阶段。同时，创业人才的培养过程也被相应地划分为"建立人脉网络的个体""具备初步创业能力的创业者"以及"能够推动企业发展的成长型创业者"等不同层次。这些探讨均凸显了在持续推动地区创业发展的过程中，构建一个由地区内外多元化参与者组成的支持网络所具有的不可或缺的重要性。

二、基于地方区域参与的接班传承

一方面，以地方区域参与为基础的地方创业蓬勃发展；另一方面，我们也不得不面对包括农村地区在内的个体户和中小企业主不断出现的放弃经营现象。尽管人们往往会下意识地将企业倒闭等同于"破产"，但事实上，除了破产之外，歇业、停业以及解散的情况在实际商业环境中更为普遍。举例来说，根据 2019 年的相关数据，破产案件的数量为 8 383 起，而歇业、停业及解散的案件数量则高达 43 348 起，是破产案件数量的 5 倍。值得注意的是，在歇业、停业和解散的企业中，有 61.4% 的企业在上一个财政年度仍然是盈利的，而在这部分企业中，企业所有者年龄超过 60 岁的比例竟达到了 83.5%。换言之，许多企业虽然盈利，但众多盈利企业正面临因接班人匮乏、后继力量不足而导致的歇业、停业乃至解散的严峻挑战（此观点依据东京商工调查所发布的《2019 年歇业、停业、解散企业动向调查》报告）。为应对中小企业领域内后继者不足的问题，相关部门已推行"事业继承"政策，该政策旨在推动企业内外部的继承（如亲属、员工等）或出售给第三方（企业并购，mergers and acquisitions，简称 M&A），并通过税收优惠、民法特别规定、融资担保制度等一系列措施提供必要的支持。值得一提的是，日本在 2014 年度启动了"接班人才库"项目，该项目的主要目标是为那些缺乏后继者的中小企业和希望继承事业的人员提供匹配服务。近年，该项目的关注点也逐渐扩展至亲族以外的第三方继承。从制度设计的层面来看，"事业继承"主要聚焦于具体的经营资源继承问题，这属于商业性范畴的重要措施。

另一方面，"接班"这一概念的提出，源于农村地区接班人匮乏的现状以及越来越多劳动适龄人口向农村迁移的实际情况。"接班"（日语为"继業"）这一术语，虽为作者所创，但其含义并非仅指事业的继承。它所强调的，不仅包含狭义层面上的经营资源交接，更涉及有意识地承续农村地区的生计及其与地域特色之间的深刻联系。

在接班继承过程中，与地方创业相似，亦须多元主体共同参与，如同接力般提供持续支持（图3-2）。不过，在"鼓励促进创造生计的机制"这一维度上，二者呈现出明显的差异性。具体而言，地方创业侧重于从零开始构建生计体系，而接班继承则是在已有生计的基础上进行延续。因此，接班继承的核心在于实现企业所有者与潜在接班人的有效对接与匹配，更为关键的是创造并优化接班继承的机会与条件（简井一伸等，2018）。

创造接班继承机会的关键要素包含以下三点：①正视家业观念。尽管我们经常听到如"这是我的店铺，我有权随时关闭"之类的言论，然而在这些言辞背后，往往隐藏着"希望保留家业"的深层意愿。在某些地区，通过利用定期巡回的经营指导契机，人们试图从固有的家业观念中"解脱"出来。这一做法在农村这类强调面对面交流的环境中尤为重要，因为持续且细致的沟通是不可或缺的。②响应当地居民的诉求。举例来说，为了维护生活基础设施，当地居民发出了"希望保留村落最后一家商店"的呼声，这种呼声进而转化为推动接班继承的重要力量，并促成了迁入的移居者成功接手继承店铺的案例（如高知县香美市香北町猪野々地区的田园食堂猪野々商店）。③地方居民的意见亦对地方建设发展场地（所）的接班工作起到了积极的推动作用。具体而言，以当地居民为主体的农产品直销点和露营地等具有地方特色意义（认同感）的活动，虽然因营利性和季节性等问题在事业继承中常被忽视，但它们同样成为接班继承的重要对象。岐阜县郡上市的Meiho露营地就是一个例子，在那里，迁入的移居者接手继承了一个由当地合作社经营的露营地。

基于②和③的论述要点，笔者对富山县的冰见市、南砺市以及朝日町的村落代表（包括自治会长、町内会长等）进行了系统的问卷调查，旨在深入了解各村落当前的"生计"状况。调查结果共汇总了330项具体活动，这些活动均被视为村民希望保留（或应保留）的地方性生计。为进一步探究村民对这些生计活动的保留意愿及其背后的动因，笔者针对"希望保留的原因"以及"在存在接班继承人的情况下对地方社区的支持意向"两个维度进行了多项选择式调查。相关结果详见表3-1。通过表格数据的分析，可以清晰地看到，在各类支持理由中，"因为它是该地区唯一的一个"和"它是居民之间交流的场所"两个选项获得了最高的回应频次。这一发现揭示了在农村接班继承的情境中，除了营利性等经营层面的考量外，生计活动的唯一性（即稀缺性）以及是否具备作为地方社群交流平台的功能，同样会对接班匹配完成后的地方社区支持意向的强弱产生显著影响。

表 3-1　按希望保留的理由分列统计的支持地方社区的意向（多选回答）

为何希望保留（应该保留）的理由	作为支持地方社区的意向			
	希望	不希望	未回答	合计
1. 因为这是该地区唯一的一个	136	27	31	194
2. 因为这是该地区传统（性）的	22	12	4	38
3. 因为它仍然会盈利	28	4	1	33
4. 因为这是当地的骄傲	33	7	3	43
5. 它是居民之间的交流场所	58	8	6	72

资料来源：笔者依据 2019 年 11 月实施的《地方区域的"生计"现状调查》制成。

另外，接班继承的另一个显著特点是需要并行过渡期的存在。原经营者与新任经营者之间的接力并非一朝一夕就能完成，而是需要经历一个逐步交接的过程。这一交接不仅涉及经营资源的移交，更包含对"生计"的深厚"情感"的传递。为了构建这样一个有效的并行过渡期，有时会借助行政措施的帮助，如总务省所推行的地方区域振兴协力队制度，以及对雇用迁入移居者的雇主所提供的人工费用支持制度等。

此外，与支持地方创业相似，政府、中介支持组织以及社区在提供创业起步阶段支持的同时，亦须对当地日常运营管理给予必要的扶持。在事业承继过程中，随着对第三方继承兴趣的日益浓厚，配对服务及运营管理支持显得尤为关键。然而，将日常运营管理的机会创造与支持提供制度化仍面临诸多挑战。因此，重要的是转变视角，将接班继承不仅视为一项制度，更应将其视为推动地方区域发展的一种有效途径。

第四节　生计农业从小规模起步

"劳动力短缺"问题最初在第一产业中凸显，随后逐渐波及第二产业和第三产业。以《朝日新闻》为例，该报最早关于劳动力短缺的报道见于《1989年度九州农业白皮书》（1990 年 7 月 4 日晨报）。根据"2015 年农林业普查"的权威数据，在总计 1 329 591 户农户中，高达 682 016 户（占比为 51.3%）既无同住农业继承者，也无在外未归的农业继承者，这一数据充分暴露了劳动力短缺问题的严峻性。

1982 年的《农业白皮书》首次探讨了非农家出身者新涉足农业领域的问

题。随后，在 1985 年，农林水产省实施了"新涉足农业领域者调查"（松木洋一，1992）。根据农林水产省的"新农民调查"数据显示，新农民人数从 2007 年的 73 460 人（其中 49 岁以下者 22 050 人，占比为 28.7％）减少至 2020 年的 53 740 人（其中 49 岁以下者 18 380 人，占比为 34.2％），呈现出明显的下降趋势。新农户的实际情况可分为以下几种类型：①来自非农业背景的新农民，在创业地点建立全新的农业基地；②出身农业家庭但未继承家业的新农民，通过创建新的农业基础开始农业经营；③通过婚姻加入现有农户家庭、成为女婿或被夫妇收养的人；④在农户家庭或农业法人单位受雇的人；⑤在保持其他职业收入的同时，开始从事自给自足农业的人（秋津元辉，1993）。

其中，如①②等独立获取土地与资金，进而展开新农业经营的新涉足者人数，自 2007 年的 1 750 人（其中 49 岁以下者 820 人，占比为 46.9％）增长至 2020 年的 3 580 人（其中 49 岁以下者 2 580 人，占比为 72.1％），明显呈现出上升态势，特别是 49 岁以下的年轻新涉足者人数在显著增加。从新涉足者选择从事农业的动因来看，"经营"与"大自然·环境"两大因素占据了较高比例。进一步细分"大自然·环境"这一因素，最大的动因是对农业的热爱（占比为 40.4％）。同时，喜欢大自然和动物（占比为 18.8％）、喜欢乡村生活（占比为 16.2％）等其他原因也占据了一定比例（数据来源于《关于新农民进入农业的实际情况调查结果——2016 财政年度》，国家农业商会与国家新农民咨询中心，2017 年 3 月发布）。

然而，在讨论新农户相关议题时，人们往往过于关注培养专职农业经营主体，而忽视了一个重要群体——那些先选择前往农村，随后接触并从事农业的人们，尤其是那些在进入农业领域之前就已对农村生活心生向往的人们。有学者提出了"就村"及"生计就农"的概念。所谓"就村"，指的是出于对农村及农业以外的兴趣而移居到农村的行为。"生计就农"则是一个更为复杂的过程，它指的是个体通过继承和学习当地的农业技术和知识，参与地方的合作活动以建立信任关系，最终实现作为农业从业者的价值创造活动的过程（图司直也，2019）。

为推动生计农业的持续发展，政府在农业政策层面实施了一系列举措。举例来说，依据 2009 年修订后的《农地法》，日本全国范围内共有 1 244 个市町村获准根据当地实际状况适度降低农地取得的下限面积。相关详细数据请参见表 3-2。除此之外，为进一步促进移居政策的落地执行，约有 20％的市町村（即 365 个）还特别出台了相关政策，允许新迁入的移居者在取得农地的同时，亦能取得空置房屋的使用权。

表 3 - 2　农地取得下限面积条件放宽设置情况（截至 2021 年 3 月 25 日）

	都道府县	市区町村数（个）	在下限面积条件下，设定特定面积的市町村数（个）	占比（%）	存在空置房屋与配套取得特例的市町村数（个）		都道府县	市区町村数（个）	在下限面积条件下，设定特定面积的市町村数（个）	占比（%）	存在空置房屋与配套取得特例的市町村数（个）
1	北海道	179	46	25.7	2	25	滋贺县	19	14	73.7	5
2	青森县	40	22	55.0	6	26	京都府	26	26	100.0	6
3	岩手县	33	28	84.8	6	27	大阪府	43	43	100.0	0
4	宫城县	35	19	54.3	9	28	兵库县	41	40	97.6	20
5	秋田县	25	17	68.0	9	29	奈良县	39	37	94.9	5
6	山形县	35	25	71.4	8	30	和歌山县	30	29	96.7	3
7	福岛县	59	47	79.7	22	31	鸟取县	19	18	94.7	3
8	茨城县	44	10	22.7	3	32	岛根县	19	19	100.0	12
9	栃木县	25	14	56.0	6	33	冈山县	27	26	96.3	18
10	群马县	35	23	65.7	3	34	广岛县	23	23	100.0	13
11	埼玉县	63	23	36.5	5	35	山口县	19	19	100.0	8
12	千叶县	54	24	44.4	3	36	德岛县	24	18	75.0	2
13	东京都	62	17	27.4	0	37	香川县	17	17	100.0	0
14	神奈川县	33	31	93.9	0	38	爱媛县	20	20	100.0	6
15	新潟县	30	23	76.7	4	39	高知县	34	33	97.1	2
16	富山县	15	10	66.7	2	40	福冈县	60	50	83.3	14
17	石川县	19	18	94.7	3	41	佐贺县	20	17	85.0	16
18	福井县	17	17	100.0	8	42	长崎县	21	19	90.5	5
19	山梨县	27	27	100.0	0	43	熊本县	45	33	73.3	14
20	长野县	77	70	90.9	34	44	大分县	18	18	100.0	16
21	岐阜县	42	36	85.7	17	45	宫崎县	26	18	69.2	10
22	静冈县	35	33	94.3	6	46	鹿儿岛县	43	33	76.7	16
23	爱知县	54	48	88.9	4	47	冲绳县	41	26	63.4	0
24	三重县	29	20	69.0	11		全国总计	1 741	1 244	71.5	365

资料来源：笔者基于农林水产省 "关于农地权利取得的下限面积要求"（https://www.maff.go.jp/j/keiei/koukai/wakariyasu.html）" 的各种资料（2021 年 5 月 9 日访问）制成。

注：在下限面积要求下，特定面积的设定并非适用于所有市町村。

从农业产业的视角来审视农业时,对农地这一地方资源的管理往往被作为独立的研究主题。然而,从村庄等生活空间的角度来看,空置房屋问题也日益凸显其严重性。因此,将迁入者的居住问题与农地管理相结合,这一思路颇具启发性。此外,确保"根据地方实际情况进行判断"的主体性也是一个不容忽视的要点。这种尝试将农业政策无法覆盖的小规模农地与田园回归的潮流相结合——这里的重点并非农业"生产",而是农村生活——以寻求突破困境的思路,本身便体现了农村政策实践中的一种创新形态。

"生计就农"通常指代的是小规模农业。以2020年的《粮食、农业和农村基本规划》为例,该规划针对小规模农业所特有的问题,如收入不足等,明确提出了多业兼职、兼营以及"半农半X"的概念。其中,"半农半X"模式是一种将小规模自给自足的"农业生活"(即"半农")与个人才能、特长、优势以及社会责任(即"半X")有机结合的生活方式。值得再次强调的是,这一模式不仅局限于多元化的工作方式,更关注的是农村地区的发展方向。这一方向并非单纯从农业的生产功能角度出发,而是立足于人们生活的地方区域,探索如何将地方发展与农田和农业相联系,同时重视从小规模起步的农业在生计层面的深远意义。

第五节　生计多元化对社区级产业结构的支撑作用

生计,指的是在保持与当地社区紧密联系的前提下,个体为维持并丰富自身生活所采用的方式。它广泛涉及农村生活的各个方面,接近个体经营。那么,这种个体层面的生计多元化对地区产业结构的影响是否真的微不足道,以至于我们可以忽视其重要性呢?为了回答这个问题,本文将以和歌山县那智胜浦町色川地区为例,深入探讨迁入移居者的多元化生计是如何对社区级产业结构产生显著支撑作用的(筒井一伸,2019)。

通过深入分析色川地区1995—2015年的人口普查数据,我们会发现各行业从业人数的显著变化。具体而言,农林业的从业比例稳定在大约40%的水平;同时,建筑业、制造业、批发零售业以及住宿餐饮服务业等行业也各自占据了约5%的比例,表明这些行业在地区内已具备一定的规模和影响力。这一现象自然映射出地区"生计"的多元化特征。进一步探究迁入色川地区的人口,我们发现他们的"生计"方式相较于以往呈现出更为多元化的趋势(表3-3)。除了传统的农业和林业之外,越来越多的迁入移居者开始利用自身的专业技能,涉足如农机具销售等个体经营领域,甚至拓展到编辑业等新型行业。此外,兼职和临时工作的数量也在逐步攀升,这反映出地区劳动力市场的灵活性和多样性。

表 3-3　色川地区迁入移居者的职业

单位：人

2007 年 4 月 1 日数据		2018 年 6 月 30 日数据	
农业	20	农业	14
林业	13	林业	11
土木业	1	土木业	0
建筑业（木匠）	1	建筑业（木匠）	1
个体养老护理服务	1	个体养老护理服务	0
经营咨询个体	1	经营咨询个体	1
服务员个体	1	服务员个体	1
制盐业	1	制盐业	0
无业	5	无业	13
主妇	1	主妇	0
观光业职员	1	观光业职员	1
制盐业从业者	1	制盐业从业者	1
其他公司职员	1	其他公司职员	0
僧侣	1	僧侣	1
护士	1	护士	1
护理师	1	护理师	1
保育员	1	保育员	2
潜水员	1	潜水员	0
店员	1	店员	0
医师	1	医师	1
画家	1	画家	1
计时工	1	计时工	6
		零工	4
		旅馆业个体	2
		零售业个体	1
		农机具销售个体	1
		饮食业个体	1
		编辑业	1

（续）

2007 年 4 月 1 日数据		2018 年 6 月 30 日数据	
		NPO 职员	1
		公务员	1
		村落支援	1
不明	1	地方区域振兴协作队员	2
合计	58	合计	71

资料来源：依据色川地区振兴推进委员会资料制成。

注：阴影区域为截至 2018 年 6 月 30 日从业人员已降至零的职业。

　　相较于日本其他过疏地区持续的人口下降趋势，色川地区在过去 20 年中，其第一产业从业人口比例稳定地维持在大约 40％的水平。一个引人注目的现象是，尽管自 1995 年以来的 20 年间，全国其他过疏地区的第三产业（即服务业）经历了显著的扩张，呈现出服务经济化的明显趋势，但色川地区的第二产业却仍然保持在 20 年前的水平（表 3 - 4）。这一情况表明，色川地区迁入移居者的生计多元化不仅为在全国范围内呈现衰退趋势的第一产业提供了支持，而且还在推动社区层面的产业多元化和产业结构平衡方面发挥了积极作用。然而，这并非偶然现象，其背后存在着一种特定的机制。该机制的核心在于色川地域振兴推进委员会的存在和运作。作为移居者的接收窗口，该委员会致力于在移居者与社区之间建立紧密的联系。在这种模式下，社区充当了"节点"的角色，促进了移居者各自生计之间的相互联系和相互支持。最终，这种机制不仅有助于维持个人的职业稳定性，还为色川地区产业结构的持续和平衡发展提供了有力保障。

表 3 - 4　全国指定过疏地区与色川地区的产业类别就业者比例

单位：%

	指定过疏地区（全国）			那智胜浦町色川地区		
	第一产业	第二产业	第三产业	第一产业	第二产业	第三产业
1995 年	20.0	31.8	48.4	47.1	10.5	52.9
2000 年	17.5	30.5	52.0	45.1	15.0	54.9
2005 年	16.8	26.5	56.8	38.9	13.4	61.1
2010 年	15.5	24.6	59.9	45.6	10.4	54.4
2015 年	14.5	23.9	61.6	40.6	10.9	58.6

资料来源：人口普查报告，"按产业（大类）及就业状况分列的就业者人数"。

注：由于保密值等原因，部分总数相加不等于 100。

2020年的《粮食、农业和农村基本规划》将农村政策的重新审视作为其核心论点，再次倡导"地方政策的综合化"。这一倡导的本质在于，农村政策的目标应当超越单纯的农业地域政策范畴，实现更为广泛而全面的地方发展。同时，该规划也提出了"多样化农业参与方式"与产业农业政策并行发展的双轮推进等议题。如我们在第四节中所探讨的生计农业案例所示，不局限于色川地区，尽管农业规模可能不大，但人们对农业生活的向往程度是相当高的。在农村地区，农业与地域之间建立起的紧密联系，对于创造生计机会产生了深远影响，并进一步夯实了地区的稳定性。这正是农村所独具的宝贵优势。

第六节 从生计到社区经济的展望

本章系统性地阐述了地方区域创业、接班继承以及生计就农等多样化生计来源的可能性，这些新兴就业机会大多是在2010年之后由移居者所创造的。尽管这些项目在规模上通常偏小，从而可能在初步观察时显得分散且其运作机制不易被洞察。然而，正如第五节所明确指出的那样，这些个体化项目的集合实质上构成了支撑社区层面产业结构的坚实基础。因此，将焦点仅仅集中在某一单一产业上，如同传统单一产业政策所做的那样，显然是不合时宜的。这一观点也深刻触及了农业政策中"农村政策与农业政策双轮化"的核心理念。

然而，对于生计的小规模性，人们仍然存在一定的担忧。观察现场应对措施时，我们发现了两个至关重要的关键词。其一为"多元化"，即勇于挑战地区内潜在的新需求；其二为"多业化"，即将各种副业进行巧妙地组合。以本章第三节所介绍的高知县香美市香北町猪野々地区的田园食堂猪野々商店为例，他们成功地实施了多元化经营策略。具体来说，他们在地区内的风景名胜附近销售盒饭，重新开启了原当地运营管理的轰之瀑布旁的"瀑布茶屋"，并且开始生产以当地农产品为原料的特色产品，如柚子糖浆和柚子味酱等。

此外，在冲绳县国头村的安田地区，移居者们不仅成功接手了冲绳独特的地区共同商店——"安田协同店"，而且还运营着阿达农场（农业生产法人），致力于国产咖啡的生产，这也正是他们选择移居此地的重要动机之一。值得一提的是，他们在2016年成功获得了特色咖啡的认证。农村地区历来就有着通过多种职业来维持生计的传统，如人们会在务农的同时兼职其他工作，或者在农闲时期从事酿酒等副业，以此来增加收入来源并丰富自己的生活。这种"半农半 X"的生活方式，实际上是农村地区特有的一种生计模式，它通过将多种收入来源进行有机结合，从而有效地保障了农村居民的生活水平。在当今社会，我们需要从这种富有创新性的努力以及过去农林业与各种副业相结合的成功实践中汲取灵感，以期在社区层面重塑一种新型的"多业型经济"模式（小田切德美，2018）。

在这一过程中，引入社区经济的概念是有益的。本章所探讨的生计方式，通过充分利用地区资源、强化互助关系等手段，旨在满足地区的潜在需求并提升其可持续性。因此，从这一角度来看，这些生计方式与社区经济具有共通之处。此外，基于生计的实际状况，关于社区层面新型多业态化经济的探讨构成了社区经济发展中的一个重要议题。因此，我们有必要明确社区经济在这一议题中的相对定位。

20 世纪工业主要聚焦于以大规模生产和消费为基石的经济活动领域，而社区经济则根植于强调可见社区关系的经济活动领域。然而，值得注意的是，社区经济同样具备可扩展性，这一点在经营权的交接过程中尤为凸显。接班继承者（以年轻人为主体）从原所有者（多为老年人）手中接过业务，并运用适应新趋势的技能，如电子商务和数字化手段，致力于提供满足少数消费者需求的多样化商品和服务，尽管这些消费者可能并不直接隶属于社区关系网络。通过如猪野々商店和安田协同店等多元化和多样化的实例，我们可以深刻洞悉这种经济活动模式的运作方式。因此，我们可以得出结论，社区经济的讨论范畴并不仅限于狭义上的社区内部应有的经济模式。

社区经济的另一个重要议题涉及机制建设。举例来说，第五节中提及的色川地区振兴推进委员会，其存在基础便是由地区历史和经验共同构建的"地区故事"机制。在探讨生计创建时，这类具有地方区域特色的机制被视为既存要素。同样地，在社区经济领域，如前文所述，21 世纪初期的相关讨论并未将机制建设置于核心位置，这导致地区之间固有条件的差异成为社区经济推广的障碍。

然而，2019—2020 年，其间相继出现了两种新型的合作社制度，这些制度有望降低现有条件的限制门槛。其中之一便是特定地区发展事业合作社。该制度专为解决人口急剧减少地区（如农村地区等）地方产业从业人员短缺的问题而设立。此制度与 20 世纪以雇佣关系为前提的就业创造模式存在共通之处，但其推动多样化地区经营者之间的合作的特点尤为引人注目。此外，该制度还凸显了个人根据季节性劳动需求灵活从事多个行业的便利性，这一特色亦不容忽视。另一种合作社制度是劳动者合作社，其显著特征在于创建了合作劳动的模式。举例来说，在股份公司等企业中，股东的经营发言权与其投资比例成正比，然而在劳动者合作社中，由于每位劳动者都进行了投资，因此他们每个人都平等地享有经营方面的发言权。基于本章的探讨，我们可以得出结论：相较于在创建生计过程中对个人技能和想法的过度依赖，劳动者合作社提供了一种更为均衡的机制，它通过汇聚并利用每个人的技能和想法来共同推动合作社的发展。尽管劳动者合作社仍然面临着过去社区经济讨论中所指出的地区需求追求与商业利益追求之间的平衡问题，但它作为一种有别于 20 世纪传统模式的新型就业创造体系，已经引起了广泛的关注。

尽管这两种合作社在运作方式和实施程度上存在差异，但它们均被寄望于为新型社区经济机制所需的支持网络、促进地方区域参与以及满足小规模性等要求提供支撑，从而推动其顺利发展。在确认先前所述的社区经济相对定位的同时，我们可以看到，通过经济活动来强化社区的形成与可持续性，正是社区经济未来发展的方向，这与社会团结经济的特征不谋而合（北岛健一，2014）。如第一章所述，社会团结经济作为一种新型就业模式的理论基础，它摆脱了传统观念的束缚，为新型就业的意义提供了理论支撑，并在日本国内激起了深入且广泛的讨论。为了将这一讨论与现实紧密结合，我们需要密切关注以法国为代表的先行国家在政策化方面的最新动态（立见淳哉等，2021）。在此过程中，我们应从政策理论而非运动理论的角度出发，来深入思考社会团结经济的理想状态。

【相关图书推荐】

1. 『現代農村の地理学』（《现代农村地理学》）

冈桥修典（2020）；古今书院

推荐理由： 该书系作者借鉴世界体系理论，深入探究日本农村边缘化机制的农村研究类力作。此书对于深化理解边缘化背景下地理学中关于农村的探讨具有极高的参考价值，诚为必读之作，强烈推荐。

2. 『田園回帰がひらく新しい都市農山村関係——現場から理論まで』（《田园回归开启新的城乡关系——从实地到理论》）

筒井一伸编著（2021）；Nakanishiya Shuppan co. ltd.

推荐理由： 该书对田园回归的趋势进行了详尽的阐释，特别是狭义层面的田园回归，即人口向农村地区的迁徙现象。作者聚焦于住房、生计策略以及社区构建等多个维度的问题，并深入探讨了田园回归与"农村空间商品化"及"社会团结经济"等理论框架之间的内在联系。对于有志于深化对田园回归议题认知的读者而言，本书可视为进一步研究的坚实基石。

3.『地域農業を担う新規参入者』（《地方农业的新参与者》）

倪镜（2019）；筑波书房

推荐理由：为了更全面地掌握本章未详尽阐述的新型农业，我们强烈推荐参阅该著作。该著作通过多个实例，详尽阐释了新型农业从业者如何逐步发展并承担起地区农业重组的重要角色。同时，基于这些成长历程及地区农业的实际状况，著作进一步提出了"支持地方区域发展"的迫切需求，这一观点与生计农业的探讨具有异曲同工之妙。

【参考文献】

秋津元輝（1993）「農業にとびこむ人たち――新規参入農業者の生活と農業観」『三重大学生物資源学部紀要』9

岡橋秀典（1997）『周辺地域の存立構造――現代山村の形成と展開』大明堂

小田切徳美（2018）「新しい仕事づくり――農山村再生と「しごと」」小田切徳美・尾原浩子『農山村からの地方創生』筑波書房

北島健一（2014）「コミュニティ・ビジネスと連帯経済――買い物弱者問題から考える」三本松政之・北島健一編『コミュニティ政策学入門』誠信書房

酒井扶美・立見淳哉・筒井一伸（2020）「農山村における移住起業のサポート実態――兵庫県丹波市を事例として」E-journal GEO15（1）

塩見直紀（2003）『半農半Xという生き方』ソニー・マガジンズ新書

図司直也（2019）『就村からなりわい就農へ――田園回帰時代の新規就農アプローチ』筑波書房

田代洋一（1975）「地域労働市場の展開と農家労働力の就業構造」田代洋一・宇野忠義・宇佐美繁『農民層分解の構造――戦後現段階新潟県蒲原農村の分析』御茶の水書房

立見淳哉・長尾謙吉・三浦純一編（2021）『社会連帯経済と都市――フランス・リールの挑戦』ナカニシヤ出版

筒井一伸・嵩和雄・佐久間康富（2014）『移住者の地域起業による農山村再生』筑波書房

筒井一伸・尾原浩子（2018）『移住者による継業――農山村をつなぐバトンリレー』筑波書房

筒井一伸（2019）「プロセス重視の「しごと」づくり――"複線化"されたなりわいづくりのプロセス」小田切徳美・平井太郎・図司直也・筒井一伸『プロセス重視の地方創生――農山村からの展望』筑波書房

中塚雅也・谷川智穂・井筒耕平（2020）「中山間地域における起業促進の支援システム――岡山県西粟倉村を事例として」『農村計画学会誌』39巻 Special Issue 号

藤田佳久（1981）『日本の山村』地人書房

松木洋一（1992）『日本農林業の事業体分析』日本経済評論社

山崎亮一（2020）『労働市場の地域特性と農業構造〔増補〕』筑波書房

【专栏3】

新一代接班人
——多元化骨干人才

[日] 尾原浩子

随着地方区域与农业领域接班人的日趋多样化，传统的"农业骨干"或"接班人"主要指的是当地居民的直系后代。然而，鉴于人口减少和农业骨干短缺问题的加剧，为了重振地方区域的活力，诸多地区已经积极开始招募各类人才。本文将探讨培养新一代接班人的前沿实践与发展趋势。

北海道小清水町，地处北海道东部，素以种植小麦、甘蔗、甜菜、大豆及土豆等农作物著称，尤以"土豆之乡"闻名。农业作为该地区的经济支柱，展现出一片广袤无垠的田野风光。自2022年起，小清水町农业合作社（JA koshimizu）与当地政府携手合作，在培养接班人方面采取了创新举措。除了传统的农家子弟外，他们还积极吸纳新迁入的移居者、全职农业从业者、临时工、农业实习生以及农业体验者等多元化的农业相关人才。此举旨在推动农业与福利的深度融合，不仅依赖本地居民作为农业接班人，更致力于开放地方区域与农业的门户，为农业发展注入新的活力。

推动上述举措实施的背景是当地唯一高中的关闭。在过去十年间（截至2020年），该地区农户收入经历了140%的显著增长，农户们积极响应政府倡导的"收益农业"，不断扩大生产规模并实现收入增长。然而，尽管农业产值持续提升，人口却呈现持续下降趋势。1960年，小清水町的人口曾超过11 000人，但至2020年已锐减至5 000人以下。更为严重的是，2018年，该地区唯一的高中——小清水高中被迫关闭。这所学校曾开设农业相关课程，该校被当地居民和农民视为"地区的象征"。小清水町农业合作社社长安田和弘，也是这所高中的校友，他深刻地表达了当前的危机感："高中的关闭对我们而言是沉重的打击。缺少高中，意味着部分初中毕业生将离开小镇，可能会与家乡渐行渐远。人口的流失将直接影响农业的发展，农业的衰退则可能进一步导致地区的消亡。"面对人口外流和教育资源匮乏的双重困境，日本农协与当地政府及民间企业经过深入探讨，决定共同合作，对已关闭的高中校址进行改造，旨在打造一个多元化的农业人才培养基地。该项目致力于构建一个集多元人才汇聚与培养于一体的综合性平台，并已于2023年正式投入运营。其核心目标不仅在于吸引新晋人才，更致力于成为地区居民聚集与交流的重要枢纽。该项目旨在以农业为纽带，促进新迁入的移居者、当地居民及农业相关从业者之间的深度互动与合作。为实现这一目标，项目将采取以下具体举措：①为农户提供全方位的农业生产技术支持；②设立专门的农业人才培养机构；③建设面向农业爱好者的住宿设施；④成立特色农产品加工与研发实验室；⑤利用当地丰富的温泉资源建设园艺温室。

过去，农业知识与技能的传承主要局限于农户后代。然而，现今我们期望为地区外的移居者以及对农业感兴趣的人士提供契机，使其能深入了解并参与到当地农业与社区活动中，从而为社区注入新的活力。作为当地的核心组织，日本农协始终致力于推动自下而上的地方社区建设，如在区域内不同地点举办会议，共同探讨地区发展的未来。在展望未来时，他们认识到，除了农户后代外，与多元化的参与者进行合作同样至关重要，这将有助于共同推动地区与农业的持续发展。

北海道作为一个以农业为主导的地区，小清水町所面临的情况并非孤例。在原本劳动力就相对匮乏的背景下，新冠疫情的暴发进一步导致外国技能实习生无法如期抵达，从而使得劳动力短缺问题愈发严重。这种现状使得多元化人才的吸引和培养成为一个备受关注的话题。与此同时，随着田园回归趋势的日渐兴起，越来越多的城市居民选择投身于农村志愿服务，高中生和大学生的实习参与度也在不断提升。此外，远程办公的广泛普及也为二地居住模式的崛起提供了有力支撑，这些来自城市的新需求为农业的发展带来了新的契机。自2020年新冠疫情暴发以来，特别是城市居民的工作观念以及对食物和农村地区的认知发生深刻转变后，日本农协北海道支部提出了"从'以农业为生'向'也从事农业'的时代转变"的理念，并创新性地提出了"平行农民"这一概念，该词由"平行工作者"和"农民"两个词组合而成。"平行农民"这一概念，指的是在保持原有职业的同时，参与农业活动或非营利性工作的新型生活方式。其核心在于，个体在拥有稳定的主业之余，构建第二职业，且这一职业并不以追求经济收益为主要目标。例如，厨师、教师、记者、公司职员、运动员等人群，可以在周末等业余时间投身农业活动，从而拓宽自身的生活领域，并引领生活方式的变革。这种机制旨在推动农业参与方式的多元化，并与当下生活方式的变革相适应。与工作方式的多样化相呼应，农业参与方式的多样化也将有助于打破农业与地域之间的隔阂。值得注意的是，"平行工作者"和"平行职业"这两个概念最初是由奥地利经济学家彼得·德鲁克提出的，而在当前的北海道农业发展中，这些理念正得到全新的诠释和应用。

　　北海道在农业人才多元化方面的探索并非孤例。2021 年 6 月，日本农林水产省下属的研究会发布了一份中期报告，强调了培育"半农半 X"等多元化农业接班人的紧迫性与重要性。实际上，这种多元化的农业人才培养模式已经在日本全国各地悄然兴起。以德岛为例，当地的农业人才不仅种植蜜橘，还同时经营民宿和旧书店等业务，他们以"多面手"的身份维持生计，并积极参与地方社区的建设与发展。单纯依赖专职农民已无法有效支撑社区和地方农业的持续发展。缺乏多元化人才的参与，学校、医院、商店、加油站等社区基础设施将面临消失的风险，而专职农民也将难以继续从事农业生产活动。

　　此外，地方区域振兴协力队的成员与"平行农民""半农半 X"等新型农业参与方式之间存在着高度的契合性和互补性。从经营管理的角度来看，这种多元化的工作方式不仅有助于分散风险，还能增强农业经营的韧性和可持续性。通过模糊消费者与农民、城市与农村之间的传统界限，将它们视为一个相互依存、相互促进的有机整体，我们可以更好地培育和发展多元化的农业接班人。这将为未来农村和农业的发展注入新的活力，并成为推动其持续健康发展的关键所在。

构建新型区域内经济循环

[日]重藤さわ子（Sawako Shigeto）

第一节　本章讨论的问题

在探讨地方区域发展策略时，我们是否应更深入地聚焦于区域内的经济循环？这一观点随着"内生性发展"理论的探讨而逐渐凸显。内生性发展理论提出警示，指出地方区域若过度依赖外部资本与人才，可能会削弱其自主的社会经济基础，甚至对自然资源造成不可逆的损害。该理论进一步强调了地方区域在塑造自身未来方面的主体责任。在此背景下，地方区域内的经济循环被视为推动这种内生性发展的关键经济要素之一。

伴随着经济自由化与全球化的持续推进，区域内经济循环一度受到诸多质疑，被斥为追求封闭区域与经济独立自主的陈旧逻辑。然而，2020年新冠疫情的全球暴发，无疑为这种批判提供了反思的契机。过度追求全球经济的合理性与生产效率，而忽视本土生产与供应基础的供应链，在此次全球人类危机中显现出其不容忽视的脆弱性。

在新冠疫情暴发之前，为应对全球变暖和气候变化等日益严峻的挑战，国际社会已经开始推动可持续发展目标（SDGs）、环境、社会和治理（ESG）投资以及去碳化运动，旨在实现经济增长与可持续发展的平衡。在此背景下，日本也紧跟全球趋势，宣布"到2050年实现碳中和"的目标。值得一提的是，这一宣言对于深化区域内经济循环的讨论具有不可忽视的学术价值。原因在于，脱碳过程将为参与的家庭、企业、地方政府以及更广泛的地区带来显著的经济效益。

在当今时代背景下，内发性发展与区域内经济循环不应再局限于传统的外来型发展模式的框架内进行讨论，而应从全新的视角出发，重新审视并展开深入的探讨。本章的研究目的在于，通过系统回顾以往关于区域内经济循环的论述，深入剖析其中存在的问题与不足，并在此基础上明确未来研究的新思路与新观点。

第二节　地区内经济循环模式在内生性发展理论中的定位

一、外来型开发与内生型发展

外来型开发策略是指通过引进外部企业以促进地方区域发展的模式，而地方区域对于此种模式迄今仍表现出强烈的依赖性。

在日本，外来型开发策略具有深远的历史渊源，可追溯至 20 世纪 20 年代中期（冈田知弘，2005）。此后，该策略在多个关键历史时期持续演进：在第二次世界大战后复兴阶段，太平洋地带规划的实施便采纳了此策略；高速经济增长时期，钢铁、石油及石油化工等原材料供应型产业的工业园区亦是通过引进外部资源而建立；20 世纪 70 年代石油危机后，高科技产业的引进更是成为推动发展的重要手段。及至 20 世纪 80 年代后期，根据《度假设施开发法》的相关规划，休闲体育设施的开发在全国范围内掀起热潮。然而，随着泡沫经济的崩溃，诸多设施陷入经营窘境，进而引发了环境破坏、地方政府财政压力加剧等重大问题。

综上所述，地方区域单纯依赖引进外部资源以谋求经济发展的做法，并不总能实现经济繁荣。相反，此种做法可能导致地方特色资产的流失，特别是那些一旦损害便无法修复的环境与设施资源。

宫本宪一（1977）曾指出，新兴工业城市的综合工业园区对毗邻的农山渔村地区的经济辐射效应相当有限。除此之外，我们还应聚焦于农山渔村地区在旅游和休闲产业发展过程中可能带来的环境污染问题。此类损失与经济损失有本质区别，因其中涉及无法挽回的、绝对不可逆的损害，这为我们敲响了警钟。基于这些问题，内生发展理论应运而生（该理论还包括鹤见和子从社会运动角度的阐述）。宫本宪一进一步探讨了地方自治体需采取自主政策并形成自主经济力的必要性。他主张，地方自治体应依托团体和个人（如地方企业、工会、非营利组织、居民组织等）的自主学习，制定发展计划，并依托自主技术研发，合理利用资源，致力于地区环境保护，以实现基于本土文化的经济发展，并提升居民的福祉水平（宫本宪一，2007）。这要求地区居民应摒弃对中央政府、外来资本和人才的依赖，转而依托地方主体性，聚焦地区内部需求，努力构建地区内的产业链条，以实现真正的"自力更生"（西川润，1989）。

二、地域产业振兴论的地域内经济循环

在以微观经济学和宏观经济学为基础的区域经济学领域，针对区域内经济

循环的重要性进行了深入探讨，这通常与应对衰退区域经济的新振兴策略并行讨论。例如，中村良平（2014）提出，城市建设构成"推动城市工作机会创造与产业振兴的基石"。他进一步强调，为实现区域经济的可持续性，我们必须深入分析和验证区域的比较优势与竞争优势，并依托这些优势创造相应的商品和服务。更重要的是，提升区域的输出能力与经济循环能力至关重要。

比较优势是英国经济学家大卫·李嘉图（David Ricardo）所提出的一个重要概念。在自由贸易体系下，各国倾向于专门生产其劳动生产率较高的优势产品，并通过国际贸易交换这些产品。这样做能够使参与贸易的各国获得更高质量的商品和服务，从而提升整体经济效率。这一理论被视为经济自由主义的重要支柱。

中村良平（2014）在讨论比较优势时，强调了关注区域内相对优势资源的重要性，而非仅仅局限于与其他地区相比具有绝对优势的资源。他提倡有效利用这些相对优势的资源来生产商品和提供服务。然而，他也警示说，如果过分强调经济活动，可能会导致对外部资源的过度依赖，如过度依赖入境旅游，甚至可能以牺牲当地生态环境和居民生活质量为代价来获取外汇。因此，必须对此保持警惕。城镇建设的核心目标应是构建一个能够自给自足的经济系统，以支持当地社区的可持续发展和提高居民的生活质量。

然而，从经济学的视角来审视，区域经济的显著衰退促使人们迫切寻求解决方案，因此，提升生活质量的议题常被暂时搁置。在此情境下，重点转向了如何创造具有竞争力的商品和服务，以获取外汇并推动产业振兴。因此，总体而言，经济学家们普遍对鼓励购买本地产品及在本地零售店进行消费的地方消费活动持保留态度。例如，中村良平（2019）指出，消费者倾向于在质量相同的情况下选择价格更低的产品，或在价格相同时选择质量更优的产品。尽管区域内采购能有效阻止收入外流，但若过度推行，将导致成本结构上升，反而降低地区居民的效用。增田宽也等（2015）也提出批评，那种为了阻止财富流出而无视生产效率、一味购买本地产品的观点，与重商主义一样荒谬。正因如此，地方消费运动一直饱受批评。

那么，现在的地区居民除了追求就业保障和物美价廉的商品外，他们还有哪些期望呢？在消费者营销的新时代背景下，人们开始寻求更多的情感满足和社会认同。传统的消费者选择模式——"同等质量下选择价格更低的商品，同等价格下选择质量更好的商品"已经不再是主导消费者行为的唯一准则。

我们如今身处的社会已经更加成熟，产品的差异化不再仅仅基于经济和功能性的价值，而是越来越多地融入了情感价值和社会价值。这种转变已经成为社会各界的共识。现代营销学泰斗菲利普·科特勒的理论演进也印证了这一点，从"营销3.0"到"营销4.0"，不断强调社会价值和消费者自我实现的重要性。从商业角度来看，仅仅因为产品是本地生产的，就强迫消费者购买价格过高、质量低劣的产品，这是行不通的（这种做法理应被经济原理所淘汰）。进一步而言，消费者对本地产业的期待远超出经济价值和功能性价值。他们期望通过购买本地生产的商品来支持生产者和地区经济。同时，时令食品的季节性生产和消费不仅营养价值更高，还能有效降低运输成本和减少温室气体排放。此外，本地购物促进了交流和物流的活跃度，有助于在追求经济合理性的同时，修复断裂的地域联系。这种消费行为是基于对多重价值的综合考量。若单纯以生产率和价格等经济价值指标来评价和否定这些综合价值，显然是片面且不合理的。

冈田知弘（2005）强调了地方区域概念的二重性——既是居民的生活空间，也是资本的活动场所。他批评了以往地方区域发展中对居民生活空间的忽视。为了解决外来型发展带来的问题，他建议应更多地关注内生性发展和区域内的经济循环，尤其需要探讨如何将产业振兴与提高地区居民多样化生活质量有效结合。这样的发展策略应被视为重要的经济议题进行深入讨论。

第三节　评估区域内经济循环

一、加强区域内经济循环

在地方分权制度已经普及的欧美发达国家，特别是在农村发展政策方面，早已不再过度聚焦于区域产业政策。相反，通过鼓励地方区域居民的积极参与，政策重点已转向维护和提升区域居民所需的基础服务。这种自下而上的项目实施方式已成为推动地区发展的主流模式。

LEADER 计划，作为一项知名的农村振兴政策，于1991年在整个欧洲开始实施，并自2007年起被纳入欧盟共同农业政策（CAP）的农村振兴政策体系，一直持续到2020年。该计划采用自下而上的策略，依据各地区的具体状况，建立由公共部门和私营部门共同参与的"地方行动集团"（local action group），并积极推动当地居民的参与，以共同推进地方振兴项目。

在实施过程中，为了充分利用并整合各地区的潜力和资本，进而推动区域发展，"社区意识"被重点强调。然而，社区资金的不合理使用成为一个亟待解决的问题。为了解决这一问题，并提升区域内经济循环的意识，人们开始探索如何将地区资金流动可视化。

在这一背景下，英国智库新经济基金会（NEF）开发了一个名为 LM3（local multiplier 3，地区内乘数效应3）的指标。该指标旨在衡量地区资金循环的状况。NEF 指出，尽管对地区经济进行了大量的投资与援助，但很多时候，这些资金被投入与当地经济无直接关联的服务中，并迅速流出该地区。这一现象被形象地比喻为向一个有漏洞的桶里注水，如图 4-1 所示。

图 4-1　漏洞桶示意图

图片来源：NEF，2002a。

为了应对这一问题，NEF 不仅提出了堵塞漏洞（plugging the leaks）和提高地区内资金循环率的重要性，更进一步开发了 LM3 这一工具。LM3 不仅是一个衡量指标，更是一种方法，它使当地居民能够自行定量地评估资金投入的效果，从而更有效地推动地区经济的持续发展。

传统上，在评估对地方区域新投资或财政支持对经济产生的辐射效应时，常采用投入产出分析，该分析主要借助于"投入产出表"。"投入产出表"这一统计工具，由美国经济学家 W. 列昂惕夫于 1936 年首次提出，此后在全球范围内被广泛应用于经济分析与编制。该表以矩阵形式展示了在特定时期（通常为 1 年）内，各行业之间以及与消费者之间商品和服务的交易情况，涵盖了从购买到生产再到销售的完整链条。因此，它能够有效地估算新的投资或财政支持对各个经济环节可能产生的具体影响，具有极高的实用价值。然而，"投入产出表"的编制过程较为复杂，因为它需要详尽地反映区域内所有的交易活动。尽管在中央和都道府县级别会定期进行编制，但在更小的地方的行政单位，如市町村等，除了少数政策指定的城市或发达地区外，通常不会进行此类编制。这一现象在英国等其他国家也同样存在。

因此，NEF 进一步将研究重心转向较小的"社区"单位，以深入评估和确认这些单位内部的一般商业交易活动。这些交易活动涵盖了从生产到加工、再到销售和流通的完整链条，并且着重探讨了这些环节在特定区域内的实际运作情况。为了实现这一目标，NEF 详细追溯了资金从消费者开始的流动路径，将销售额视为区域经济活动的首个环节（R1），随后将在区域内支付的金额，包括员工工资和区域内采购，定义为第二个环节（R2）。在第二个环节中，进一步考虑了区域内供应商所获得的员工工资和采购金额，将其视为第三个环节（R3）。通过分析这三个环节，NEF 明确了区域内的实际经济效果，并以下列公式表示 LM3（NEF，2002b）：

$$LM3＝（R1＋R2＋R3）/R1$$

从理论角度来看，如果初始的消费或销售额完全流出该地区，那么 LM3 的计算值将为 1。然而，随着区域内经济活动的不断循环和扩大，其产生的经济辐射效果将逐渐超越初始的消费或销售额，从而使得 LM3 的值逐渐趋近其最大值 3。

在此，有必要对 NEF 组织的定位加以阐释。尽管该组织常被译作"经济智库"，然而，与日本的传统智库不同，NEF 实际上扮演了一个中间支持组织的角色，它在行政机构和地方社区之间发挥着桥梁作用，支持多样化的活动。根据笔者的研究，中间支持组织的核心职能涵盖以下几个方面：第一，与一线实践者共同研发和试验新方法，这一过程可被视为一种共生或合作生产（coproduction）的模式。第二，发布基于实证（evidence-based）的报告，旨在说服政策制定者采纳相关建议。第三，为执行者制定操作手册并组织推广活动，从而协助他们更顺畅地应用这些新方法。至于新方法的实际执行和推广工作，则应由热衷于应用这些方法的实践领域主体来负责推进。

此外，我们必须认识到，区域发展不仅需要宏观政策框架的指导，更需要一线主体的积极参与和努力。若缺乏这些主体对区域发展的积极推动，即便政策框架再完善，发展目标的实现仍将遥不可及。同时，如果一线主体的努力未能与宏观政策框架形成有效互动和反馈，也难以引领社会的整体发展趋向。因此，中间支持组织的存在显得尤为重要。

NEF 开发的 LM3 方法，其易于理解的特性，使得地方社区居民能够自行进行调查和分析，这与需要专业知识才能创建和分析的"投入产出表"截然不同。这样的设计旨在让地方社区居民更好地理解中间支持组织的角色和 LM3 的实际意义，确保其本质不被忽视或误解。

二、日本区域经济分析方法的发展及其所面临的挑战

在日本，LM3 概念已经为学术界所熟知，然而，由于"投入产出表"方法在区域经济分析中已经形成了一套成熟的体系，LM3 并未得到广泛的实践应用。尽管如此，随着对再生能源利用的重视以及对区域经济循环结构分析需求的增长，研究人员开始着手对"投入产出表"进行改进和扩展。

这些改进包括开发"非竞争性内部—外部转移扩展型投入产出表"和"再生能源部门扩展型投入产出表"等新型分析工具。"投入产出表"作为一种适用于小规模地区的经济分析工具，其方法论的演进与优化是值得肯定的。然而，关键在于明确该方法的目标受众。理想情况下，"投入产出表"应由区域内的主体主动采用，以促进循环经济的发展和可再生资源的有效利用，进而推动区域经济的自主增长和商业化进程。

然而，现实中该方法的开发往往集中在学术研究领域，导致方法论的实践应用未能充分展开。尽管如此，"投入产出表"在政策制定和规划方面仍显示出其独特的优势，尤其是在政府和咨询机构申请资金支持的过程中，它为规划提供了有力的分析依据。值得注意的是，尽管"投入产出表"的研究专家致力于提供清晰的解释和指导，但有效运用该方法仍需一定的专业知识和技能。

在高度依赖外部资源的日本，首要任务是关注区域内的资金流动情况，并激发构建区域内部经济循环的驱动力，以推动自给自足发展。然而，尽管"地方创生"政策自 2014 年起便成为政府的核心政策，但其制度设计与政策初衷"利用各地区独特优势，构建自主且可持续发展的社会"大相径庭。

换言之，政府要求各自治体制定"关于城镇、人口与就业的综合性与计划性实施方案（市町村综合战略）"，并设立了与该计划相关联的地方创生补助金机制。然而，这种与补助金紧密挂钩的机制最终抑制了地方区域的创新活力。尽管制定综合战略对于财政困难的自治体而言是一项艰巨任务，但为了获得这一新的财源，它们不得不开展此项工作。根据 2017 年地方自治综合研究所的调查数据，在 1 342 个自治体中，高达 77.3％ 的自治体选择将综合政策的策划工作委托给专业顾问机构，其中总部位于东京的机构占据了外包总量的 54％。令人遗憾的是，用于综合战略制定的国家补助金中，约有 42％（＝0.773×0.54）的资金并未在地方流通，而是直接落入了东京企业的腰包（坂本诚，2018）。此外，制定计划后的城市推广和活动执行工作也常被东京等地的广告代理和活动策划公司承揽，导致地方既未能积累专业技能，又未能蓄积资金，反而成为大都市企业的利润来源。这一问题已经受到了广泛关注与批评。

三、LM3 在日本的应用实例

采用 LM3 这种自下而上的方法来解决当前的经济困境，已被证实具有显著的成效。此方法能够精确追踪区域资金流向，有效促进区域内经济循环的构建。藤山浩等（2016，2018）的研究中，重点关注了燃料和粮食等核心资源。这些资源理论上应能实现自给自足，然而由于对外部供应的高度依赖，致使大量资金外流。为解决此问题，他们在日本的多个地区实施了 LM3 模型，以模拟区域经济循环的潜力及其对人口迁移的潜在影响。

笔者有幸参与了长野县诹访郡富士见町落合地区的案例研究，该地区涵盖 1 556 户家庭，总人口为 4 225 人。此项研究不仅在方法论上进行创新，还致力于将这些方法与地方基层活动相融合。在地区经济实体和市民的大力协助下，利用专门的家庭及企业调查问卷，深入分析了以下几个核心经济指标：R1 代表当地销售额，由区域内流通企业（含超市等在当地的消费）产生的销售额；R2 反映的是区域内流通企业的销售额中可被视为区域内循环的部分，包括区域内雇员的工资和向区域内生产者（如农户）的采购额；R3 则揭示了生产阶段的销售额（即采购额）中，可视为区域内循环的部分，包括区域内雇员的工资和向区域内生产者采购必要原材料的金额。通过上述公式计算出区域内乘数 LM3。

通过这些数据，研究团队计算了地区内乘数 LM3，为区域经济循环提供了量化分析。

表 4-1 的研究结果显示了 LM3 模型在落后地区应用的具体效果。LM3 模型的取值范围为 1～3，其中 1 表示所有消费（销售）金额均流向区域外；相反，若与消费（销售）紧密相关的采购和生产活动更多在本地区进行，LM3 的数值则趋近于 3。根据落合地区的实际情况，本地购买率为 62.9%，本地生产率为 4.9%，计算得出 LM3 值为 1.67。这一数值表明，在该地区每消费 100 日元的食品或燃料，仅有 67 日元转化为地区内的工资和采购支付，显著低于消费总额。进一步的模拟分析显示，若将地区内购买率和生产率均提升至 70%，LM3 值将增至 2.03。这一变化将促进地区内经济循环，预计能够为地区内创造约 11.9 亿日元的新增收入。该收入水平足以支持 396 户家庭的生计，并且即使在每年有 8 户家庭迁入的情况下，也能够满足新迁入居民长达 49.5 年的生活需求。

表 4-1　长野县富士见町落合地区通过提高食品、燃料的区域内购买率和
生产率而收回的收入额

	现状 （域内购买率 62.9%） （域内生产率 4.9%）	区域内购买率及生产率 提高至 70%
支出额合计	11.7 亿日元	—
所得创出额	7.7 亿日元 （可扶养家庭数 255 户）	+11.9 亿日元 （新增可扶养家庭数 396 户）

数据来源：藤山浩等（2018）。

因此，本文以数据为支撑，强调了推进区域内经济循环的重要性，并同步支持了地区自下而上的活动。具体案例包括对富士见高中园艺科学生活动的支援。面对富士见车站前商店街空置店铺的问题，学生们产生了强烈的危机感，并批评成年人"仅开会不行动"。作为响应，学生们自发租用空置店铺，开设了一家既销售自己园艺产品又推广地区产品的旗舰店，此店不仅作为销售点，还成为他们的研究基地，为运营奠定了基础。这一由学生发起的行动不仅激发了成年人的参与热情，而且促进了商店街的复兴，新店陆续开业使得原本空置店铺林立的富士见车站前商店街重新焕发了活力（详细情况见第五章）。

第四节　可再生能源的大规模引入是否催生了区域内经济循环

迄今为止，我们一直在内生发展理论的框架下探讨区域内经济循环的问题。接下来，我们将转换视角，从如何利用区域内未开发资源的角度出发，深入探讨构建"新型"区域内经济循环的可能性。

可再生能源主要分布于地方区域，尤其是农村地区。在第二次世界大战前，这些地区充分利用了可再生能源，实现了较高程度的自给自足。然而，第二次世界大战后电气化的迅速推进和能源需求的急剧增长导致这些地方逐渐失去了对可再生能源的直接控制权，转而依赖外部供给。如今，随着全球气候变化问题的凸显，地方区域内未开发的可再生能源再次受到重视。这些可再生能源又被称为"分布式能源"，与化石燃料或核能发电等集中式发电方式（输出通常在50万～100万千瓦之间）形成鲜明对比。即使是大型的光伏电站或风电场，其规模也通常仅在数万千瓦左右。这些资源大多分布在"农山村"地区，更适合在当地直接开发和消费。因此，若能有效利用地区资源，除部分大型水电项目外，还可以促进新兴产业的发展、区域经济的活化以及创造就业机会，进而实现区域内经济的良性循环。然而，值得注意的是，不仅是在第三节所述的地方创生政策中，甚至在推动大规模可再生能源应用的政策中，也出现了一些令人难以理解的现象。

经历了2011年3月东日本大地震所引发的前所未有的福岛第一核电站事故后，日本在电力市场自由化的背景下仍未能大规模引入可再生能源。因此，于2012年实施了可再生能源电力的固定价格收购制度（FIT）。此制度的核心机制是：电力公司在购买电力时，将部分成本以可再生能源附加费的形式与电费一并收取，旨在促进可再生能源的普及（针对电力消耗较多的企业，为保持其国际竞争力，对满足特定标准者给予一定的减免）。通过固定价格长期收购可再生能源电力，以期鼓励新的企业进入可再生能源发电领域。该制度的实施初衷是通过大幅提升可再生能源的利用率来提高能源自给率，从而稳定因石油燃料价格波动而带来的电费变化，这不仅有利于增强国际竞争力和推动新兴产业的发展，也符合全体国民的利益。此外，由于大部分可再生能源资源位于地方区域，因此该制度还有望促进地方经济的振兴。然而，实际效果如何呢？

樱井あかね（Akane Sakurai）（2015）对2013年之前投入运营的1 000千瓦及以上的风力发电站和大型太阳能发电站的所有者进行了详尽调查。研究结果显示，风力发电站总装机容量的83.2%和大型太阳能发电站的40.9%均由外地企业所运营，这些外地大型企业通过销售电力分别获得了约790亿日元和276亿日元的收入，而这些费用最终由国民承担。接下来，我们将目光转向全国范围内的大型太阳能发电站。

根据日本资源能源厅（2016）发布的数据，图4-2清晰地展示了日本全国各都道府县大型太阳能发电站安装企业的总部所在地分布，同时根据设备容量进行了详细归属划分。值得注意的是，总部位于东京的企业占据了市场的60%，其显著地位不容忽视。然而，地方归属的可再生能源企业占比极低，这表明在日本全国范围内，大型太阳能发电站对促进地方区域振兴的效果并不理想（歌川学等，2021）。

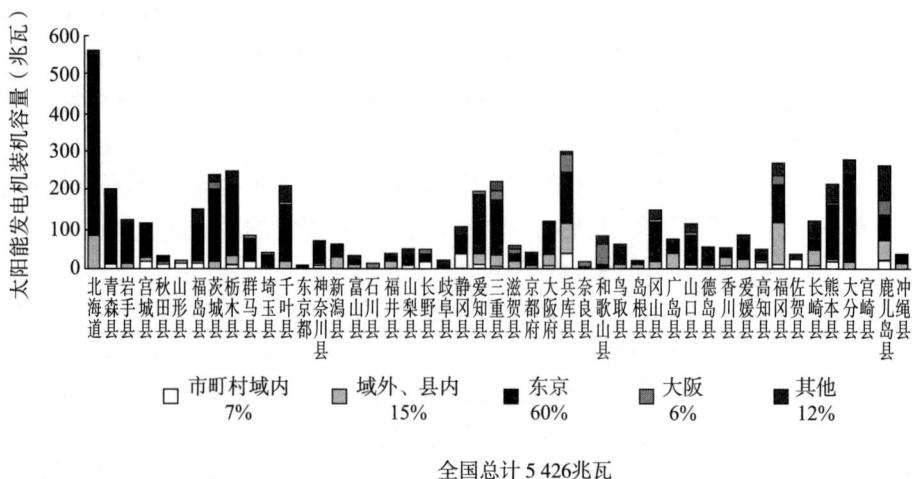

全国总计5 426兆瓦

图4-2 全国大型太阳能发电站装机容量的归属分布

资料来源：根据资源能源厅（2016）数据编制。

注：以公司总部所在地为归属地，如为共同项目则进行均等划分。

实际上，太阳能、风能和水能发电本身对地区就业的促进作用有限。若开发项目由外部企业承接，相关的土木工程仅提供临时性的工作机会，而固定资产税的增加又会导致地方交付税的减少，因此并不能实质性提升地方政府的总收入。再者，这些税收还会随着资产折旧而逐年递减。

除了对应对全球气候变化有重要意义外，生物质能源（包括木炭、木屑、农林渔业废弃物等）的利用还被寄望能促进循环经济的建设、战略性产业的培育以及农村地区的复兴。然而，就创造就业机会而言，生物质能源的利用效果并不明显。要想在地区内显著提升就业和收入水平，必须建立生物质能源产业与地方相关产业（如林业、农业、旅游业、加工业等）的紧密联系，以发挥产业之间的协同效应和产生更广泛的经济影响。不过，由于当前的可再生能源电价（FIT）政策设定的电价标准高于国际市场水平，这导致了一系列以进口生物质为燃料的大型生物质发电项目的涌现，其中不乏外资企业的身影。据生物质产业社会网络2021年的数据显示，截至2020年9月，日本全国已有446个总装机容量为244万千瓦的生物质发电站投入运营，另有709个总装机容量为822万千瓦的项目已获得认证。值得注意的是，其中超过60%的运营容量和近90%的认证容量都是使用进口生物质作为主要燃料的普通木质生物质发电项目（生物质产业社会网络，2021）。

进口生物物质中，主要包含由棕榈油生产过程中衍生的棕榈核壳（PKS）以及木质颗粒。历史上，曾将与粮食作物存在竞争关系的棕榈油也纳入了可再生能源电价补贴（FIT）政策的适用范围，此举引发了社会各界的广泛争议。此后政策调整，对于那些可能与粮食作物产生资源竞争的燃料，在未明确其不存在与粮食作物竞争的情况前，将不被纳入FIT政策的补贴范围。然而，棕榈油产业所存在的问题不仅限于与粮食作物的资源竞争，其在马来西亚、印度尼西亚等地的大规模种植活动已引发了森林破坏、生物多样性减弱、因湿地开发而导致的大量温室气体排放，以及土地利用方面的纷争等严重的环境和社会问题。另外值得注意的是，加拿大作为日本主要的木质颗粒进口国之一，其为满足出口需求而扩大的林木采伐活动，已对当地森林生态系统造成了显著影响（生物质产业社会网络，2021）。

轻易允许外地企业开展大规模可再生能源项目，会导致利用本地自然能源所获得的售电收入流向域外，几乎无法为当地带来实际经济效益，进而形成所谓的"能源殖民地"现象（图4-3）。此外，各地兴建的以进口生物质为燃料的大型生物质发电项目，不仅未能促进本地森林资源的保护和利用以推动产业振兴，反而导致资金外流。这些项目虽然打着可持续发展的旗号，但实际上可能威胁到国内外的可持续发展，呈现出本末倒置的局面。

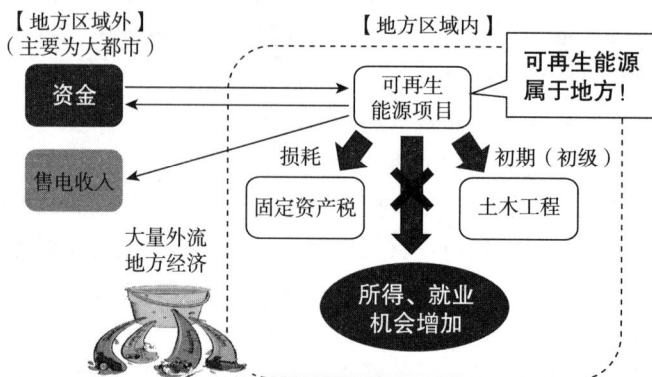

图 4-3　能源殖民化的地区

在海外，特别是欧洲，人们已经从 21 世纪初的生物乙醇热潮中吸取了教训，并对生物燃料采取了一系列预防措施。例如，他们建立了认证制度，以确保生物燃料并非源自热带雨林或湿地改造而成的棕榈油或甘蔗种植园，同时保证其温室气体排放量远低于化石燃料。此外，从粮食竞争的角度出发，他们对食用生物质的使用设定了上限（如欧盟的《可再生能源指令》就包含了这些可持续性标准）。然而，相比之下，日本在这些方面的应对措施相对滞后，尚未形成有效的预防和监管机制。

第五节　碳中和政策对区域内经济循环的意义

一、"区域循环共生圈"的构建

在分析了政策的负面影响之后，本节将转向探讨面向未来的积极政策动向。特别值得关注的是，2018 年 4 月由日本内阁决议通过的《第五次环境基本规划》中明确提出了"构建'区域循环共生圈'"的理念。这一理念的提出，标志着地方区域政策方向性的重大转变。

"区域循环共生圈"是一种发展理念，其核心在于通过充分利用各地区的自然景观等地域资源，形成自立且分散型的社会结构。该理念强调根据地区的特性进行资源的互补与互助，以激发和增强区域的活力。在推进"区域循环共生圈"的具体实施过程中，对区域内资金流向的深入分析至关重要，这有助于我们理解如何回收流出资金并促进区域经济的良性循环。此外，为推动这一理念的落实，我们开展了"区域循环共生圈建设平台项目"，旨在为区域活动组织提供参与创建并将"区域循环共生圈"商业化运营的新机遇。尽管与第三节中欧盟的 LEADER 计划相比，"区域循环共生圈建设平台项目"起步较晚，但由于其高度重视地方社区的实际状况，并全方位支持从基层活动到商业化的整个过程，因此受到了广泛关注。

自 2000 年日本颁布《循环型社会形成推进基本法》以来，循环型社会的建设工作已逐步展开。然而，当前实践主要聚焦于物质层面的循环，如废弃物处理和资源回收利用，这在一定程度上与传统经济社会体系存在不协调之处。

"区域循环共生圈"理念的提出，不仅关注物质循环，更着眼于经济活力和地区社会的全面发展，力求实现环境、经济和社会的一体化进步。这一理念与欧盟在 2015 年推出的循环经济全球政策有异曲同工之妙。它突破了传统的线性经济模式（"开采—生产—废弃"）和简单的循环经济模式（"回收—再利用"），而是从生产源头开始，就将消费和再生产纳入一个循环共生的社会规划之中。在全球化与高度分工的背景下，先前复杂且不透明的供应链已无法满足可持续发展的需求。因此，"区域循环共生圈"的构建，旨在使地区从全球化和生产效率追求下的大规模集约化及价格竞争中解脱出来。我们倡导基于地区特色，建立小规模、分散型的供应链，并通过互补型网络化构建，推动整个国土的可持续发展。这一战略代表了全新的国土创生与发展方向。

二、将碳中和转化为地方区域发展机遇

推进可再生能源与节能项目是实现可持续国土建设与碳中和目标的关键策略。自 2020 年 10 月日本承诺将于 2050 年实现温室气体零排放的"碳中和宣言"以来，这一目标已被确立为国家发展的一个重要方向。截至 2021 年 8 月底，日本全国已有 444 个地方政府积极响应并发布了各自的"碳中和宣言"。碳中和不仅对环境有益，更在经济层面对企业、家庭、地方政府和区域产生深远影响。具体来说，日本每年需花费 15 万亿～20 万亿日元进口化石燃料，这是一笔巨大的资金流出。同时，据歌川学（2021）的估算，日本国内能源费用的支出也高达 40 万亿日元。在地方政府层面，能源费用的支出同样惊人，人口规模为 30 万的地区年度能源支出超过 1 000 亿日元，而人口规模为 3 万的地区年度能源支出也超过 100 亿日元。

在探讨可再生能源项目的影响时，我们可以参考长野县富士见町的案例。该町拥有约 1.4 万人口（即大约 5 500 户家庭），其 2018 年的能源支出高达 70 亿日元。值得注意的是，至 2020 年 3 月末，该町内通过固定价格收购制度（FIT）认证的太阳能发电站装机容量已能满足超过 1.4 万户家庭的电力需求（基于发电机年发电量 1.2 万千瓦·时，且每户日均用电 12.2 千瓦·时的假设）。但遗憾的是，超过 80% 的发电项目由外地企业（主要来自东京和其他地

区）控制，这导致大部分电力销售收入流向外地，对本地电力自给自足并无实质性帮助。正因如此，富士见町内频繁出现关于大型太阳能发电站选址的争议，这些争议进而引发了当地居民对可再生能源项目的抵制情绪。

关键在于将可再生能源和节能推广与区域产业振兴及区域经济循环紧密结合。区域主体应主导开发利用区域内可再生能源，进行发电和热转换，以确保电力和热能收入留在当地。为保障可再生能源的持续供应，需将其融入区域农林业体系，进而促进第一产业的复苏。此外，鼓励区域内建筑公司积极参与零排放建筑和住宅的建设与改造，不仅使用户享受到能源费用降低的实惠，也为建筑公司带来利润，促进区域内资金良性循环。同时，地方咨询公司可承担节能设备选择、可再生能源设施规划维护等任务，以促进资金在区域内的流动。

地方政府需通过政策支持，展现坚定的决心并制定具体战略，旨在保护环境和景观的同时，通过振兴包括农林业在内的区域产业，实现可持续的区域发展。这是"碳中和宣言"的核心要义。然而，我们必须审视，究竟有多少地方政府已做好准备，以足够的决心和明确的战略来迎接碳中和挑战。

三、"未来"发展所需的共生视角

农村地区在外来主导型经济开发和城市化进程中逐渐失去了主体性，长期处于从属城市发展的弱势地位。经济活动的本质是人与自然互动中形成的物质代谢关系，是构成人类生活的基础。当前，面对碳中和目标和新冠疫情的挑战，更让我们意识到，回归基于"自然"与"生活"的真实人类活动的重要性。但这并不意味着我们需要回归到原始的生活状态。城市和农村，分别拥有丰厚的资本与自然资源，它们各具优势。单方面偏向任何一方的发展路径都无法实现真正的可持续发展。

自 2000 年左右起，英国开始探讨"新内生性发展论"，该理论强调区域发展不应局限于内生型与外来型的二元对立，而应基于两者的共生关系进行思考。虽然日本的内生性发展论经常在外来主导型区域开发的替代方案讨论中被边缘化，但其核心理念在于区域主体应具备自主决策与努力的能力，这并非完全排斥外来因素，而是认为地方区域发展离不开与外来型的互动与合作。

因此，构建新型区域内经济循环不仅意味着要恢复区域的内生性增长动力和资金流向，更要求我们重新审视和构建促进区域内外共生的新模式，以推动可持续社会的建设。这种共生视角是我们在思考"未来"发展时所不可或缺的。

【相关图书推荐】

1.『コトラーのマーケティング3.0──ソーシャル・メディア時代の新法則』（《科特勒的营销3.0──社交媒体时代的新法则》）

科特勒，菲利普·卡尔塔加亚，赫尔玛万·塞蒂亚万，伊万，恩藏直人监译，藤井清美译（2010）；朝日新闻出版

推荐理由：阅读该书将助益读者深入理解传统经济学中鲜少触及的"消费者导向"所经历的戏剧性变革。若能与2017年出版的《科特勒的营销4.0》一同研读，将能获得更为全面和深入的理解。

2.『環境経済学 新版』（《环境经济学．新版》）

宫本宪一（2007）；岩波书店

推荐理由：该书为《环境经济学》（1989年初版）的新版本，为读者提供了新的视角，深入探讨了经济发展过程中不可避免的绝对性损失如何与环境经济学及内生发展理论相互关联。此书对于把握该议题的理论框架和发展历程极为关键，堪称相关领域的必读之作。

3.『進化する里山資本主義』（《进化的里山资本主义》）

藻谷浩介监修（2020）；the japan times 出版

推荐理由：与金钱资本主义形成鲜明对比的是"里山资本主义"。在本章中，作者特别指出，尽管金钱在地方区域发展中扮演着重要角色，但我们已步入一个不能单纯以金钱为唯一考量因素的新时代。该书以"里山资本主义"为社会理想愿景，并深入剖析了多个地方区域的实践案例。

【参考文献】

歌川学（2021）「"脱炭素宣言"を地域の持続可能性戦略の追い風に（1）「好機」としての気候危機回避」『月刊事業構想』2021年4月号

歌川学・堀尾正靱（2021）「「ゼロカーボンで栄える関西」の展望と課題」『龍谷政策学論集』10（2）

岡田知弘（2005）『地域づくりの経済学入門──地域内再投資力論』自治体研究社

坂本誠（2018）「地方創生政策が浮き彫りにした国─地方関係の現状と課題──「地方版総合戦略」の策定に関する市町村悉皆アンケート調査の結果をふまえて」『自治総研』44（474）

櫻井あかね（2015）「再生可能エネルギーの固定価格買取制度導入後の日本における地域

エネルギー利用の課題——大規模風力発電所とメガソーラーの「所有性」に着目して」『龍谷政策学論集』4（2）

資源エネルギー庁（2016）「事業計画認定情報公表用ウェブサイト」, https://www. fit-portal. go. jp/PublicInfo

中村良平（2014）『まちづくり構造改革——地域経済構造をデザインする』日本加除出版

中村良平（2019）『まちづくり構造改革 II——あらたな展開と実践』日本加除出版

西川潤（1989）「内発的発展論の起源と今日的意義」鶴見和子・川田侃編『内発的発展論』東京大学出版社

バイオマス産業社会ネットワーク（BIN）（2021）「バイオマス白書 2021」

藤山浩・森山慶久・有田昭一郎・文村権彦・野田満・竹本拓治・重藤さわ子・豊田知世（2016）「平成 29 年度環境経済の政策研究「低炭素・循環・自然共生の環境施策の実施による地域の経済・社会への効果の評価について」」第 III 期研究報告書（研究代表：藤山浩）

藤山浩編著, 有田昭一郎・豊田知世・小菅良豪・重藤さわ子（2018）『「循環型経済」をつくる』農文協

増田寛也・冨山和彦（2015）『地方消滅創生戦略篇』中公新書

宮本憲一編（1977）『大都市とコンビナート・大阪』筑摩書房

宮本憲一（2007）『環境経済学 新版』岩波書店

New Economics Foundation（NEF）（2002a）"Plugging the Leaks：Making the most of every pound that enters your local economy".

New Economics Foundation（2002b）"The Money Trail：Measuring your impact on the local economy using LM3".

创建新型社区

[日]平井太郎

第一节　本章讨论的问题

"社区"这一概念在我们周围无处不在，它既存在于社交媒体的虚拟空间，也存在于现实世界。那么，究竟何为"社区"？为何在这两种截然不同的环境中，都使用"社区"一词？

对于"词语使用方式"的敏感性至关重要，这不仅体现在学术研究中，也贯穿于日常生活。以本书中的关键词"社区"为例，该词在各界人士，包括研究人员、政策制定者乃至普通社交媒体和公共设施使用者中均有广泛应用。然而，不同个体对"社区"一词的理解和联想可能存在显著差异，这种差异若被忽视，便可能导致沟通障碍。从词源上讲，"社区"源于"communication"，意指以沟通为基础的群体（Delanty，2018）。此外，本章后续内容将探讨重视沟通在"重塑"过程中的重要性，这是本书主题的核心视角，对于推动相互理解和促进主题的深入讨论具有关键意义。

一、"社区"一词的使用及其意义

鉴于个体对同一词汇的理解可能存在差异，因此，首要任务是明确"社区"在普遍语境下的具体运用，这一过程被称作"文本挖掘"。目前，已有免费软件及相关操作手册公开供公众使用，鼓励广大研究者加以利用。鉴于实地考察常受多种因素制约，难以实施，因此，在进行实地考察之前，利用文本挖掘技术来勾勒整体框架和梳理历史发展脉络显得尤为重要。

为了深入探究"社区"一词在社会中的实际应用情况，我们可以参考报纸等媒体资料。尽管报纸的阅读量可能有所下降，但它依然是一个重要的信息来源。特别是日本的几家主流媒体，其全球发行量居领先地位，且内容已网络化，便于获取。同时，大学和公共图书馆提供的历史报纸数据库也为研究提供了极大便利。举例来说，我们对全球发行量最大的《读卖新闻》进行了统计

（图 5-1），结果显示，自 1950 年以来，"社区"一词的使用频率在 20 世纪 80 年代开始显著上升，尤其在 2000 年前后，年使用频次突破 1 000 次，呈现出爆炸性增长态势。这种显著变化背后的动因值得进一步探究。

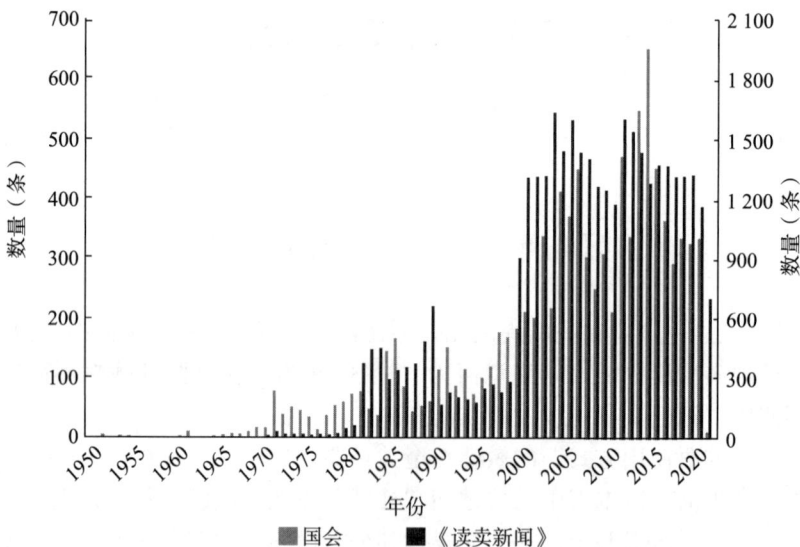

图 5-1 《读卖新闻》中使用"社区"的文章数量及国会发言数量的趋势

通过审阅搜索到的相关文献，我们得以深入了解情况。1980—1981 年，东京都推行了以社区建设为核心的新政策，并在此期间，"社区中心"和"社区学校"等术语应运而生。进入 2000 年前后，我们注意到在市町村长等地方选举中，"社区维持"成为一个重要的争论焦点，这反映了社区在地方政治和社会生活中的重要性。再将视线转向 2010 年前后，特别是经历 2011 年东日本大地震之后，我们可以观察到"社区再生"在灾后复兴政策中开始受到广泛关注。

从上述历程中可以看出，"社区"这一词汇在日本的政策和政治语境中被频繁使用，并逐渐融入民众的日常生活。为了更好地理解和把握这一语境，我们参考了国会会议记录检索系统，通过图 5-1 展示了国会中"社区"一词使用次数的变化趋势。

研究结果显示，尽管新闻报道量与国会发言量的增长趋势大体一致，但国会层面对"社区"议题的关注及其推动实施明显早于新闻媒体的反映。这一差异可归因于两个主要因素：首先，在东京都尚未提出社区建设政策之前的 20 世纪 70 年代，中央政府已通过自治省在全国范围内推广了社区政策，这包括农村地区在内（山崎仁朗，2014）。其次，早在 1995 年阪神·淡路大地震后的复兴政策中，社区问题就已受到关注，这一时间点甚至早于 2011 年的东日本大地震。由此可见，政策层面对社区建设的重视程度和推进力度可能先于并引领了社会舆论的反应。

二、作为政策焦点的"社区"

为了深入探究"社区"在不同时期的国会中与其他词汇的关联情况，我们进行了文本挖掘的对应分析。图 5-2 以二维形式清晰地展示了各个时期"社区"一词与哪些词汇共同出现。图中，第一主成分占据了 49.73％的差异解释度，主要反映了 2000 年之前"社区"使用的特点；而第二主成分则占据了 16.76％的差异解释度，揭示了此后"社区"使用方式的变化。综合来看，这两个主成分共同解释了 66.49％的总差异。

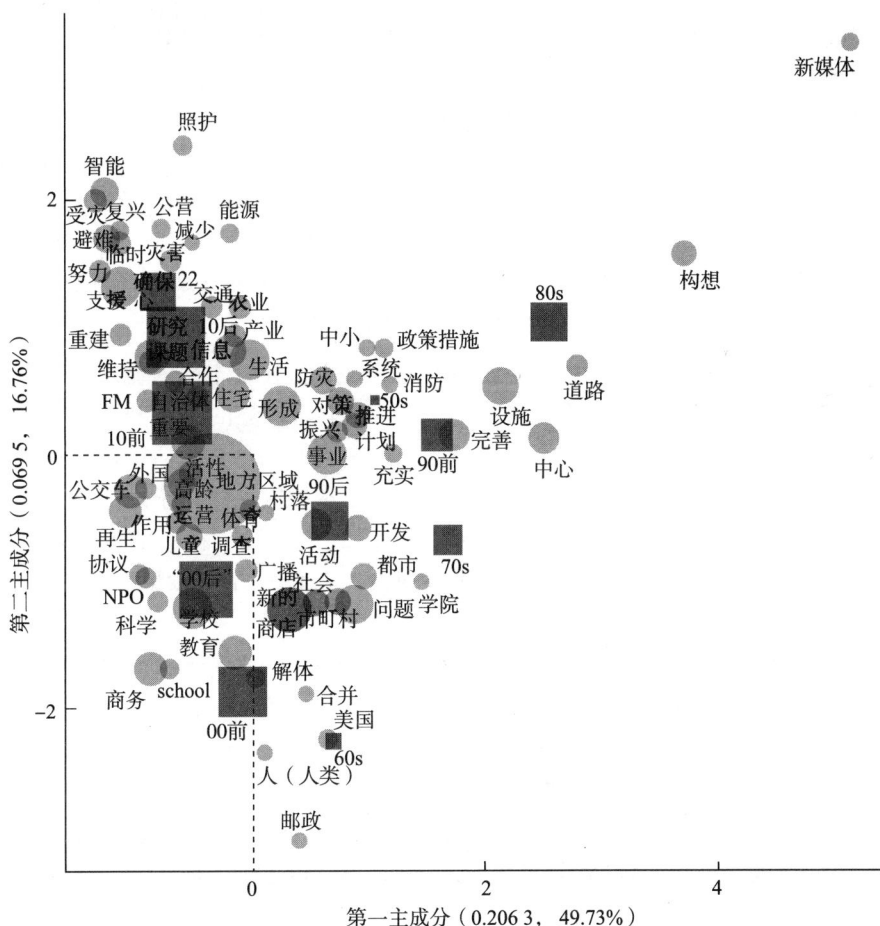

图 5-2　日本国会中与"社区"一起使用的词汇变化趋势

图 5-2 中各时期的方框大小代表了该时期"社区"一词的使用频次。靠近某个时期方框的词汇，如"80s"① 附近的"道路"和"设施"，显示出在 20 世纪 80 年代这些词汇与"社区"的高频共现。同时，圆圈的大小表示了词汇的总体使用频次，而位于坐标轴交叉点"0"附近的词汇则表明它们在各个时期都与"社区"保持较高的共现率，如"地方区域"一词。这一分析结果表明，在日本，即使在社交媒体等新兴媒体的普及与影响下，"社区"与"地方区域"仍然被视为不可分割的整体。

为了深入理解并验证前文所述的成分 1 和成分 2 的含义，我们沿着时间轴进行详尽的考察。从 20 世纪 70 年代至 90 年代初期，政策层面主要集中在"设施"的"建设"与"完善"上，如"中心"等基础设施成为重点。此时期内，众多地方的社区中心应运而生，成为政策推动下的直接产物。然而，随着时代的演进，至 20 世纪 90 年代后半段至 2010 年前，"市町村"的"合并""教育"以及"学校"等议题逐渐凸显。与此同时，社区的"解体"现象开始引发社会关注。特别是在市町村合并过程中，被合并地区的社区"维持"问题成为选举中的核心争议点，这一点在相关新闻报道中得到了充分体现。2010 年及之后，在应对"灾害"等多重社会背景下，社区的"维持"与"重建"被提上日程。纵观政策关注点的迁移，可以清晰地看到，从泡沫经济崩溃前的以基础设施建设为主，逐渐过渡到泡沫破裂后重视市町村合并和教育问题，再到现阶段，面对各种社会问题，我们寄希望于通过社区的"维持"与"重建"来寻求解决之道。

这种将社区视为解决社会问题途径的趋势，不仅在日本国内显现，而且在全球范围也日益普遍。根据 Delanty（2018）对全球趋势的深入剖析，随着全球化的不断推进，无论是在政策制定层面，还是人们的日常生活中，对社区的期望与依赖均呈现上升趋势。这一现象背后的根本原因在于，全球化虽然极大地促进了人员、物资及信息的跨国流动，但同时也引发了社会的不稳定和分裂。面对这种"流动与分裂"共存的矛盾现象，人们开始转向社区，寻求归属感和精神支撑。

对社区的政策期望并非仅关注社区的重建，如图 5-2 所示，更重要的是期望社区能够解决涵盖"教育""防灾""照护""体育""能源""交通"乃至"农业"等多个领域的社会问题。这种以社区为中心、重视社区意愿的规划方式被称为"社区本位规划"，并在全球范围内备受瞩目。日本的农村地区也采纳了此理念，2020 年日本新发布的《粮食、农业、农村基本规划》将"维护地方区域社区"作为政策制定的基石。然而，实际执行并非易事。宫内泰介

① "s"代表时期（"80s"=20 世纪 80 年代）的方块大小反映了该时期词汇的使用频次。——译者注

（2017）的研究显示，即便采纳了"社区本位规划"，政策目标也未必能够达成，社区分裂的风险依旧存在。鉴于此，本章将聚焦于日本农村地区，结合过往的探索经验，分享如何构建能够开创未来的社区模式。

第二节 地方区域建设之路：社区政策与村落振兴

日本首次提出社区政策的背景是应对城市地区的"人口过密"和农村地区的"人口稀少"问题。在 20 世纪 60 年代，日本三大都市圈的年净流入人口高达 50 万～60 万人，这一数字比 2000 年后东京一极集中所引发的问题还要高出 5 倍。这种情况相当于一个小型县的人口整体从农村地区迁移到城市地区，这种大规模的人口流动导致城市地区的道路、垃圾处理和教育等社会系统难以正常运作。在当时的新闻报道中，可以看到如"交通战争""垃圾战争"和"巨型学校"等问题的报道。与此同时，农村地区也面临着人口流失的极端情况，有些村庄甚至整个迁移到城市地区，这使得农村地区的道路和水利设施维护变得困难，小学里也难觅学生身影。

一、替代传统村落的新型社区

面对城市人口过密和农村人口稀少的双重挑战，社区作为一种新型的社会组织形式被寄予厚望。实际上，许多社会系统的管理工作，如垃圾收集点的运营，通常由地方居民组织来承担。在农村地区，道路和水利设施的维护管理亦是如此（详见本书第六章）。这些承担部分社会功能的群体，在日本被称为"村"，且这一术语在农村研究领域中得到广泛使用。然而，在近代初期地方行政制度改革的影响下，"村"也开始被用作指代较小行政单位的术语。这导致源于传统农村社会的"村"与作为行政单位的"村"在概念上产生混淆，时常引发理解上的困扰。因此，在学术研究中，我们常需明确区分这两者的定义。

那么，当人口分布不均问题凸显时，为何没有选择复兴传统的"村"作为解决方案呢？这主要是因为人们普遍认为，传统的"村"中深植着一种被称为"近代家长制"的集体原则，它包含了男尊女卑、长幼有序、家族门第观念以及排他性等因素。正因如此，在 20 世纪 70 年代前后，政府推出的社区政策中，并未将复兴传统村落作为目标，而是致力于构建遵循新原则的新型社区。这种新型社区被视为取代传统村落的理想模式。

在这里，社区被定义如下："在生活场景中，由市民自觉承担个人和家庭的自治性和责任，具有地方性和各种共同目标，并且成员之间相互信任的开放性集团"（国民生活审议会调查部会社区问题小委员会，1969）。换句话说，

①个人的自治和责任，②集体的地方性和共同目标，③集体成员的开放性和相互信任，这三点被强调，其中①和③明确否定了村落的原则；而②虽然在村落中被认为是明显的，但重新确认何为对象以及追求何种目标，再次成为必要。

在当时的语境下，社区被明确定义为："以生活场所为基础，由具有公民自主性和责任感的个人和家庭组成的，具有地域性和共同目标，开放且成员之间相互信任的群体"（国民生活审议会调查部会社区问题小组委员会，1969）。该定义主要强调了三个核心要素：①个体的自主性和责任感；②群体的地域性和目标共享；③群体成员的开放性和相互信任。其中，①和③与"村"传统原则相悖，而②则要求重新审视和界定在"村"中被认为是理所当然的范围与目标。

然而，将村转型为社区的设想，并未能有效解决人口稀少和人口过密的问题。实际上，这些问题以东京一极集中加速的形式进一步凸显，对城市和农村地区的生活均产生了深远的负面影响。在农村地区，道路和学校等基础设施的维护日益困难，这与20世纪60年代和70年代所面临的挑战相似。在城市地区，1995年阪神·淡路大地震后，大都市社区的脆弱性暴露无遗，神户市等地出现的"社区崩溃"现象被视为临时住宅和重建住宅中"孤独死"的潜在原因。此外，"孤独"和"孤立"问题在日常生活中的日益凸显，已经引起了政策层面的高度关注（如2021年内阁官房设立的孤独、孤立对策担当室）。

二、新型社区的局限性

那么，从20世纪70年代以来的社区政策中缺失了何种要素呢？从政策视角审视，如图5-2所示，政策的重心集中在"道路"与"设施"的"建设"层面，这种做法更多地着眼于确保当下生活的安全性和舒适性，却未能从根本上解决人口过疏或过密的问题。此外，山崎仁朗（2014）在对城乡政策进行横向对比分析时，指出了三个关键问题：首先，政策问题被孤立处理，缺乏综合性的应对策略；其次，传统村落的组织和主要承担者被有意识地排除，而具有新的自主性和责任意识的"领导者"的活动也未能得到传承；最后，新社区缺乏行政和社区共同认可的"合法性"机制。所谓合法性，简而言之，即是指在相关人员及行政决策机构内部达成共识，并作为受到尊重的依据。若缺乏此合法性，将难以获得民众的信任，反而可能引发反感，同时行政部门与社区之间也可能形成单向依赖或不稳定的关系。

这三个论点中的首个问题"缺乏综合性"，与政策反思中所指的"偏向设施建设"的倾向密切相关。这两者都仅聚焦于问题的局部，而忽视了应当追求的全面目标。为佐证这一点，可以参阅图5-3，该图与图5-2相似，均运用了文本挖掘技术，展示了国会议事与社区相关发言中词汇的关联性。

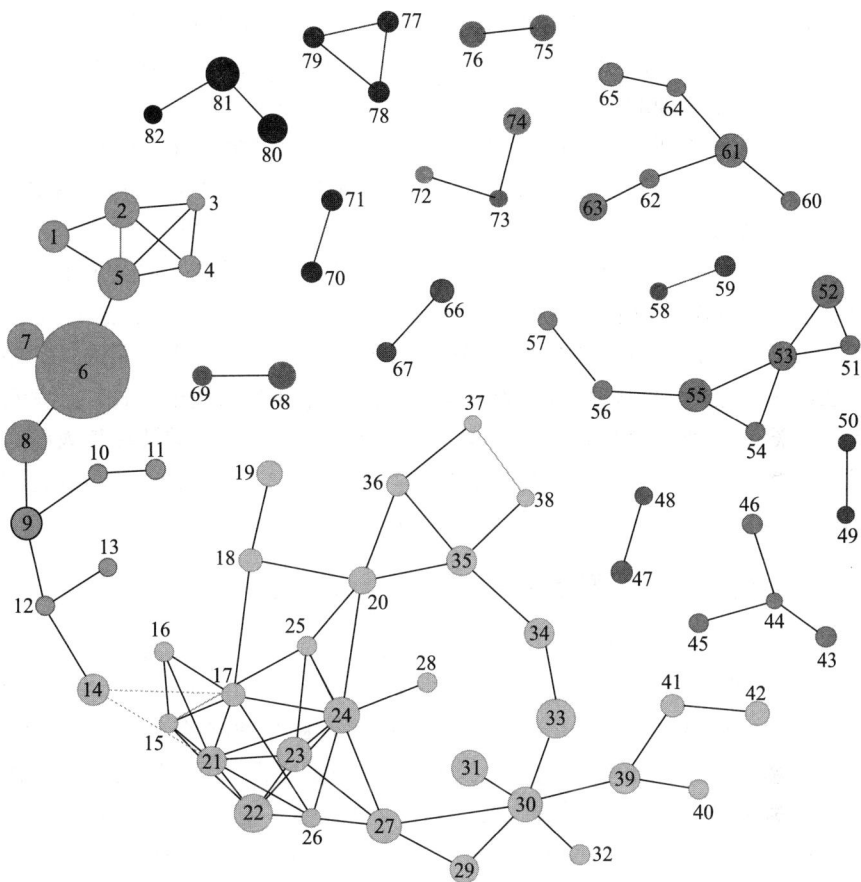

图 5-3　日本国会中与"社区"一起使用的词汇（共现网络）

1. 教育　2. 学校　3. 商议/协商　4. 运营/管理　5. 学校　6. 地方/地区　7. 居民　8. 社会　9. 老年人/高龄化　10. 减少　11. 人口　12. 研究/调查　13. 外国　14. 再生/复兴　15. 照护/护理　16. 心/精神　17. 复兴/重建　18. 避难　19. 基地　20. 灾害　21. 受灾　22. 支援/援助　23. 形成/构筑　24. 住宅　25. 公营/公共　26. 重建/复兴　27. 生活　28. 临时/暂时的　29. 环境　30. 完善/整修　31. 事业/项目　32. 道路　33. 设施　34. 中心　35. 防灾　36. 对策/措施　37. 充实/完善　38. 消防　39. 推进/促进　40. 政策/措施　41. 振兴/发展　42. 产业　43. 智能/智慧　44. 能源　45. 可能/可行　46. 构建/建设　47. 科学　48. 技术　49. 医疗　50. 护理/照顾　51. 团体/组织　52. 地区　53. 公共/公益　54. 交通　55. 公交车　56. 确保　57. 安全　58. 学院/大学　59. 美国　60. 提供　61. 信息　62. 构想/设想　63. 广播　64. 场/场所　65. 交流　66. 关系　67. 人/人类　68. NPO　69. 商务/商业　70. 层次/水平　71. 地区　72. 规划/计划　73. 活性化/活跃　74. 商店　75. 农业　76. 农村　77. 村落/聚落　78. 作用/角色　79. 重要　80. 认识/认知

值得重点关注的是，图中"农业—农村""老年人""教育""能源""医疗—护理""消防—防灾""非营利组织（NPO）""公共交通""广播"以及"商业街—活性化"等主题群呈现相互独立的状态。这一现象清晰地揭示了问题被过度个别化处理的现状。

第二个论点"理念导致排斥的可能性与局限"，是全球性社区建设工作中普遍遭遇的问题。人们对社区的期望往往在于解决内心的不安，这种期望在应对人口过疏或过密问题以及全球化背景中均有所体现。如图 5-2 所示，进入 2020 年，"心"这一概念逐渐成为关注焦点。图 5-3 则进一步揭示了"心—关怀—受灾"之间存在的紧密联系。

然而，尽管社区政策并未明确提出排斥某些群体，但由于生活方式的多样化，人们对不安的感受仍呈现出差异性。特别是在社会出现分裂时，某些人的不安往往源于其他群体的存在。例如，美国的白人工人可能因移民工人的存在而感到焦虑，并将后者视为"外来者"。这种情形下，社区本身可能成为制造"外来者"和持续排斥的场所（鲍曼，2017）。

三、社区综合化发展路径探索

自 20 世纪 70 年代以来，为克服城乡发展中的主要问题并推动"重构"取得实效，人们在城市和农村地区都进行了积极的尝试。在城市领域，这些努力被称为"城市建设"（奥田道大，1983），而在农村领域则被称为"村庄建设"（小田切德美，2014）。重要的是，这些尝试都强调了"内生性（居民主体意识）""创新性（先导性应对）"，以及"综合性·多样性（有限责任型领导）"等要素。本文借鉴小田切德美（2014）对农村"乡村建设（地方区域建设）"的考察，深入探讨所需的"综合性"。

在农村地区，最初关注的是"人口空洞化"问题。然而，到了 20 世纪 80 年代，问题的焦点逐渐转移，人们开始关注"中山间地区（耕作放弃地）"的现象。这表明空洞化已经不仅仅局限于"人口"，而且还在侵蚀作为生产基础的"土地"。进入 20 世纪 90 年代后，"边缘村落"的概念出现（大野晃，2005），突出了人口减少和高龄化之外的"沟通"丧失问题，即村民之间的对话和基于此的共同活动。这导致了"村庄的空洞化"，这种"人口（土地、村庄）的空洞化"相互叠加，导致当地居民放弃了原有生活，或者无法在生活中找到价值感，即"自豪感的空洞化"。这正是"乡村建设（地方区域建设）"所需要克服的核心问题。

基于对当前状况的综合认知，小田切德美（2014）依据各地实践经验，构建了一个综合性的"乡村建设（地方区域发展）"框架。为便于对比阐述，该框架针对"人口空洞化"提出①挖掘潜在人才（涵盖女性和年轻人）；针对"土地空洞化"提出②建立新的生计体系；针对"乡村空洞化"提出③打造共同推进各项目标的平台。这些举措旨在恢复并传承人们的"自豪感"。

该框架强调的核心理念包括：转变排斥性思维，与被边缘化的群体建立新的联系；不仅聚焦于当前的生活环境，还要关注支撑当地生活的经济基础；相较于单纯的设施建设，更应优先创建一个能够通过沟通交流进行试错的空间场所。这些观点深刻揭示了自 20 世纪 70 年代以来社区政策存在的问题。更重要的是，它们提供了关于如何采取具体行动以及推动"社区综合化"进程的重要指导原则。

第三节　地方区域运营组织的潜力与局限性

在探讨综合性地方区域建设的萌芽及其后续政策发展时，不可避免地要关联到"地方区域运营组织"的崛起。自 21 世纪初以来，随着"市町村"的合并，社区政策在这一背景下逐步推进，如图 5-2 所示。正是在这样的时代背景下，"地方区域运营组织"作为一种新型实体开始受到广泛关注。仔细观察图 5-2，我们会发现"地方区域"与"运营"两个词汇在核心区域有所重叠，这象征着两者之间的紧密联系。但有趣的是，与图 5-3 进行对比时，我们注意到"运营"一词更多是与"学校"相联系，"学校运营协会"对大众来说更为耳熟能详。

尽管如此，地方区域运营组织的影响力正在逐步扩大。截至 2021 年，日本全国范围内已有约 5 700 个此类组织，其数量之多已不容忽视。这些组织以传统的村落组织如町内会为基础，进行了结构性的"重建"，以更有效地解决地方区域所面临的实际问题，展现了其"综合性"的特质。值得一提的是，这些组织已经成功解决了山崎仁朗（2014）提出的合法性问题，获得了行政机关和地区居民的广泛认可，这正是其显著的特征之一。

在探讨地方区域运营组织的具体活动时，我们参考了总务省于 2021 年发布的《2020 年度地方区域运营组织的形成及持续运营调查研究事业报告》。该报告显示，占比为 54.8% 的组织开展了"防灾训练与研讨会"，51.9% 的组织提供了"老年人交流服务"，41.2% 的组织实施了"关怀与监护服务"，另有 34.1% 的组织了"体验交流"。这些多元化的活动不仅覆盖了防灾、老年支持，还涉及了地区内外的交流，凸显了活动的多领域特性，并初步展现了"综合性"的发展趋势。但报告也显示，83.6% 的组织面临"人力资源不足"的挑战，49.3% 的组织认为存在"参与者意识不足"的问题，而 37.2% 的组织则反映"对活动的理解不足"。这些情况表明，尽管地区运营组织在努力拓展活动领域，但在广泛吸引和挖掘相关参与者方面仍有待加强。这一难题也被视为地区运营组织发展中的主要障碍。因此，结合小田切德美（2014）对"地方区域建设"综合性的分析，我们可以推断，地方区域运营组织在包容边缘化群体和共同创造试错空间场所方面仍有待进一步提升。

然而，地方区域运营组织面临的主要挑战远不止活动内容方面。据调查，有45.8％的组织提到了"资金不足"的问题。那么，地方区域运营组织的资金来源是如何构成的呢？实际上，62.4％的组织将"市区町村提供的补助金等"列为主要资金来源。若将所有资金来源都纳入考虑，排名第二的资金来源是"成员的会费"，占比达到37.0％，而"经营业务的收入"仅占比为23.7％。在行政机关的补贴合法性得到认可的情况下，这类补贴不应被一概否定。然而，从综合性地区发展的视角来看，特别是从支持生计的角度出发，即使有一定的关注和措施，但支撑生计的基础仍然显得不足。

一、地方区域运营组织的局限性何在

探究这一问题的原因，我们可以引用山浦阳一（2017）等学者的观点，他们指出许多地方区域运营组织是在行政推动下进行"改造"或"重建"的，这种外部干预可能限制了组织的自主性和灵活性。为了更具体地理解这种局限性，我们以大分县宇佐市深见地区的地方区域运营组织为例进行探讨。

宇佐市位于大分县北部，地域广阔，从面向濑户内海的旧城区一直延伸到九重连峰的山区。这种地域的扩张延伸归因于2005年的市町村合并。深见地区在合并前隶属于旧安心院町，是一个人口约1 300人的山区聚落。从旧城区出发，沿着注入濑户内海的河流驱车约40分钟，便可以看到陡峭的悬崖，这里是著名旅游景点耶马溪的一部分。穿过这片区域，可见稻田和葡萄园在山谷中展开，构成深见地区的独特景观。

2009年，深见地区成立了名为"深见地区城市发展协会"的地方区域运营组织。这一举措源于宇佐市对在合并过程中被部分吸收的深见等地区的未来发展的担忧。随后，宇佐市政府在除中心城区外的所有旧中学校区内都推动了类似地方区域运营组织的建立。这些努力的成功部分归功于市政府提供的"补助金等"资金支持。在深见地区，这些资金被用于支付由旧深见中学校（于2007年关闭）改造而成的社区中心的运营费用，包括管理费用、事务局人员薪资和活动经费等。

该社区中心保留了原中学的教室和体育馆，设有一个宽敞的餐厅，偶尔会举办由深见地区的中老年女性经营的"一元酒吧"。晚上，该餐厅转变为男性居民的聚会场所，这里的收入用于支持白天为老年人举办的活动，如聚餐等。深见地区的这些活动体现了日本全国范围内推广的"老年人交流服务"。

在深见地区，尽管多样化的时代、性别和地域之间的交流活动相当活跃，但仍存在一些问题。根据山浦阳一（2017）的研究，深见地区城市发展协会在行政推动下成立时，按照部门制结构设立了"地区发展""生活环境""教育文化"和"健康福祉"四个部门。这些部门下涵盖了原有的社区组织，如老年会、妇女会、消防队和社会福祉协会等，实质上是将原有的社区组织体系整合到了新的地方区域运营组织框架中。然而，问题在于，尽管新的组织架构已经建立，传统的活动模式却仍在继续，而地方区域运营组织本应推动的跨领域活动并未得到有效实施。

虽然出现了像"一元酒吧"这样的创新活动，它跨越了地区发展和健康福祉的领域，但这些活动主要由事务局引导，而非源自各部门所属社区居民的自发倡议。因此，跨领域的综合发展任务主要落在了少数事务局人员的肩上，这种情况难以长期维持。深见地区也明显存在着全国范围内普遍面临的"负责人短缺""当事者意识不足"和"对活动理解不足"等问题。

二、依赖政府推动的弊端

深见地方区域运营组织的停滞，主要归因于该组织在行政干预推动下以行政型组织的身份成立。尽管行政部门试图通过"重组"来恢复原有村落和社区的合法性，但这种做法带来的弊端不容忽视。最显著的问题在于，该组织的资金来源过度依赖于行政补贴，而会费和自营业务收入的开发却远未成熟。这种情况不仅导致地区发展中本应优先关注的生计基础建设被边缘化，而且使得补贴资金的使用受限于行政逻辑，进而将新组织塑造成了行政型组织。在深见地区，市政府的补贴占据了活动资金的主导地位，"一元酒吧"也几乎完全依赖于会费制度运营。然而，值得思考的是，为何当地女性没有尝试开展如农家乐等营利性业务，以实现资金来源的多元化。这种对行政推动的过度依赖，无疑制约了组织的自主发展和地区经济的多元化。

深见地区于1992年就在日本率先尝试开展绿色旅游（农家民宿）。当时"绿色旅游"概念尚未形成，且农家从事餐饮住宿受法规限制。经过持续努力，旧安心院町年接待游客已超10 000人次（宫田静一，2020）。然而，对于推动绿色旅游的主体——农家妇女而言，她们并无开展新业务"一元酒吧"的动力，因为深见地区在构建生计基础方面已取得显著成效。值得深思的是，在建立地方区域运营组织时，为何未推动这些成果的进一步发展。此外，行政型组织的弊端也显现出来，即将地方区域运营组织转变为行政型组织后，难以促进对被排斥人群的包容，以及难以建立共享经验教训的沟通平台。

此外，政府部门在教育、福利、工业、防灾、交通和环境等多个领域都已确定了合作伙伴，如学校运营协议会、公民馆合作组织、社会福利委员会和民生委员等。这些合作伙伴通常会按照领域组织起来。然而，地方区域运营组织往往以"包容"的名义，直接吸纳了这些领域组织。

尽管表面上看似实现了包容性，然而那些原本参与度较低的群体仍面临被边缘化的风险。行政型结构的条块分割特点，导致如图 5-3 所示的主题分散格局。这种行政型条块分割结构的重组，引发了目标共享的缺失，使得活动的初衷与目标变得模糊。"结构"的刚性及其背后原因的不透明性进一步加剧了这一问题。

随着行政型组织"重组"的推进，构建一个共享试错经验教训的平台变得愈发困难。行政部门受年度预算制和预算制的驱动，强调按时限和计划推进工作，这与试错活动的不确定性和创新性需求相冲突。此外，全球化背景下"新自由主义"政策的广泛实施（Brown，2017），进一步压缩了试错的空间，时间限制变得更加严格，评估指标倾向于量化。如 2014 年开始的"地方创生"政策中的 KPI（关键绩效指标）进度管理，要求将长期项目以年度数值目标进行评估（原本需要 5 年才能完成的项目，往往会被要求每年根据数值目标进行评估），这无疑限制了试错和创新的空间。

在深见地区，过去 20 余年间在绿色旅游、葡萄产地化及葡萄酒酿造等多个领域均进行了广泛的试错实践，积累了丰富的经验。遗憾的是，这些极其宝贵的实践经验并未被地方区域运营组织所吸纳。究其原因，主要在于推动该组织建立的行政部门未能充分认识到将这些经验和实践融入组织的重要性。若非如此，深见民众在历经法律法规等重重挑战后所淬炼出的经验与智慧，理应成为新组织的核心资产，以共同推动相关事业的持续发展。值得一提的是，"一元酒吧"项目便是在这种构建共享平台的理念下诞生的典型试错实例。

三、重新审视"目标共享"的重要性

探究深见地区社区政策和地方区域运营组织出现的行政逻辑优先现象，我们需要深刻反思：目标设定权是否真正下放到了社区，而非仅由行政部门把控。回顾社区政策的构想，其中明确提出了"集体的地方性和目标共享"的概念。不论是社区还是其他形式的集体，达成对目标和范围的共识是其形成的基础。遗憾的是，在实施过程中，包括地方区域运营组织在内的社区政策往往忽视了这一关键点。社区政策的初衷是为了解决人口分布的稀疏与密集问题，而进入 21 世纪后，人口减少和市镇合并成为新的挑战，这些问题被普遍认为是亟待解决的难题。

然而，在面临这些挑战时，需要停下来思考，"与谁合作""在何地行动"以及"追求什么目标"。特别是确认的目标不应仅仅是人口减少等表面问题。对于人口减少，不同利益相关者可能会有不同的解读：行政部门可能关注税收减少和支出增加，而一线工作者可能更关注劳动力短缺。这种差异直接影响着对未来目标的设定。此外，也有观点认为人口减少反而是提升生活质量的契机。

从确认人口减少等问题开始，反而可能会破坏社区，因为这种问题容易引发小团体难以克服的绝望感，这与全面地方区域振兴所追求的重振自豪感目标相悖，甚至可能导致社区的瓦解。相对地，Brown（2017）提出的新自由主义政策却常采用这种"唤起危机感"作为推行政策的手段，使人们更容易接受政策安排。

与此相反，社区建设采用的是一种基于人们相互信任的全新方法。在深见地区的实践中，与学生和社区居民的交流并未聚焦于具体挑战，而是询问他们的梦想。一位 60 多岁的女性表达了成为"花仙子婆婆"的愿望。她解释说，由于商店不断关门，老年人购物变得困难，因此她希望经营一家流动售货车（店），这一梦想体现了从老年人的社交需求出发，而非单纯关注人口减少或购物难的问题。这种方法避免了直接面对看似无解的难题，而是通过创造性思维寻找社区发展的新路径。

受新冠疫情扩散的影响，深见地区的最后一家商店于 2020 年关闭。以此为契机，在地方区域运营组织的支持下，那位被誉为"花仙子婆婆"的女性的梦想逐渐得以实现。这一转变的促成因素在于深见地区于 2019 年废除了原有的部会制度，并建立了以项目团队为核心的"深见委员会"，该组织致力于逐一推动类似该女性的梦想成真。过度聚焦于问题只会引发绝望情绪，而梦想则能凝聚共鸣，即便是微小的尝试，也能催生新的探索和希望。

第四节　从尊重的链条到社区建设

在探讨如何克服现有挑战以重塑社区时，深见地区的经验提供了宝贵的启示。该地区以共同探讨梦想作为起点，实现了将地方区域运营组织从部门制转变为项目团队制的组织变革。这种转变是行政部门基于对过去十年地区运营组织运作的深刻反思，并根据地区实际情况进行的改进。因此，为了有效应对社区政策评估中所指出的地方区域运营组织所重视的合法性问题，首要的任务应是理顺基层工作人员与行政部门之间的关系。

一、尊重链：社区建设的基石

地方区域运营组织面临的问题关键在于避免其行政化倾向，即转变为行政型组织。为实现这一目标，应避免采用垂直管理结构，不强制划分时间段，不将目标局限于可量化的指标。至关重要的是，社区建设应从重新确认目标开始，而非仅仅应对显而易见的挑战。

尽管理论上简单，实践起来却充满挑战。然而，行政部门若能率先采取行动，基层的改变便指日可待。这种改变首先体现在基层人员从"无论做什么都无济于事"的绝望中迈出积极的第一步，这与"社区综合化"所追求的恢复自豪感紧密相关，是一种意识的转变。

值得注意的是，这种意识的转变不仅仅是基层意识的改变，它是由行政部门向基层的靠拢所引发的。也就是说，行政部门的变化引发了基层的变化，形成了一种"相互作用"。因此，可以设想，基层的变化将推动行政部门的进一步变革，形成一种相互作用的链条。

平井太郎等（2022）强调了相互作用的链条，特别是其"相互靠近"的特性，他们将其称之为"尊重链"。正如德兰蒂（2018）所指出的那样，"尊重"在全球化背景下能缓解人们的焦虑，并成为培育社区归属感的关键因素。焦虑在全球化时代并非特定群体的专利，基层民众和行政部门也同样面临着焦虑。因此，"尊重"的连锁反应显得尤为重要。

此"尊重链"并不仅局限于基层与行政部门之间，更需在基层民众之间得到体现。社区政策的目标之一是克服社区内部的分隔和相互评价的意识。但基层中依然存在着源于传统村落的排他性和价值赋予观念，这些不仅与性别、年龄、出身相关，也与多样化的生活方式紧密相连，形成人际壁垒。唯有持续关注并努力消除这些隔阂，确保无人被排斥或遗忘，社区的"重塑"才能得以真正实现。

在社区建设进程中，基层与行政部门之间的关系至关重要，其中核心原则是"避免单方面急于求成"，即"避免一刀切地划分时间"。这种做法类似于社区政策中对多样性的排斥可能引发的逆反效应，匆忙地边缘化老年人、男性和本地居民可能会激起他们的反感和反击。此现象被称为"反弹效应"，且在社区建设中屡见不鲜（德兰蒂，2018）。为防止此类反弹，首要任务是行政部门应尊重并赋予推动社区发展的基层工作者以自主权，无论其是否来自行政部门内部。这种尊重为他们提供了与社区内外部建立联系的空间，进而促进基层内部尊重链条的形成，这是培育无反弹社区的基础。

如同我们在开头所讨论的，社区一直被视为应对全球化等人为因素造成的不安与焦虑的解决方案。然而，通过上述分析，可以发现，只有当人们通过相互尊重缓解焦虑时，社区才能真正建立起来。焦虑并不能产生社区，相反，相互理解、相互尊重的"尊重链"才是社区的本质。

二、通过学习的链条不断重塑社区

如果从"意识和行为的改变"这一视角来审视"尊重的链条"，那么它也可以被理解为"学习的链条"。举例来说，行政部门为了避免将纵向结构引入社区环境，必须调整其传统的工作模式。这一过程本质上就是一种"学习"，需要行政部门探索并实施新的工作方法。本书第九章将详细阐述行政部门在这一过程中的学习活动。

值得一提的是，这种学习并非仅限于行政部门。社区成员同样可以展现出学习的能力，他们不再采取过去的消极态度，如放弃或仅向行政部门提出诉求和不满，而是开始采取积极的行动。这一转变本身就体现了社区成员的学习过程。特别是，他们需要面对的一个重要挑战是社区政策和地方区域运营组织中长期被忽视的生计基础建设。尽管在众多的地方区域建设项目中已经积累了一些生计重建的经验，但这些经验尚未能有效地通过学习的机制得以传承和积累。本书的第二章和第四章深入探讨了这些累积的尚待解决的问题。

在展望学习方向的基础上，让我们重新回到起点，探讨学习链条与尊重链条的相似性，并进一步延伸其内涵。与尊重链条相类似，学习链条也应当贯穿于行政部门、基层工作者以及社区居民之间。小田切德美（2014）曾将这一现象称为"交流的'镜子'效应"。此效应描述的是，当社区对外开放并与外界进行交流时，社区居民对所在社区的认知会随之改变。这实际上是一个通过外部沟通促使社区居民意识和行为转变的学习过程。同时，也必须认识到，与尊重链条一样，学习链条的启动需要社区外部人员的关注与参与。外部人员通过关注并走进社区，与社区成员共同行动，成为学习链条的起点。此外，我们应关注"一线基层"的内外互动，而非仅仅局限于"地方区域"的边界。

越来越多的外部人士开始关注并积极参与到地方区域建设中，他们被称为"相关人口"。在人口减少趋势明显的 21 世纪 20 年代，如何有效地挖掘和培育这些"相关人口"，使他们无论身处地方区域内外，都能关注并投身于地方建设，无疑将成为决定社区发展成败的关键因素。

在 21 世纪，社区面临的挑战不仅限于全球化，气候变化同样是一个不容忽视的紧迫问题。每年频繁发生的洪水和台风等自然灾害，已经将气候变化的现实摆在了我们面前。这些挑战无疑引发了人们的不安，但正是在这样的背景下，社区的作用变得尤为重要。社区应成为一个分享焦虑、共同探索解决方案，努力创造可持续未来的平台。

社区不仅是相互尊重的场所，也是促进参与者学习和成长的环境。随着个体的变化，社区也会随之发展，而这种发展是社区持续生命力的源泉（雷夫·温格，1993）。因此，能够通过变化实现持续发展的集体，是应对全球化和气候变化挑战的关键。

随着社区的变革，如图 5-3 所示的结构也将发生显著变化。不同主题之间的联系将日益紧密，形成一个庞大的网络体系，最终凝聚成一个整体的球体。在这个体系的中心，是规模虽小但功能重要的"交流空间"或"沟通平台"。这些平台将老年人照护、区域交通等多样化的议题联系起来，为社区成员提供了一个相互关联、不断尝试和探索的环境。从这个核心出发，网络将扩展至每个主题，构建出一个完整的球体，这正是社区未来的理想愿景。正如深见地区所展示的积极实践，让我们携手共创这样的未来。

【相关图书推荐】

1.『コミュニティ——グローバル化と社会理論の変容』（《社区：全球化与社会理论的变革》）

Delanty，Gerard，山之内靖和伊藤茂译（2006）；NTT 出版

推荐理由：2018 年英文版本已做修订，若条件允许建议您阅读英文版本。为了深入了解从 19 世纪下半叶开始，欧美社区受到哪些社会变革的影响而备受关注，以及为什么在 21 世纪仍然备受关注，我们诚挚邀请所有感兴趣的读者阅读此书。

2.『歩く，見る，聞く人びとの自然再生』（《行走、观察、聆听：人们的自然恢复》）

宮内泰介（2017）；岩波新书

推荐理由：东日本大地震（2011 年）灾后重建过程中，灾民们也一再强调社区的重要性。作者以此为出发点，从人与自然互动方式的变迁中探寻社区的本质。这本书将实践与理论相结合，是一本值得我们随身携带的参考书。

【参考文献】

大野晃（2005）『山村環境社会学序説——現代山村の限界集落化と流域共同管理』農文協
奥田道大（1983）『都市コミュニティの理論』東京大学出版会

小田切徳美（2014）『農山村は消滅しない』岩波新書

平井太郎・松尾浩一郎・山口恵子（2022）『地域と都市の社会学』有斐閣

ブラウン，ウェンディ，中井亜佐子訳（2017）『いかにして民主主義は失われていくのか』
　　みすず書房

細谷昴（2021）『日本の農村──農村社会学に見る東西南北』ちくま新書

宮内泰介編（2017）『どうすれば環境保全はうまくいくのか──現場から考える「順応的
　　ガバナンス」の進め方』新泉社

宮田静一（2020）『農泊のススメ』弦書房

山浦陽一（2017）『地域運営組織の課題と模索』筑波書房

山崎仁朗編著（2014）『日本コミュニティ政策の検証──自治体内分権と地域自治へ向け
　　て』東信堂

レイヴ，ジーン・ウェンガー，エティエンヌ，佐伯胖訳（1993）『状況に埋め込まれた学
　　習──正統的周辺参加』産業図書

【专栏 4】

以关键词追踪农村发展趋势

［日］桥口卓也

　　本书第五章以"社区"为主题，探讨了"社区"一词在社会上的使用频率变化，并利用文本挖掘方法分析了它与其他词语的关联性。本专栏将聚焦一些代表现代农村发展趋势的关键词，通过分析其在报刊上的出现频率，探寻农村变化趋势。具体来说，我们将分析"边缘村落""野味（野生动物肉）"和"可再生能源"三个关键词。图 1 展示了日本全国性报纸上"边缘村落""野味"和"可再生能源"三个关键词自 2000 年以来的出现频率变化。

　　"边缘村落"是由农村社会学家大野晃在 20 世纪 90 年代提出的学术术语，用以描述人口中 65 岁以上的老年人占比超过 50％且社会共同生活和村落存续面临困难的村落。这个词已经广为人知，并成为描述农村地区人口减少和老龄化危机的一个简洁而有力的工具。然而，由于其具有刺激性的含义，这一命名也引发了一定的争议。同时，仅凭数字指标来严格区别村落也暴露出一些弊端，因为这种方法可能无法全面反映村落的实际情况。通过观察这些关键词在报纸中的出现频率变化，可以发现一些有趣的趋势。例如，"边缘村落"一词在 2007 年的出现频率急剧上升，这主要是由于参议院选举中地区差距问题成为争论的焦点，从而使得该词受到了广泛的关注。此后，虽然其使用频率有所波动，但近年已呈现出逐渐下降的趋势。

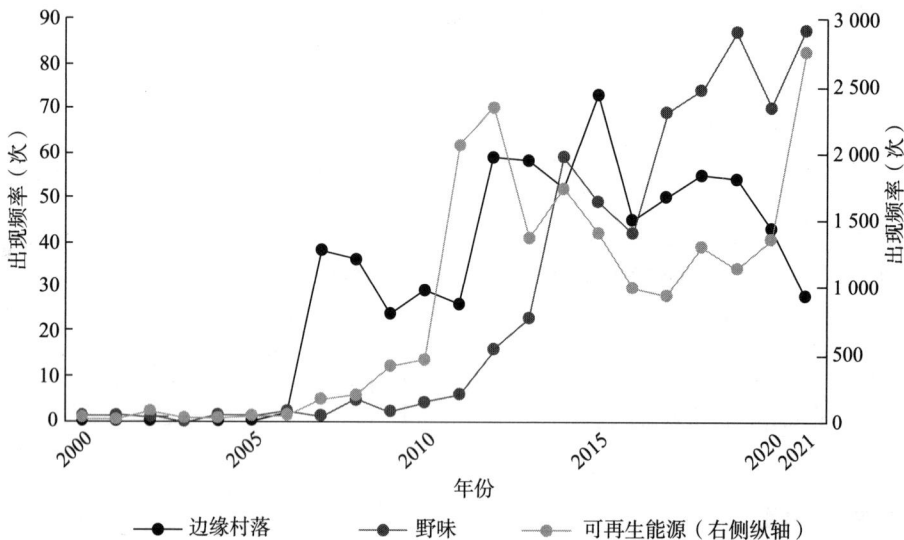

图 1　2000—2021 年日本全国性报纸上三个关键词的出现频率趋势

数据来源：报纸和杂志剪辑，依据文章检索服务 "ELNET" 检索数据结果制作。

注：① "ELNET" 将《朝日新闻》《产经新闻》《东京新闻》《日本经济新闻》《每日新闻》《读卖新闻》6 家报纸定义为日本全国性报纸，并显示标题、关键词和正文中包含相关内容的文章数量；②2021年的数据根据检索日期和当年剩余天数换算为年数据。

　　"野味" 一词，源于法语 "gibier"，指代通过狩猎捕获的野生鸟兽作为食材。近年，随着农村野生动物危害问题的加剧，日本社会开始重视并推广 "野味" 的利用，以期作为解决这一问题的有效对策。自 2008 年起，"野味" 一词在媒体上的出现频率逐渐增加，特别是在 2014 年，随着厚生劳动省发布《野生鸟兽肉卫生管理指南》以及餐饮信息网站 "GURUNABI" 将 "以野生动物肉为食材的菜品" 评为年度佳肴，标志着 "野生动物肉利用元年" 的到来，其关注度达到顶峰。尽管之后有所波动，但总体趋势显示 "野味" 的利用和认知在日本社会中呈持续增长态势。这一现象不仅引起了日本国内的广泛讨论，也吸引了法国美食家对 "gibier" 一词在日本文化中定位的关注。

　　另一方面，"可再生能源" 一词反映了日本社会对可再生能源的日益重视。农村地区因其丰富的自然资源被视为可再生能源的宝库。自 2006 年起，该词的出现频率逐渐增加，特别是在 2011 年东日本大地震后，由于福岛核电站事故引发的对核能安全性的担忧，可再生能源的关注度急剧上升。尽管在 2012 年后出现一定程度的下降，但自 2018 年起再次上升，并在 2021 年显著增长。

2020 年 10 月，随着日本政府宣布"2050 年碳中和"目标并出台一系列相关政策，包括农林水产省在内的各部门加大对可再生能源的支持力度，其关注度再次呈现上升趋势。

上述内容由于篇幅限制，仅对三个关键词进行了探讨，但它们的出现频率变化趋势并非一致，而是呈现出多种模式；并且在出现较大波动时，往往反映了社会中的某些动态，这十分耐人寻味。建议读者朋友们不妨对感兴趣的词语进行进一步探究。

第六章 CHAPTER 6

构建新型地方资源利用与管理体系

[日]中岛正裕

第一节　本章讨论的问题

一、"构建新型地方资源利用与管理体系"的必要性

日本农村地区自古以来便拥有丰富的有形和无形地方资源，涵盖清洁水源、农田、山产资源（如木材、山菜、蘑菇等）及深厚的传统文化。这些地方区域资源的利用和管理不仅构成了农业和林业等传统生计方式，也孕育了代代相传的习俗和惯例（如节庆和礼仪），从而维系了独特的乡村生活方式。

然而，自经济高速增长时期以来，大量农村人口，特别是青壮年劳动力，迁移至城市，导致乡村地方区域资源的利用与管理面临传承断层。"2015 年危机"① 更凸显了此问题的紧迫性，随着支撑农村发展的主力昭和一代（出生于 1926—1945 年）人口逐渐步入老年，乡村传统生计方式和习俗的传承面临后继无人的困境。

进入 21 世纪，随着"田园回归"理念的兴起，乡村地区开始焕发出新的活力。乡村旅游、二元居住、支农志愿服务等新兴业态和生活方式的涌现，为乡村发展注入了新的活力。这些新兴业态和生活方式的吸引力，正是源于乡村地方区域资源的独特魅力，以及通过资源利用管理所创造的二次价值（如优美的景观、丰富的生态系统等）。这些二次价值不仅吸引了大量城镇居民参与乡村建设，也为乡村与城市的协同发展和共生奠定了基础。

换言之，将现阶段的乡村热潮纳入乡村资源利用管理体系建设的战略视野，是适应现代社会不确定性日益增强的必然要求，也是实现乡村可持续发展

---

① "2015 年危机"是指日本农村社会结构转型的关键时间节点。此时，作为农村传统产业与文化传承主体的昭和初期（1926—1945 年）出生群体全面进入高龄阶段，这不仅标志着农村社会的代际更迭，更凸显了农村发展模式转型的紧迫性。该现象与第二次世界大战结束后日本进入高度经济增长期以来的青年人口向城市迁移趋势相叠加，进一步加剧了农村地区在人口结构、文化传承和产业发展等方面的系统性挑战。——译者注

的关键路径。其中，地方区域内部的"代际传承"和"与外部主体合作"是构建新型乡村资源利用管理体系的本质意义所在。

在乡村资源利用管理方式面临新变局的背景下，本文将"构建新型乡村资源利用管理体系"定义为：以农耕文化培育的乡村协作力为基础，以农民为主导，在代际传承和外部主体合作的基础上，创造和利用二次价值，构建乡村资源利用管理的综合体系。

二、"构建新型地方资源利用及管理体系"所必要的过程导向视角

如前文所述，尽管"构建新型地方资源利用及管理体系"的概念已明确，但要在实践中成功实现"代际传承"与"外部主体合作"仍具有挑战性。纵观日本全国，鲜有案例能全面展示这两大要素的有效融合。从实地考察来看，当前各地的实践仍处于摸索与试错阶段，面临诸多不确定性。

近年，地方区域治理理念不断演进，"内生动力（居民自发参与）"和"过程导向"日益受到重视（小田切德美等，2019）。相较于仅关注成果展示，现在更加注重挖掘成功案例背后的实践过程与实践智慧。这包括居民、行政人员在时间、主体和意识等维度的探索经验，以及大学等外部主体的参与策略。

本章首先梳理了农村振兴背景下地方区域资源的独特性和面临的挑战。接着，通过深入分析两个自 20 世纪 80 年代以来便积极发掘乡村资源二次价值并致力于农村振兴的地区案例，探讨了构建新型地方资源利用管理体系的关键过程与实践探索。同时，也着重考察了外部主体，尤其是大学，在这一过程中的重要作用。最后，本章还阐述了构建新型地方资源利用管理体系的深远意义。

第二节　农村振兴背景下地方区域资源的特性与当前问题梳理

一、地方区域资源的概念梳理

地方区域资源作为一个概念，其定义因学者而异，具有模糊性。永田惠十郎（1988）是对该概念进行详细探讨的先驱之一。他提出，地方区域资源不应仅被理解为一般意义上的"资源"，即自然界赋予并可通过人类劳动转化为生产力要素的有用物质。他强调，地方区域资源具有非转移性、有机连锁性和非市场性三个基本特性，并据此对地方区域资源进行了分类（表 6 - 1）。他将地

方区域资源分为"本质上的地方区域资源"和"准地方区域资源"两大类，前者涉及自然过程中的无偿自然、二次自然和生态系统等，而后者则是人类劳动加工后的副产品、地方区域特产物和传统技术等。

表6-1 地方区域资源类型分类

初级分类	二级分类	内容
本地固有资源	①潜在地方区域资源（自然资源）②显性地方区域资源③环境性地方区域资源	地理条件：地质、地形、位置、湖泊、海水 气候条件：降水、光照、温度、风和洋流 农地，森林，水源，河川 自然景观，包括野生动物在内的受保护生态系统
准地方区域性资源	④附带性地方区域资源⑤特殊地方区域资源⑥当地历史资源	木材、牲畜粪便、农副产品、野生草本植物 山野菜等当地特产 当地传统技术、信息等

资料来源：永田惠十郎（1988）。

永田的分类方法与本文关注的问题意识——即地方区域资源的利用与管理能够创造新价值，并成为吸引外部主体的魅力资源——相一致。然而，在探讨"构建新型地方资源利用管理体系"这一问题时，还需要考虑以下两个方面。

首先，正如永田所指出的，人类既是自然作用的主体，也是地方区域资源的利用和管理主体，因此，将人类简单视为一种地方区域资源存在困难。然而，从地方区域资源的层级化利用、潜在价值发掘，以及管理传承的重要性出发，将人与人之间无形的联系（团结感）及其产生的技术、技能和知识作为"人力资源"纳入地方区域资源的范畴显得尤为关键。

其次，二次自然资源，如水田、水路、池塘、杂木林等，通过其利用和管理所形成的整体环境（包括风景、风貌、景观等），对城市居民而言具有极大的吸引力。这些环境因素不仅是乡村旅游的基石，也是当前田园回归潮流的重要基础。

二、地方区域资源的特性

基于永田对地方区域资源概念的深入剖析，并结合笔者的思考，本文将阐述地方区域资源的核心特性。

首先，优美的自然景观、清澈的水源以及清新的空气等构成了乡村地区独特的吸引力，这些珍贵的资源是通过对森林、农田、溪流等自然资源的精心利用和管理而形成的。此外，乡村的历史、文化和丰富多彩的传统活动也是其宝贵的资源，它们是通过世代相传、人与人之间的互动交流得以保护和传承的。这些地区资源具有两个显著的特性："非转移性"和"有机连锁性"。所谓"非转移性"，指的是这些资源在物理上是无法移动的，它们与特定的地理位置紧密相连；而"有机连锁性"则体现在这些资源之间相互依存、相互影响，共同构成了一个有机的整体。

正是因为这些特性，使得这些地方区域资源在乡村旅游中具有极高的价值。例如，游客可以在郁郁葱葱的自然环境中漫步，感受大自然的宁静与美丽，或者参与农业活动，体验农耕文化的魅力。这些独特的体验是无法通过其他方式获得的，必须亲临现场才能深刻感受，因此它们具有"非市场性"的特点。

然而，如果我们忽视了这些资源的本质特性，而一味地追求经济利益，过度开发和利用这些资源，将会对乡村环境和当地居民的生活造成严重的负面影响。例如，过度使用化肥会污染土壤和水源，过度开采森林资源和地下水会破坏生态平衡，导致一系列的环境问题。同时，如果乡村旅游过度商业化，大量吸引城市游客，而缺乏有效的管理和保护措施，将会对自然环境造成破坏，产生噪声和垃圾污染等问题，严重影响当地居民的生活质量，并降低乡村对城市居民的吸引力。

因此，我们必须深刻理解并尊重地区资源的特性，以可持续的方式利用和管理这些资源，确保乡村的可持续发展和居民的美好生活。

三、从公共资源理论视角审视地方区域资源的当下挑战及其应对策略

在农村地区，随着人口减少和老龄化的加剧，除了面临地方区域资源的过度利用问题外，还凸显出资源利用不足的挑战。这一现象在公共资源理论和里山生态系统的研究中均受到关注。资源利用不足，即资源若不被持续利用则无法得到有效管理，进而可能产生负外部性。

公共资源理论主张由地方社区对自然资源进行共同管理，其传统焦点在于探索防止资源过度利用的社会机制。然而，随着社会的现代转型，资源利用不足的问题逐渐凸显，成为公共资源管理的新难题（林雅秀等，2014）。为应对此挑战，我们需要从"资源利用多样化引发公共资源参与者变化"的角度进行深入剖析。具体来说，对于传统利用者（农村居民）而言，公共资源的价值主要体现在为生活和生产提供必要的粮食和物资。然而，随着外部主体（如城市居民）的参与，公共资源的价值开始呈现多元化趋势，包括景观欣赏、休闲娱

乐和自然环境保护等。因此，单纯依赖传统利用者（农村居民）基于地缘关系形成的合作力量已无法解决资源利用不足的问题。必须考虑纳入外部主体（城市居民），构建更为开放和包容的"开放型"农村合作力量，共同参与到资源的管理和利用中来。通过这种方式，可以更有效地应对地方区域资源利用不足的挑战，实现公共资源的可持续利用和管理。

正如新公共资源问题所揭示的，"开放型"农村合作力量的构建与应对当下地方区域资源利用所面临的挑战具有密切的关联性。在资源利用不充分的情况下，探究"开放型"农村合作力量如何推动"构建新型地方区域资源利用与管理模式"显得尤为重要。"开放型"理念不仅涵盖"空间开放"，即积极与外部主体开展合作，还包括"时间开放"，即将资源和知识传承给下一代。然而，从实践的角度来看，将空间和时间两个维度的挑战综合考量并采取相应的应对策略，其复杂性远超出我们的预想。这主要是因为，若缺乏向下一代传承的有效机制，或者在体制和愿景尚未清晰的情况下，就急于引入大量外部主体进行合作，很可能会对社区秩序造成干扰。因此，在追求"构建新型地方区域资源利用与管理模式"的过程中，必须首先确保"向下一代传承"的顺利进行，以此稳固地方区域资源利用和管理机制的基础，进而有效发挥"与外部主体合作"的积极作用。

四、水渠和农田创造的二次价值

近年，"地方区域资源"这一概念在农村振兴的议题中备受关注，主要体现在对地方区域资源的发掘与利用方面。尽管一些地区通过率先利用具有稀缺性（有形的与无形的）和独特性的地方区域资源，在农村振兴方面取得了显著成效，成为先进案例。然而，本章旨在聚焦于那些更为普遍、易于理解与想象的地方区域资源，这类资源对于学习地方区域建设的学生和实践者具有更高的参考价值。

就日本而言，灌溉水田稻作农业是其重要特色，因此水路和农田成为具有高度共通性的地方区域资源。此外，农村社区的基础功能，如地域农业资源的维护管理、农业生产的相互补充以及生活层面的相互扶助等，主要依赖于这两种地方区域资源的有效利用和管理（石川英夫，1985）。

在接下来的第三节和第四节中，本文将探讨两个具体案例，这些地区通过水路和农田的利用管理，成功创造了二次价值，如美丽的景观和丰富的生态系统，进而推动了农村的可持续振兴。同时，也将关注各地区在"构建新型地方区域资源利用与管理模式"方面的持续探索与实践，并探讨大学在这一创新过程中的积极参与作用。

第三节　构建新型地方资源利用与管理模式：以亲水设施为例

一、地方资源利用与管理的相关问题

自 20 世纪 90 年代初，日本滋贺县犬上郡甲良町就开始将农业灌溉渠道和筒形分水等设施产生的丰富水环境视为地方资源，并依托居民、行政部门和专家的协作，推进了"亲水设施型城镇"的建设。在此进程中，居民积极参与了从规划、建设到管理的所有环节，13 个村庄也根据自身特色开展了各项活动。然而，历经约 30 年的实践后，各村庄在亲水设施的利用与管理上呈现出显著差异，部分传统的村庄活动甚至被迫取消或缩减，凸显出地方资源在代际传承上面临的深层次问题。特别是在亲水设施的管理上，第一代（60～80 岁）管理者基于"历史惯性"的思维，认为下一代理应继承，却忽略了传承的困难性。因此，对于第二代（30～50 岁）来说，如何将亲水设施的传承内化为"个人责任"并培养相关意识，显得尤为重要。接下来，将以亲水设施为例，深入探讨构建新型地方区域资源利用与管理模式的核心要素，并分享笔者在实践探索中的感悟与思考。

二、新地方区域资源利用与管理所需探讨的论点

正如千贺裕太郎（1991）在"亲水公园的社区建设"初期阶段所指出的那样，"（亲水设施）被充分利用是良好管理的大前提，这使得管理问题的一半得以解决"，亲水设施的管理本质上应该与使用一体化。

从目前亲水设施的使用与管理相互作用来看，第一代人认为"通过参与规划阶段（设计和施工）所培养的热爱和自豪感，希望继续像以前一样使用和维护"。另一方面，第二代人则面临着"虽然儿时使用过（玩水、钓鱼）并产生了感情，但如果要继承下去，希望尽量减少维护工作量"的两难境地。

在此情况下，针对亲水设施的利用与管理中第二代人所面临的困境，我们提出"批判性继承"这一概念（图 6-1）。这里的"批判性"指的是"进行逻辑、理性、多角度的评估"。换言之，"下一代在承袭对亲水设施多功能价值的认同之余，需依据时代需求及生活方式的变化，对其利用与管理活动进行相应的优化与调整"。如何培养这种能够激发持续与创新的"批判性继承"意识，是甲良町在新的地方区域资源利用与管理中需要探讨的论点。

接下来，将基于上述论点，介绍笔者在参与探索意识培养过程中的见解和

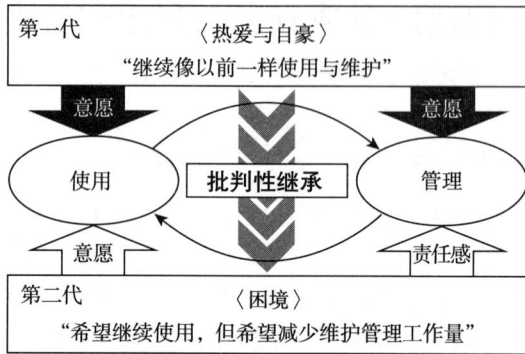

图 6-1　批判性继承的概念

思考。首先，分析"第一代人是如何持续维护的"，探讨第二代人学习时需要考虑的因素，并提出今后应采取的措施。接着，针对"为什么需要传承给下一代"这一问题，阐述第二代人接受传承的动机所需的目的。

三、如何延续第一代的维护管理

为了让第二代学习"第一代是如何持续进行维护管理的"，本文以 13 个村落中的北落村为例，通过图解新田将之等（2018）的研究成果（图 6-2），来阐释这一问题的解决方案。该图以时间轴为线索，详尽地展示了亲水设施建设后所面临的维护管理挑战及相应的应对策略。

首先，分析亲水设施维护管理的持续因素。亲水设施建成后，清扫（如除草）、检查（水质）、植栽管理（修剪、补种）、修补（砌石、勾缝）等工作量增加。因此，针对"问题 1：产生新的工作内容"和"问题 2：工作量递增"等维护管理负担，在"措施 A：现有相关组织持续参与"的基础上，通过"措施 B：通过新设实践型组织，构建问题发现与研讨机制"和"措施 C：区域内现有组织新增参与"，使维护管理体制"分层化"，各组织发挥各自优势，相互补充，从而使亲水设施的维护管理得以持续。其中，第一代人基于地缘关系的农村协作发挥了重要作用。

接下来，探讨针对未来的世代交替，由于人口减少、老龄化和维护管理工作量的增加，预计在第二代接班时，个体的负担将会显著提升。为解决"问题 3：年轻人参与不足"的难题，有必要构建一个"措施 α：跨世代协商平台"，以汇聚第一代和第二代共同商讨亲水设施的未来发展。这一举措在推动"开放式"农村协作中，是实现"时间上的开放"（即向下一代传承）的必要条件。

"向下一代传承"的核心理念不仅涉及世代的"交替"，更在于世代的"融

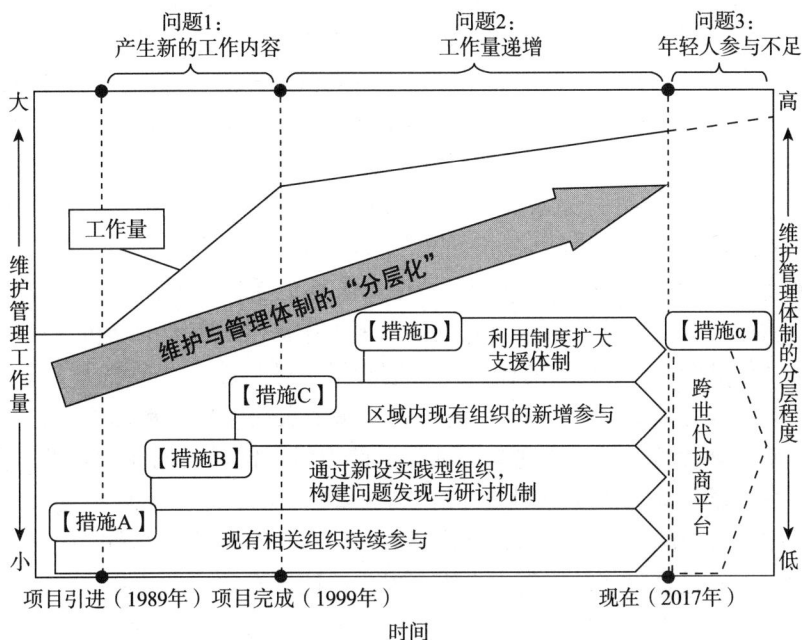

图 6 - 2　亲水设施维持管理问题及体制应对措施的历年整理

注：图中的工作量对应第一纵轴，应对措施 A～D 对应第二纵轴（维护管理体制的层级）。

合"。多世代协商的"平台"正是达成此目标的重要机制。该"平台"可类比为田径接力赛中的"接力区"，其设置的时间点和持续时间在传承过程中具有决定性意义。

然而，在家庭为基本单位、家长权威主导的农村社会结构中，家族内部的世代交替通常依据惯例进行，这使得设立多世代协商"平台"的难度超乎预期。以甲良町的 13 个村落为例，目前尚未有村落建立起讨论亲水设施或村落未来事务的多世代协商"平台"。未来，期望这一"平台"不仅能让第二代深入了解第一代在整修和维护亲水设施方面的理念，还能为他们提供一个坦诚表达自身担忧和不满的渠道。

四、为何第二代需要继承

针对"为何必须将亲水设施的维护管理工作传承给第二代"的问题，本文探讨了激发第二代接手此项工作的动机与目标。尽管第二代在童年时期可能有过在亲水设施中的愉快体验，如玩水或捕捉生物，但由于他们未参与过设施的初期规划与修缮，因此对亲水设施的情感联系相对薄弱，导致他们在设施管理上表现出较低的积极性。鉴于此，目标的"转移"（宫内泰介，2013）策略显得尤为重要，即不将亲水设施的维护管理视为最终目的，而是作为一种实现更大目标的手段。本文创新性地提出，将"危急时刻的危机管理"——即地区应对灾害的能力——作为激发第二代管理亲水设施的新动机。地区可能面临的损害包括"stress"（可预见的慢性事件，如人口减少、老龄化等）和"shock"（不可预见的突发事件，如地震、干旱、洪水等）。针对这些损害，地方区域需具备"紧急应对"和"平时应对"的恢复力。通过将这些恢复力统称为"地方区域恢复力"，本文强调了其对于保护地方区域免受社会问题和灾害侵害的重要性，从而为第二代接手亲水设施维护管理工作提供了有力的动机与目标。

　　本文借助图 6-3 所示的概念图，阐释了"地区恢复力"的机制。其中，平时应对恢复力是针对"stress"的，它依赖于农地保护、水渠管理、祭祀等村落功能的维持与强化，体现为一种无形的力量，即村民之间的互助与团结。相对而言，紧急应对恢复力则是针对"shock"的，表现为大规模灾害发生时迅速避难等有形的行动力。这两种恢复力之间存在转化关系：平时应对恢复力的持续发挥，是紧急应对恢复力在灾害发生时能够有效启动的基础。此外，本文还指出，尽管不同时代、地区和村落的人们对于防灾动机的理解可能有所不同，但在东日本大地震后大规模灾害频发的背景下，"危急时刻的危机管理"成为一个跨越世代的皆能产生共鸣和共识的目标。

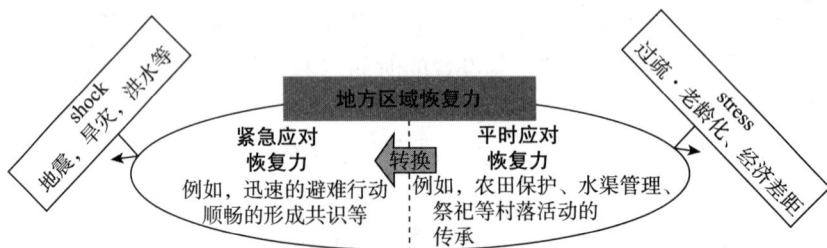

图 6-3　地方区域恢复力

第四节　探索新型地方资源利用与管理模式：以农村旅游为例

一、关于地方区域资源利用和管理的问题

　　地方区域资源的有效利用与管理是当代社会面临的重要课题。本文以群马县利根郡水上町新治地区的"匠之乡"为例，深入探讨其农村旅游发展模式及

所面临的挑战。自 1985 年成立以来，"匠之乡"以农田及村落内水道等自然资源为基础，通过精心规划与管理，成功打造了独具特色的农村旅游景观。其核心地方区域资源——农村景观，是农田和村落水道利用管理所产生的二次价值，这种创新性的资源利用方式已助力该地区实现了长达 30 余年的可持续发展。

在"匠之乡"约 4 千米^2 的区域内，分布着 9 处立在野地里的佛像和 29 处传统工艺体验设施——"匠之家"。这些景点为游客提供了丰富的文化体验，包括与当地居民交流、品尝地道的乡土美食等，使游客能全方位、多感官地领略农村的魅力。

然而，随着时间的推移，"匠之乡"也面临着诸多挑战。创始时期的市政府职员退休、2005 年的行政区划调整（新治村、月夜野町、水上町合并）等社会环境的变化，以及地区之间竞争加剧导致的游客数量减少等问题逐渐显现。在此背景下，仅凭个人意愿已难以描绘"匠之乡"的未来愿景。

为应对这些挑战，以 2015 年 3 月制定的《水上町城市建设愿景》为契机，"匠之乡"相关的中坚力量及年轻一代从业者（包括工匠和市政府职员）开始共同探讨"匠之乡"的未来发展方向。他们提出了"匠之乡基本构想"，旨在规划未来 30 年的发展路径，并努力推动世代交替，以确保"匠之乡"的可持续发展。

在下文中将以"匠之乡"为例，深入探讨地方区域资源利用与管理的新论点，并介绍笔者在实地探索过程中所参与的当地意识培养的具体实践措施。

二、新地方区域资源利用与管理模式的关键议题探讨

田园风光与花卉装点的灌溉渠等优美的乡村景观，构成了乡村旅游的核心吸引力。这些与日常生活迥异的空间中，游客能够尽情享受农业体验、田间漫步、与居民交流以及乡土美食等多种休闲活动。

值得注意的是，这些美丽的乡村景观实际上是农村居民通过持续的农业生产和日常的村落活动，对农田、水渠等地方区域资源进行精心利用和管理所产生的二次价值。这种二次价值在乡村旅游中扮演着重要的角色。然而，当前农业劳动力短缺所引发的耕地荒废和野生动物侵害问题日益严重，这使得原本作为乡村旅游基石的美丽乡村景观面临着崩溃的危机。

此外，不仅是游客，就连乡村旅游相关的从业者（如"匠之家"、餐饮店等）也一直在"搭便车"，享受农村景观所带来的福利。实际上，针对"匠之乡"项目相关的利益相关者（包括政府、公共机构、居民、农户以及旅游业者

等）之间的合作状况所进行的网络分析结果显示，农业活动、村落活动与旅游活动之间的相关者合作并不频繁，尤其是农业活动与旅游活动之间的联动关系显得尤为薄弱（鬼山ゐい（Rui Oniyama）等，2016）。

基于上述情况，如何让"匠之乡"的利益相关者形成"农业、村落活动是旅游活动的基础"的意识，成为新的地方区域资源利用与管理模式的必要议题。

接下来，本文将探讨上述议题，并介绍在现场摸索意识培养过程中所采取的措施。首先，为弄清"匠之乡"景观形成基础——"匠之乡"区域内农田的现状，阐述实现现状"可视化"的必要性。其次，为促进对"农业、村落、旅游活动所面临的问题相互影响"这一认知，探讨必要的信息提供。

鉴于上述情况，培养"匠之乡"利益相关者对于"农业与村落活动是旅游活动的基石"这一意识，已然成为构建新型地方区域资源利用与管理模式的核心议题。接下来，本文将深入探讨此议题，并详细介绍在实地推进意识培养过程中的具体实践措施。首要任务是通过"可视化"手段，直观地展现"匠之乡"区域内农田的现状，以帮助人们深刻理解该地景观的形成基础。此外，本文还将探讨如何有效提供信息，以强化人们对于"农业、村落及旅游活动之间问题相互关联"的认识。

三、农地的现状如何

针对"'匠之乡'区域内的农地现状"的探究，我们借助地理信息系统（GIS）技术，将居民的直观感知转化为可视化数据。此项研究的契机来自笔者在研究生阶段结识的农户 H 先生的请求。2013 年 2 月，H 先生反映，"匠之乡"西侧山脚附近的农田逐渐荒芜，且野猪等野生动物造成的破坏日益严重。基于此，我们研究团队在 H 先生、当地其他农户及政府的协助下，对"匠之乡"125.6 公顷、共计 1 638 块的土地利用情况进行了详尽的逐块调查，并利用 GIS 工具对数据进行整理分析。

研究结果显示，与 H 先生的描述相符，"匠之乡"西部山脚区域确实存在显著的耕地撂荒现象，部分区域甚至已出现林地化趋势。进一步深入分析后，我们还发现在"匠之乡"的中心地带，特别是保留有旧三国街道须川宿风貌（如白壁民居、仓库等）的主干道后侧，也出现了以草本植物为主的撂荒地。同时，据农户反馈，周边农田还频繁受到猴子的侵扰，不仅对农作物造成损失，更存在对游客的潜在威胁。这些发现揭示了由于人口减少和老龄化所带来的农业劳动力不足等"农业问题"，可能对乡村旅游产生深远影响，进而转化为"旅游问题"。

　　为了让"匠之乡"的利益相关者认识到农业、村落和旅游活动所面临问题的相互关联性，本文基于近20年的深入研究成果，构建了"匠之乡"问题结构图（中岛正裕，2019）。该图详细展示了从"匠之乡"可持续性视角提炼出的22个农业活动问题、15个村落活动问题以及41个旅游活动问题，并运用PCM（项目周期管理"特定非营利活动法人PCM Tokyo"）方法，将这些问题以因果逻辑进行结构化呈现。其主要结果体现在图6-4所示的三大要素之间问题相互关联集中的中心区域，突出展现了它们之间的紧密联系。一个显著的基本轴线是："农业活动中的'耕地撂荒增加'与村落活动中的'村落活动萎缩'共同导致旅游活动中的'农村景观恶化'，进而引发'郊游人数减少'"。

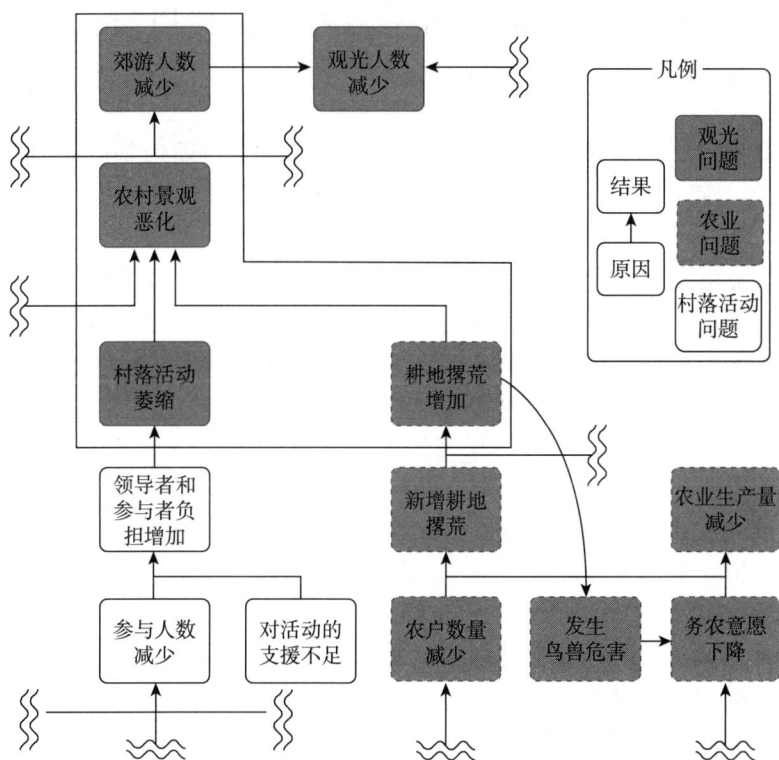

图6-4　"匠之乡"问题结构

　　这些因果关系深刻反映了各要素内部问题的连锁反应。举例来说，在村落活动层面，"村落活动萎缩"是由"领导者和参与者负担增加"所引起的，而后者又源于"对活动的支援不足"等多重因素。在农业活动方面，"耕地撂荒增加"则是由"新增耕地撂荒"所导致，而后者受到"农户数量减少"以及由"发生鸟兽危害"引发的"务农意愿下降"等因素的影响。

从这一问题结构出发，可以将农村旅游视为农业活动、村落活动和旅游活动三者的乘积。这意味着这三个要素相互依存、相互影响，任何一个要素的缺失（即活动停止或接近停止）都将导致农村旅游的崩溃。

此外，从"地方区域恢复力"（图6-3）的视角来看，"匠之乡"内的农业与地方区域活动在提升"平时应对恢复力"方面发挥着关键作用，进而影响"紧急应对恢复力"。因此，在推动地方区域资源的可持续利用与管理，并实现这些资源的"世代传承"过程中，对"匠之乡"的利益相关者进行"危机管理"意识的培养显得尤为重要。

第五节 构建新型地方资源利用与
管理模式的意义

本章探讨了创新地方区域资源利用与管理模式的理论基础及其实践路径。在此，笔者着重阐述"创新地方区域资源利用与管理模式"的意义（图6-5）。通过本章所讨论的两个农村振兴案例，可见作为主要地方区域资源的农业灌溉渠道和农田，其经过有效利用和管理后，能衍生出"丰饶的水边生态环境"与"迷人的乡村景致"等二次价值。这些新生价值能够转化为亲水休闲设施和乡村旅游等农村振兴项目的重要资源。同时，对农田、灌溉渠道及村落传统文化的保护与传承，有助于培育乡村社区的合作精神。这种合作精神不仅体现在乡村居民之间的相互帮助与团结，更包括与外来居民、游客等多元主体的广泛合作，以及将这份乡村文化遗产"薪火相传"给下一代的开放式协作。这两种协作力量共同构成了地方区域资源利用与管理的三次价值，即地方区域韧性——"保护地方区域免受社会问题与自然灾害冲击的核心力量"。反之，若地方区域资源得不到有效利用与管理，将会产生诸多负面影响，这些影响以地方区域韧性削弱的形式逐渐显现，从而对乡村的可持续发展构成威胁。

简而言之，"创新地方区域资源利用与管理模式"的意义在于它为乡村的持久繁荣提供了必要保障。然而，从实际操作层面看，这一创新过程充满挑战。尽管本文未详尽讨论，但在探讨地方区域资源的合理利用与管理时，还应考虑到产权、使用权等法律问题，并深入探讨资源所有、利用与管理的具体方式及其责任主体（图司直也，2013）。

面对这些复杂课题，实践者们在不断试错与探索中前行，而大学的参与在

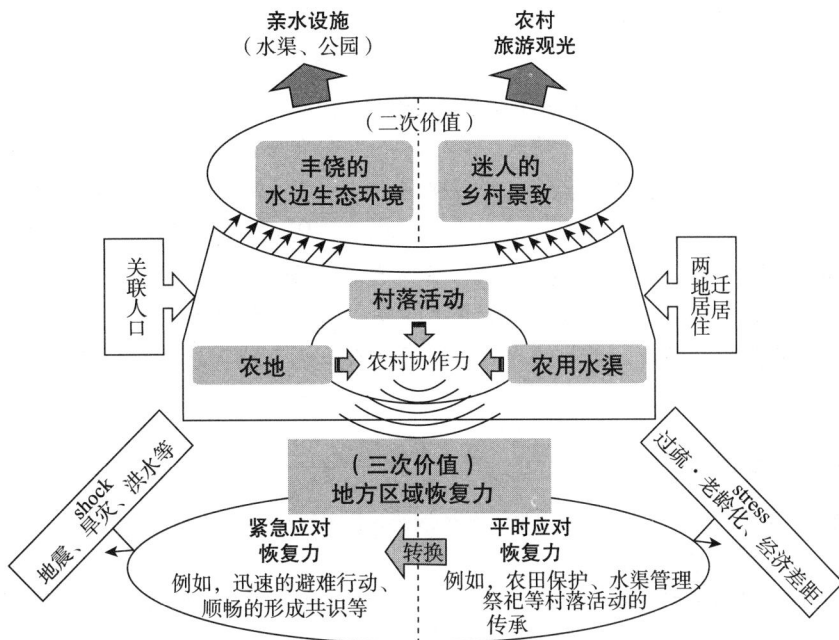

图 6-5　构建新型地方区域资源利用与管理模式的意义

这一过程中显得尤为重要。大学应致力于将基础理论研究（如现状分析、趋势预测等）与实践应用研究（如愿景规划、决策支持等）紧密结合，与地方政府和社区紧密合作，共同推动"对当地发展具有实际意义的研究"工作。

【相关图书推荐】

1.『「里」という思想』（《"村落"思想》）

内山节（2005）；新潮社

推荐理由：该著作阐述了日本的"村落"因人类居住而变得更加美丽的观点。作者在全球化浪潮中逐渐消失的乡村文化和思想中探寻真正的富足。这是一本重新审视"地方性"的思想著作。

2.『日本の農山村をどう再生するか』（《如何振兴日本的农山村》）

保母武彦（2013）；岩波现代文库

推荐理由：全国各地的农山村都在追求可持续的地方区域建设。作为地方财政学和区域经济学专家，作者在著作中验证了传统的人口过疏对策，从理论和实践两个层面为内生性发展提供了有益的视角。这是一本推荐给所有参与地方区域建设者阅读的著作。

3.『場所の現象学——没場所性を越えて』(《场所现象学——超越无场所性》)

爱德华·雷尔夫, 高野岳彦、阿部隆、石山美也子译 (1991);筑摩学艺文库 (Edward Relph, Place and Placelessness, Pion, 1976)

推荐理由: 什么是地方特色? 本书作者将场所与人类的有机关系定义为"场所性 (placeness)", 批评了由统一化开发导致的"无场所性 (placelessness)"的蔓延。通过此书, 读者可以思考什么是地方特色, 以及如何保护它。

【参考文献】

石川英夫 (1985)「国土資源・環境保全の担い手としてのむら」農林統計協会編『むらとむら問題』農林統計協会

小田切徳美・平井太郎・図司直也・筒井一伸 (2019)『プロセス重視の地方創生——農山村からの展望』筑波書房

鬼山るい・中島正裕 (2016)「グリーン・ツーリズムの持続的な運営に向けた関係組織の特性分析——群馬県利根郡みなかみ町「たくみの里」を事例として」『農村計画学会誌』35 巻 Special Issue 号

図司直也 (2013)「地域資源とその再生——コミュニティの位置づけ」小田切徳美編『農山村再生に挑む——理論から実践まで』岩波書店

千賀裕太郎 (1991)「美しい親水空間づくりの計画技術 (その1) ——親水計画策定の基本的考え方」『農業土木学会誌』59 巻 4 号

中島正裕 (2019)「研究者は都市農村交流の持続性に如何にして貢献するか? ——実践科学として農村計画学の研究に必要なこと」『農村計画学会誌』38 巻 1 号

永田恵十郎 (1988)『地域資源の国民的利用——新しい視座を定めるために』農文協

新田将之・中島正裕・宮川侑樹・岩本淳 (2018)「農業水利環境ストックの創造的管理に向けた維持管理システムの経年的変化に関する研究——滋賀県犬上郡甲良町北落地区を事例として」『農村計画学会誌』37 巻 Special Issue 号

林雅秀・金澤悠介 (2014)「コモンズ問題の現代的変容——社会的ジレンマをこえて」『理論と方法』29 巻 2 号

特定非営利活動法人 PCM Tokyo「PCM ハンドブック」(英語版), http://www.pcmtokyo.org/modules/tinyd2/index.php? id=5 (2021 年 9 月 4 日閲覧)

宮内泰介編 (2013)『なぜ環境保全はうまくいかないのか——現場から考える「順応的ガバナンス」の可能性』新泉社

【专栏 5】

培训农场的出现
——北海道奶牛养殖带的变革

［日］尾原浩子

北海道作为日本最大的奶牛养殖区域，其生乳产量占全国总量的一半以上。在道东的钏路、根室以及道北的宗谷等地区，存在着广泛的奶牛养殖专业地带。由于这些地区冬季漫长且气温极低，达到零下 20～30 摄氏度，使得除牧草外的农作物种植变得极为困难。因此，许多农户专门从事奶牛养殖。奶牛品种以耐寒的荷斯坦牛为主，且这些地区拥有广阔的草场资源，使得奶牛养殖业与当地的发展紧密相连。

近年，北海道奶牛养殖业出现了一种新趋势。为了应对奶牛养殖户数量的减少，日本农协和地方政府等机构开始合作，积极从外地吸引移居者，并将他们培养成为新的奶牛养殖户。这种举措在一些地区甚至带动了儿童和幼儿园入园人数的增加。

根据农林水产省的统计数据，日本全国的奶牛养殖户数量为 13 900 户（2021 年），20 年间减少了近 60%，相比其他产业，减幅更为显著。北海道的奶牛养殖户数量为 5 720 户（2021 年），20 年间减少了 40%。虽然减少率低于其他都府县，但对于奶牛专业养殖带来说，养殖户的减少直接关系到地区的衰退。

与此同时，北海道奶牛养殖户的规模却在迅速扩大。生乳产量在 2019 年突破 400 万吨，20 年间增加了约 40 万吨。尽管奶牛养殖户减少了 40%，但生乳产量却在增加。这一现象背后是大型牧场的兴起，以及家族式奶牛养殖户面临的经营压力（家族经营的奶牛养殖户面临着更新 20 世纪 60 年代中后期建造的畜舍的费用压力和老龄化等问题，不得不选择扩大规模或退出养殖业）。

在此背景下，近年，奶牛专业养殖带纷纷成立了兼具培训功能的新型奶牛养殖法人，以培养新的从业者。这些法人由日本农协等机构出资支持，旨在降低新入行者的门槛，提供生乳生产与培训相结合的服务。早在 1991 年，日本农协浜中町就与当地政府共同成立了"浜中研修牧场"，成为北海道的先驱。来自全国各地的有志青年聚集于此，不仅维持了农业的发展，还为整个地区带来了活力，这一模式随后推广到其他地区。

别海町位于根钏地区，素以"牛比人多"而闻名。近年，中春别地区吸引了大量城市年轻人投身酪农行业。为促进道外移居者顺利从事农业，当地建立了研修牧场，为这些新移居者提供了一个回归田园的理想平台。目前，该地区

160 户酪农中，有 1/4 是曾经的移居者。此地不仅培养了追求规模化经营的法人，还孕育了希望从事家族式经营的酪农，以及在酪农休假时代为执行挤奶、饲喂等工作的酪农帮手和各地牧场的员工。

2017 年成立的"中春别未来牧场"研修期为三年，尽管该地区逐渐采用机器人牛舍等大型机械化经营模式，但研修牧场依然尊重那些希望"珍惜家庭时间""在个人能力范围内饲养奶牛，不雇佣外国人"的移居者意愿，以家族经营为模板进行培训。许多研修生和移居者表示，他们被"当地全方位接纳并培养新农人的温馨氛围"所吸引。原本认为"酪农是世袭制"的研修生们，在这里看到了非酪农家庭出身也能顺利入行的曙光。此外，该地区还通过接纳道外学生实习并计入学分、广泛吸纳酪农体验者等方式，培育了众多与酪农相关的人才。其中不乏对酪农产生浓厚兴趣并立志投身此行业的年轻人。

通常情况下，新入行的酪农需投入巨额资金用于购牛和购地，但在别海町，当地通过全方位支持，尽量减轻新农人的经济负担，协助即将退休的酪农将事业平稳传承给新人。这种健全的支持体系不仅促进了移居者的顺利就业，更吸引了越来越多的移居者前来从事酪农行业，从而形成了一个良性循环。

这种趋势在奶牛养殖的其他专业区域亦有所体现。在北海道，具备培训功能的牧场已超过 10 家，且这些牧场大多在近十年内兴起。日本农协与酪农们深知，若无法维系包括家庭经营在内的多元经营模式，农村社区的稳定性将受到威胁。正是基于这样的危机意识，研修牧场应运而生，旨在应对不断增长的生乳产量。如今，这些地区因年轻酪农的迁入而焕发新生。

与此同时，北海道正积极推动第三方经营继承机制，即鼓励非世袭的移居者接手退休的酪农的牧场。在宗谷地区的某些城镇，"您辛苦了注册银行"的设立为有意进行第三方经营继承的酪农提供了一个便捷的登记平台。考虑到世袭传承的局限性，当地通过构建全方位的培训和体验平台，吸引对农业有兴趣的人才，并为他们的就业提供有力支持。这一举措有效地减缓了酪农数量的减少以及专业地带的衰退。值得一提的是，北海道作为历史悠久的开拓之地，其深厚的包容与开放文化为这一进程注入了积极动力。

根据农林水产省发布的《按经营类型划分的农业经营统计》报告，2018年北海道水田的家庭年均劳动时间为 2 388 小时，旱田为 2 966 小时，而奶牛养殖则高达 6 712 小时。为了应对这一挑战，北海道通过接纳酪农助手、成立作业委托组织等方式，积极推动酪农的"工作方式改革"。这对于有意向投身酪农行业的新人而言，无疑是一项重要利好。尽管该行业的入门门槛较高，如设施投资等，但通过不断扩大田园回归的趋势，有望有效解决奶牛养殖所面临的诸多难题，从而开辟出全新的发展前景。

构建新的人口流动模式

[日] 嵩和雄

第一节　本章讨论的问题

谈及"移居",人们会有怎样的联想?依据《大辞林》(第三版,三省堂出版)的阐释,"移居"意指"变更居住地",涵盖"为开拓、殖民等目的,迁居至国内其他地区或国外"的情形。

从明治时期至第二次世界大战爆发前夕,日本的开拓政策鼓励国内外移居与移民的行为。长期以来,日本的人口流动主要表现为从非大都市圈向大都市圈迁移,即人口从地方流向城市,尤其是向东京圈高度集中。

2014 年,日本创成会议下属的人口减少问题研讨分会发布了一份重要报告《为持续增长的 21 世纪而制定的"遏制少子化·振兴地方战略"》(亦称增田报告)。该报告指出,预计到 2040 年,日本全国 896 个市区町村中,20~39 岁这一育龄核心群体的女性人口将锐减一半。这一预测揭示了地方人口减少将急剧加速的问题,为那些可能因人口流失而"消亡"的城市敲响了警钟,并为此提出了一系列有针对性的对策建议。

鉴于此,日本政府在 2014 年颁布的《城镇、人口、工作创生综合战略》中明确提出了"构建人口向地方流动新模式"的构想,旨在引导城市居民向地方迁移。各地方政府积极响应,制定了相应的地方版综合战略和人口愿景,加速接纳地方移居者,以此作为应对人口减少的对策。然而,这些举措并未显著改变东京人口高度集中的趋势。

然而,2020 年新冠疫情的暴发引发了新的变化。尽管东京人口整体上仍保持净流入,但在当年 7~12 月连续 6 个月出现了净流出的现象。全年净流入人数降至 31 125 人,相较 2019 年的 82 982 人减少了 60%。

有观点认为,新冠疫情这一突发公共卫生事件在短短一年内,显著扭转了原本"地方创生"战略政策难以推动的遏制东京人口过度集中的效果。但从东京圈(包括神奈川县、埼玉县、千叶县)的视角来看,净流入比例并未出现大幅度变动。东京迁出的人口主要流向关东近郊和长野县，表明迁移活动仍主要局限于东京圈内，从人口学角度来看，仍未超出城际迁移的范畴。不过，这一现象也反映出新冠疫情激发了部分城市居民改变生活方式的意愿。

本章将"地方移居"重新定义为"并非因工作或家庭原因，而是以改变生活方式为目的的迁移"。在此基础上从人口迁移的视角，系统梳理作为应对农村人口减少策略而受到政策关注的"地方移居"现状（详见第二节）。同时，通过杂志等媒体资讯，深入探究海外形势及日本国内不同时期的变化（详见第三节）。此外，结合具体案例分析，探讨地方移居的新趋势（详见第四节），并对地方移居的未来发展模式及其面临的挑战进行展望（详见第五节）。

第二节　人口迁移的现状与理论

一、社会流动的长期趋势分析

针对东京一极集中现象，过往的日本全国综合开发规划已明确指出东京圈过度密集的问题。特别是 1977 年的第三次全国综合开发规划，提出了旨在抑制人口与产业向大城市集中、强调生活环境优化的"定居构想"。然而，这一构想并未有效遏制一极集中的趋势，进入 20 世纪 80 年代后，人口向东京圈集中的趋势反而加速。

人口迁移研究不仅关注居住地变更所带来的空间格局变化，还涉及对迁移者属性及生命历程各阶段的人口迁移特征的考察（中川聪史，2001）。自明治产业革命以来，人口迁移显著向东京、大阪等大城市集中，第二次世界大战后的经济高速增长期则进一步强化了向三大都市圈的迁移趋势。值得注意的是，东京圈的净迁入人口在 1962 年达到峰值后逐渐回落，1994 年甚至出现净流出，但自 1996 年起又恢复并维持了净流入状态。

关于"非大都市圈向大都市圈"迁移人口趋势的放缓，以及自 1962 年前后出现的"大都市圈向非大都市圈"的逆向迁移现象，相关研究表明，这主要归因于最具迁移倾向的 15～29 岁人口绝对数量的减少及升学率的提升，从而抑制了迁移量（黑田俊夫，1970）。尽管普遍认为 20 世纪 70 年代的人口迁移受石油危机影响，但地方圈净流入趋势的显现实则早于 1973 年。

此外，导致地方向城市人口迁移减少的直接因素，除城市与地方的收入差距缩小外，还包括工厂三法①和地方工厂选址促进政策所导致的制造业比重发生变化等驱动作用（石川义孝，2001）。同时，列岛改造论所推动的地方公共事业增加也是不可忽视的背景因素（绳田康光，2008）。

另一方面，对于20世纪80年代后期泡沫经济时期东京圈净流入的激增，石川义孝（2001）指出，这与产业结构从传统制造业向服务业转型及地价高涨有关。

关于育龄女性从地方向大都市圈的流动可能导致地方城市消亡的议题，中川聪史（2001）从性别与教育背景角度分析指出，东京圈为未婚高学历女性提供了更为理想的居住环境，自20世纪90年代以来，高学历女性向东京圈的选择性迁移现象日益显著。小池司朗等（2020）则进一步指出，近年东京圈迁入人数虽保持稳定，但迁出人数减少，这主要归因于迁出流动性的降低。通过对居住地与出生地分布变化的分析发现，即使居住在东京圈，非东京圈出身者将来仍有很大可能通过U型迁移返回出生地或其他非东京圈地区。父母的出生地对未来的居住地分布也有很大影响。考虑到父母双方均出生于东京圈的人口比例不断增加，东京圈的迁出流动性可能会进一步下降。

二、关于回流和逆流的讨论

在人口迁移向量变化的研究中，学界围绕都市圈与地方圈之间的迁入迁出动态进行了深入探讨。具体而言，如图7-1所示，自1963年起至1966年，地方圈（即三大都市圈以外区域）的净迁出人数显著减少，1969年后进一步呈下降趋势，并于1976年转变为净迁入，此现象被学界称为"人口U型回流"（大友笃，1996）。这一时期的人口U型回流现象被地方视为劳动力的回流而受到欢迎，但实际上这种人口迁移往往不是回流到原籍市町村，而是回流到原籍县的核心城市，因此作为缓解人口过疏问题的对策，其实际成效有限（兰信三，1994）。

与此同时，自20世纪70年代起，一种与传统迁移模式相悖的现象逐渐显现，即无地方亲缘关系的城市居民开始向地方迁移，形成了人口逆流。这一现象与高速经济增长背景下日益严重的公害问题密切相关，推动了城市消费者对"安全食品"的需求增长。1971年日本有机农业研究会的成立标志着有机农业

---

①　"工厂三法"是日本政府在20世纪70年代实施的区域均衡发展战略的核心法律体系，包含《工业限制法》（1964修订）、《工业再配置促进法》（1972）和《工厂布局法》（1974）。这一制度框架旨在通过法律手段调控产业空间布局，实现大都市圈与非大都市圈的协调发展。作为区域政策的重要工具，"工厂三法"与地方工业化战略形成政策合力，显著影响了日本制造业的空间重构进程及人口迁移模式，是理解20世纪70年代日本区域发展转型的关键制度要素。——译者注

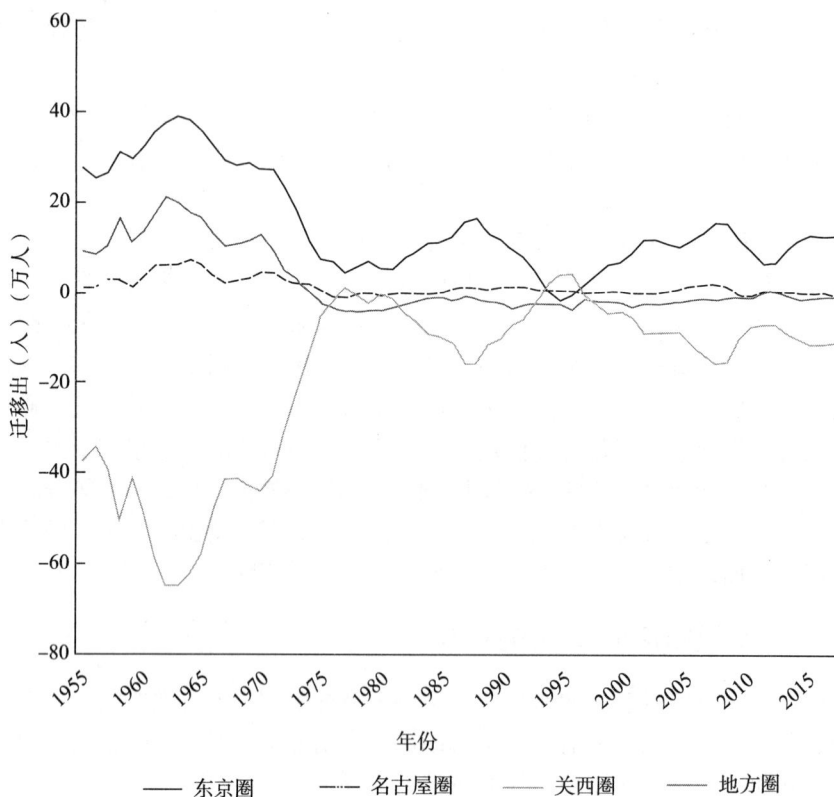

图 7-1　1955—2015 年三大都市圈与地方圈人口迁入迁出变化情况

资料来源：根据《居民基本登记人口流动报告》编制（总务省统计局）。

运动的兴起，生产者与消费者直接对接的"产消合作"模式应运而生，促进了城市居民参与农业生产的实践，如和歌山县那智胜浦町色川地区的"耕人舍"和岛根县那贺郡弥荣村（现浜田市）建立的"弥荣之乡共同体"等，都是城市居民亲自参与农业生产的典型案例。

　　针对这一城市向地方的人口逆流现象，1989 年学界提出了"I 型迁移"概念，用以描述无地方亲缘关系的城市居民因向往乡村生活而发生的移居行为。1984 年出版的《乡村生活入门》（岩下诚德著，筑摩书房出版）一书亦鼓励对都市生活产生怀疑的个体，想要改变自己的生活方式，可以考虑乡村生活作为一种生活方式的转变。此外，枡潟俊子（1998）关注到"新加入务农"现象，即追求自然农耕与高度自给自足新生活方式的转变，并将其称之为"归农"（表 7-1）。

表 7-1 地方区域（乡村）人口移入趋势

年代	背景、政策	媒体
1970	《第三次全国综合开发计划》 城乡收入差距缩小——U 型迁移 有机农业、产消伙伴关系——I 型迁移 石油危机、都市环境恶化	
1980	《第四次全国综合开发计划》 泡沫经济、《度假设施开发法》	《美好的乡村生活》（1983）、《BE-PAL》（1983）、《乡村生活入门》（1984）、《乡村生活之书》（1987）、《在法国南部普罗旺斯的 12 个月》（1989）
1990	《21 世纪的国土宏伟设计》 绿色家园与合作队 新加入务农者、农业从业人员市场	《退休归农》（1998）
2000	乡村工作队、地方区域振兴合作队 智能手机普及 iPhone 3G 发售 社交网络（SNS）兴起（mixi、Twitter、Face-book）	电视节目《人生的乐园》（2000） 《自给自足》（2003） 《半农办 X 生活方式》（2003） 《年轻人为何向往农山村》（2005）
2010	东日本大地震——以疏散为目的的迁移 地方创生（地方消亡论） 关联人口——定居人口（替代交流人口）	《TURNS》（2012）
2020	新冠疫情——远程办公，无须变更工作的移居	

资料来源：嵩和雄「農山村への移住の歴史」（载于小田切德美、筒井一伸编著『田園回帰の過去・現在・未来』農文協，2016 年）。

进入 21 世纪，盐见直纪（2008）进一步提出了"半农半 X"概念，倡导在农村从事自给农业的同时，探索并创造多样化的工作或活动（"X"），以实现个人价值的全面实现与丰富多彩的人生。这种新型生活方式因其独特的自我实现路径，在年轻人群中引起了广泛关注。

综上所述，20 世纪 90 年代以前，地方移居主要被视为"乡村生活"的象征，多与农业等第一产业相关联；而进入 21 世纪后，地方移居则逐渐转变为个人自我实现的重要场所，展现了人口迁移动力与目的的深刻变迁。

第三节　地方移居现象及其相关议题的学术探讨

一、各国的移居动向

在探讨全球移居趋势时，一个显著的现象是以生活方式转变为驱动力的地方移居，这一现象在欧美学术界被界定为"生活方式移居（lifestyle migra-tion）"，意指"个体非因经济、工作或政治原因，而是出于提升生活质量和实现自我价值的目的进行的迁居行为"（Benson et al.，2009）。长友淳（2015）与石川菜央（2018）进一步拓展了这一概念，将长期居留、自我探索、退休移居及文化移民等新型人口流动形式均纳入生活方式移居的范畴，并对作为发达国家中产阶级移居模式之一的生活方式移居进行了详尽的先行研究比较。

与此概念相呼应的是"反城市化（counter-urbanization）"（森川洋，1988），该概念最早于 20 世纪 70 年代的美国出现，描述的是人口从城市向农村的迁移趋势，与日本的 U 型回归现象及欧洲同期的农村回归潮高度相似。在法国，这一现象被称为"新乡村现象"，这不仅揭示了 20 世纪 60 至 80 年代的新乡村主义倾向，还指出了 20 世纪 90 年代后期以来移居者群体的复杂化与多元化特征（市川康夫，2018）。同样，英国在 20 世纪 80 年代也见证了众多生活方式创业家的兴起，他们放弃城市的高收入生活，转而在农村通过创业实现更为舒适的生活方式，这一行为模式被 Ateljevic 等（2000）定义为"生活方式创业者"（lifestyle entrepreneur）。此类创业活动可视为一种伴随自我实现的生活方式转变，移居者凭借对城市市场需求的深刻理解和对农村资源的新颖视角，往往能够发掘出农村地区的独特优势与潜力，进而实现较高的成功概率。然而，Lane（2002）指出，尽管成功的移居者能为地方经济注入活力，但他们在地方社区中往往比在城市中更易遭遇排斥。

此外，生活方式移居还可能引发"绅士化（gentrification）"现象，即内城区低收入群体的居住区因再开发和文化活动而焕发活力，但随之而来的地租上涨等问题却导致原住民被迫迁出，这一现象具有显著的批判性色彩。尽管在日本农村地区（非旅游热点区域），尚未出现由移居者直接引发的绅士化具体案例，但在岛根县海士町、德岛县神山町、北海道东川町等地，移居者所创立的新业态已显著促进了当地商业活动的繁荣，并间接吸引了更多新移居者的加入，形成了良性的连锁反应。

二、移居的多样化与大众化

以往日本国内关于地方移居的探讨常聚焦于"逃离都市"这一主题，这反映了城市居民对乡村生活的深切向往。自 1983 年《朝日周刊》以"都市人的梦想——乡村生活"为专题进行深入报道后，一系列出版物如《美好的乡村生活》（石井慎二著，光文社出版）、《乡村生活入门》以及持续发行的《乡村生活之书》（宝岛社出版）等，均将农村描绘为都市人追求的理想生活之地。在度假村热潮和泡沫经济的共同推动下，"乡村生活房产"中介服务也应运而生，进一步普及了"乡村生活"这一概念，使其成为"逃离都市"的代名词。

三、高龄者移居地方现象

进入 20 世纪 90 年代后期，地方移居逐渐成为政策关注的焦点。特别是当人们开始关注到"2007 年问题"，即在高度经济成长期间从地方迁入大都市圈的"团块世代"① 将在 2007 年前后进入退休阶段。地方政府视这些拥有稳定退休金和养老金的"团块世代"为无须工作岗位的潜在移居者，并将其纳入地区振兴战略中，以期通过吸引他们移居来促进地区发展。这种高龄者的移居现象被称为"退休迁移（retirement migration）"②，主要指的是 50～60 岁的人群，在职业生涯和育儿任务结束后，身体健康、收入有保障的情况下，寻求与在职时不同的生活方式，以实现更为充实的人生（田原裕子，2007）。

然而，尽管地方政府积极推动，但"团块世代"的地方移居进展并未达到预期效果。这主要归因于社会环境的多重变化，包括《高龄者雇佣安定法》的修订实施、企业退休年龄的延长和再就业机会的增多，以及雷曼金融海啸冲击后经济形势的恶化③等，这些因素共同影响了"团块世代"的移居需求。此外，一些地方曾尝试在度假胜地开发退休社区，以吸引"团块世代"移居，但此类项目多因经济和市场因素而未能成功实施。

四、年轻人对地方的向往日益高涨

在 21 世纪初期，关于移居的杂志主要介绍那些在乡村实现"第二人生"的高龄者。然而，2005 年出版的《现代农业》增刊号《年轻人为何奔赴农山村》（农文协）全面报道了关注地方并实际移居到地方的年轻人动向。这标志着从这一时期开始，"团块次世代"（第二次婴儿潮出生的一代）及之后的年轻人对地方的向往。

在东京提供移居咨询的 NPO "故乡回归支援中心"法人表示，自 2008 年

---

① "团块世代"，指日本在第二次世界大战后出生的第一代。狭义指 1947—1949 年日本于后婴儿潮时期出生的人群（约 800 万人），广义指 1946—1954 年出生的人群。——译者注

② 2006 年 3 月 19 日的《朝日新闻》以 "700 万 '团块' 争夺战"为题，报道了各地方政府为吸引被称为"活力老年人"的"团块世代"移居而制定的新年度预算。

③ 一些地方还期待着"团块世代"的移居需求，在度假胜地开发退休社区。2003 年，冲绳电力和冲绳 Sun Beach 开发公司在冲绳县的 Kanucha Resort 内成立了一家新公司，旨在为富裕的"团块世代"建设会员制的长住型老年社区。然而，由于雷曼金融海啸冲击等影响，会员招募困难，项目在开工前就被迫中止，2011 年该公司负债 29 亿日元破产。此后，度假型退休社区的开发逐渐销声匿迹。

雷曼兄弟破产后，因"在东京找不到工作"等消极理由而进行的移居咨询增多，这些咨询者多为 20 多岁的单身人士。同时，2008 年启动的农林水产省"乡村工作队"项目和 2009 年开始的总务省"地方区域振兴协力队"项目也进一步推动了年轻人对地方的向往（图 7-2）。

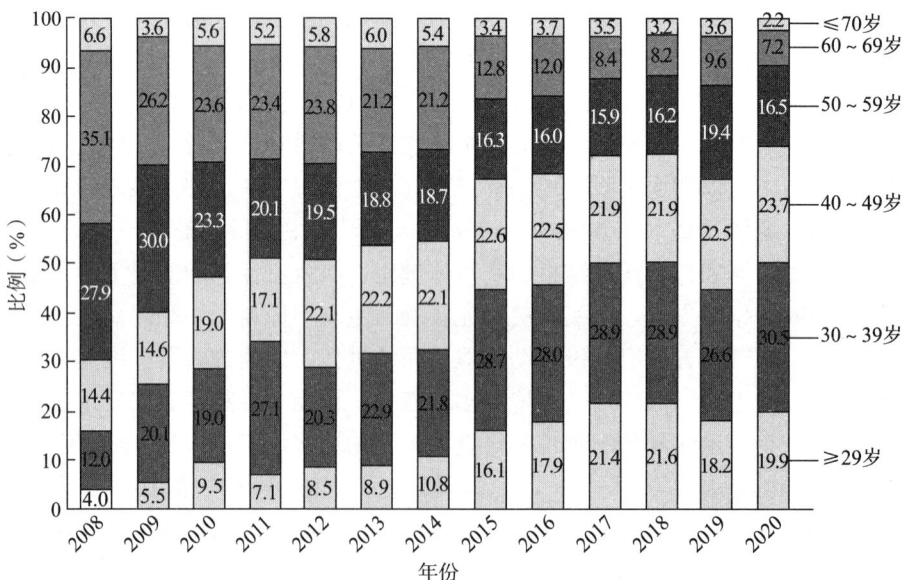

图 7-2　"故乡回归支援中心"咨询者的年龄变化

资料来源：2020 财政年度"百万人返乡运动"城乡交流与移居者从业人员培训研讨会，非营利组织、促进和支持中心（2021 年 2 月）。

雷曼金融海啸等社会形势的变化并未促进老年人移居，但对年轻人而言，社会形势的变化和政策的出台推动了年轻人的移居，使得地方移居不再是特别的选择，而是逐渐成为人生中的一般选择（图 7-2）。提倡慢生活和乐活（LOHAS）等新生活方式的杂志《Sotokoto》（该刊曾用名为《木乐舍》）（图 7-3）早早捕捉到年轻人的地方志向，2010 年首次以"日本列岛移居计划"为主题推出地方移居特辑，并于其后逐年推出移居特辑。值得注意的是，这些特辑中的移居者并不是因为厌倦城市生活而选择地方，他们与 20 世纪八九十年代初期具有"逃离都市"倾向的移居者不同，他们不否定城市生活，能够享受农村的不便，具有很强的适应性，可以积极融入当地社区。

地方政府也注意到了年轻人对地方的这种向往，逐渐增加了面向年轻人的移居政策，包括住房得到支援、体验住宅以及接纳地方振兴协力队等定居政策。这种农村对移居者接纳意识的变化，也与绿色旅游带来的城乡交流以及

图 7 - 3　《Sotokoto》移居特刊

20 世纪 90 年代后期因"协作阶段"城乡交流建立的农村居民与都市居民良好关系有关（图司直也，2013），使得农村逐渐习惯了与城市居民的交往。

五、东日本大地震后的价值观变化

除了政策动向外，社会形势的变化也给移居者的动向带来了变化。2011 年的东日本大地震暴露了大城市的风险①，福岛核电站事故引发的放射性物质扩散，以及媒体大肆宣传首都直下型地震的危险性，引发了所谓的"疏散性移居"，即逃离首都圈。这类移居者多为 30 多岁有小孩的家庭，其中不仅有持传统观念的向往农村生活意愿者，也包括不愿彻底改变城市生活，持向往"地方城市"生活的意向者。地震后，九州、中国②、四国等西日本地区作为移居目的地的受欢迎度上升，特别是灾害风险较低的濑户内地区的城市（如冈山市、仓敷市、高松市）的移居咨询有所增加。

东日本大地震后，受震后年轻人价值观变化及随之而来的对地方移居的兴趣上升的影响，以移居为主题的专业杂志也发生了变化。2012 年，《自给自足》（亦名第一 Progress）更名为《TURNS》（图 7 - 4），开始介绍地方社区和

---

①　东日本大地震导致公共交通瘫痪，东京也出现了返家困难者。震后停电和食品短缺等问题暴露了大都市的风险。

②　日本境内的名为"中国"的地区。——译者注

年轻人的工作方式，不再仅仅介绍自我实现的生活方式。"就职冰河期一代"①所引领的地方移居潮流，加上大地震暴露的大都市脆弱性，以及对逃离都市孤独、寻求人际关系的渴望，促使更多年轻人改变价值观，将地方移居视为一种生存方式的选择。

图 7-4 《TURNS》创刊号

第四节 人口流动新形态

一、地方创生启动后移居政策的新变化

上文指出，原本针对"团块世代"的移居政策，因社会形势的变化等多种因素，未能实现预期的成效。然而，2014 年日本政府成立了"城镇、人口、工作创生本部"，并制定实施了《城镇、人口、工作创生综合战略》，以推动地方创生。这一举措促使日本各地方自治体纷纷将移居政策视为应对人口减少问题的重要策略。在制定人口愿景及相应的地方版综合战略时，越来越多的自治体开始重视并优化其移居政策，尤其是那些被 2014 年增田报告列为"可能消亡的城市"的自治体，它们充分利用政府补助金，从硬件设施和软件服务两个

---

① "就业冰河期"是指那些在日本泡沫经济破灭后，面临极为艰困就业环境时期（约为 1993—2005 年）的大学及其他高等教育机构毕业的群体。——译者注

方面入手，积极吸引移居者（表 7 - 2）。

表 7 - 2 扩展移居支援措施

	支援措施	自治体（举例）
住宅	空置房屋数据库 翻修援助 租金补贴 试住住宅	全国范围开展
工作	当地工作协调项目 半农半 X 支援项目 事业继承支援项目 新干线通勤费补助	北海道 岛根县 和歌山县等 新潟县泽町、静冈县三岛市等
接收体制	移居咨询员，建立协调员制度 为实地考察提供交通费用支持	群马县、浜松市等 广岛县、福岛县等

在推动移居政策实施的过程中，民众对于"住房""工作"以及"接收体制"的担忧显得尤为突出，其中住房问题更是被视为重中之重。为此，空置房屋数据库（信息库平台）和试住住宅（即移居体验住宅）等措施，在日本全国范围内得到了广泛推广和应用。同时，作为地方创生政策的重要组成部分，越来越多的自治体开始利用地方创生补助金为移居者提供财政援助，这些援助涵盖了移居地考察、求职面试的交通补助、搬家费用补助以及移居后的房租补助等多个方面。此外，为了进一步完善接收体制，越来越多的自治体开始配置移居咨询员和协调员，提供面对面的移居咨询服务。这些咨询员不仅包括具有丰富经验的移居者，还包括地方振兴合作队任期届满后选择留在当地的定居者。

值得注意的是，接收体制的完善工作不仅局限于市町村，还进一步扩展到了道府县层面。从"故乡回归支援中心"的咨询数量以及研讨会举办频次的显著增加可以看出，自 2015 年以来，咨询人数呈现出显著的上升趋势。这与在"故乡回归支援中心"设立咨询展位的自治体数量成正比。具体来说，2014 年仅有 5 个县配置了咨询员，而到了 2015 年底，这一数字已经增至 29 个县。到了 2020 年，这一范围更是扩大到了 42 个道府县和 2 个政令市，这反映出在东京的咨询体制得到了显著的加强。

此外，日本政府自 2019 年起进一步推动了"地方创生移居支援事业"。该事业主要针对过去 10 年内在东京 23 区有居住或通勤经历累计超过 5 年的人员，若他们选择移居至地方就业或创业，政府将提供相应的财政支持，具体包括"移居支援金"（每户最高可达 100 万日元）和"创业支援金"（最高 200 万日元）。这一政策的实施旨在进一步促进人口从东京圈向地方流动（图 7 - 5、图 7 - 6）。

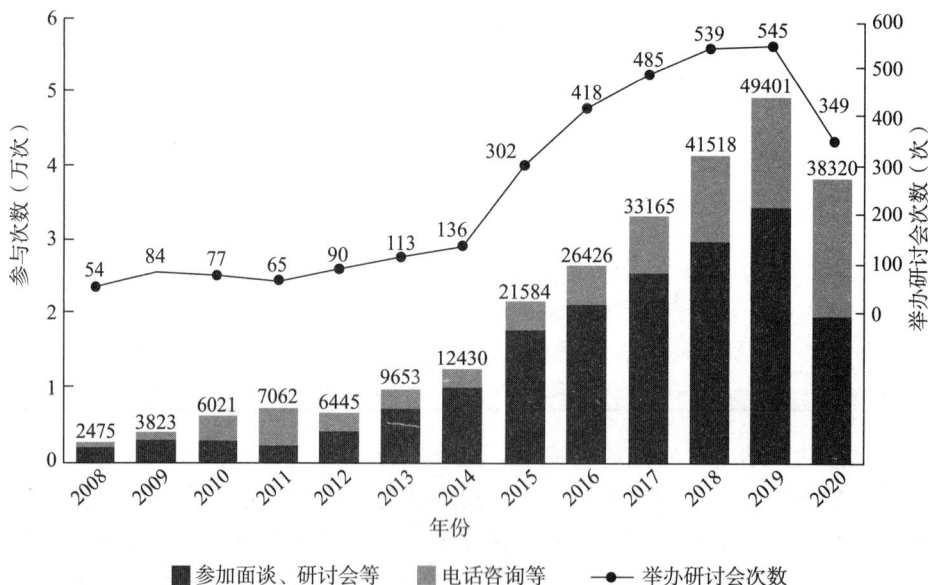

图 7 - 5　2008—2020 年向"故乡回归支援中心"咨询的次数变化情况

资料来源：嵩和雄「農山村への移住の歴史」（载于小田切德美、筒井一伸编著『田園回帰の過去・現在・未来』農文協，2016 年）。

同时，自地方创生政策实施以来，不仅是以前作为过疏对策实施移居政策的中山间地区，就连中核市①和县厅所在地等地方城市也开始积极推行移居政策。由于日本全国各地都需要制定人口愿景，即使人口规模较大的地方城市也面临着应对人口减少的挑战。对于有意移居的人来说，地方城市提供了更易获得的住房和工作机会，且无须对生活方式进行大幅调整，因此地方城市正成为越来越多人的选择，对地方城市的移居需求也随之增加。

综上所述，这种向就业机会较多的地方城市迁移的需求增长，不仅彰显了地方移居的日渐普遍化趋势，也反映出在职人群对移居的需求正在持续增强。

---

①　"中核市"是日本地方行政体系中的一个重要层级，其法律依据为《地方自治法》第 252 条第 22 款第 1 项。作为介于普通市和政令指定都市之间的行政单位，中核市在获得指定的同时，将同步取得保健所政令市资格。这一制度设计旨在推进地方行政权限下放，使符合条件的城市承接部分原属都道府县的行政职能。根据 2014 年的法律修订，申请中核市的基本门槛为法定人口达到 20 万人以上。——译者注

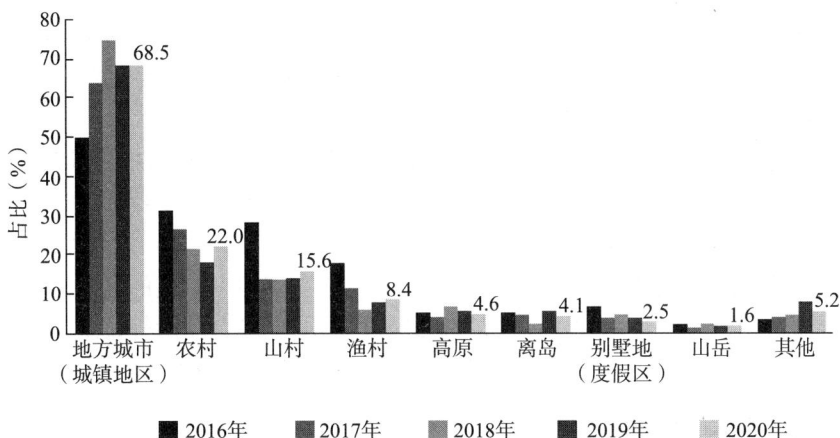

图 7 - 6 向"故乡回归支援中心"咨询者的希望迁居地区类型变化情况

资料来源：嵩和雄「農山村への移住の歴史」（载于小田切德美、筒井一伸编著『田園回帰
の過去・現在・未来』農文協，2016 年）。

二、退休社区的形成

在政策推动的"地方创生"背景下，除了"移居地方"的人口流动，东京
一极集中所带来的老龄化问题也备受关注。2015 年 6 月 30 日，日本内阁会议决
定了《城镇、人口、工作创生基本方针 2015》，鉴于预见都市圈后期老龄人口的
增加，提出了推进"日本版 CCRC（continuing care retirement community）"的
构想。同年 12 月，由城镇、人口、工作创生本部提交了"CCRC 构想专家会
议"的最终报告，将日本版 CCRC 定位为"终身活跃的城镇"。

该构想旨在通过促进积极参与兴趣爱好、健康增进、社会贡献等活动的老
年人（即活跃老人）移居地方，以解决地方人口减少和东京圈老龄化带来的医
疗、护理设施不足问题。然而，这一构想却遭到许多媒体的嘲讽和批评（诸如
"将首都圈的护理问题推给地方""现代版的弃老山"等）。其中，许多被作为
典型案例的样板都是服务式老年人住宅，这也是招致批评的原因之一。

日本版 CCRC 的原型是美国 1960 年在亚利桑那州凤凰城近郊开发的太阳
城（sun city）。由于这是一个非行政社区，清洁和各种基础设施的管理等均由
太阳城社区居民通过志愿活动实施（田原裕子，2007）。受此启发，日本版
CCRC 也注重社区的形成。在日本国内，也有一些被定位为日本版 CCRC 先进
典型的退休社区案例，如栃木县那须町的"结缘那须"（2010 年开设），石川
县金泽市的"Share 金泽"（2014 年开设）。

最初，社会对日本版 CCRC 构想是持负面评价的，原因不仅在于将城市老年人送往地方，还在于给人一种只有城市居民聚集在一起生活的印象。目前，在示范地区推进的 CCRC 计划大多不仅针对老年人，还包括吸引当地大学生和年轻人等居住，以避免成为美国式的封闭社区。

日本农村退休社区的成立，不仅需要地方达成共识，还取决于都市居民的需求。此外，还需考虑到推迟养老金发放年龄等社会形势的变化，重新确认老年人地方移居的需求将成为课题。

综上所述，日本农村退休社区的成立不仅取决于地方达成的共识，还受到城市居民需求的影响。此外，还需考虑到推迟领取养老金年龄等社会形势的变化，重新确认老年人的地方移居需求也将成为一个重要课题。

三、漂泊的移居者

在地方创生政策的推动下，日本各地的地方政府积极实施了多样化的移居支持措施。然而，潜在移居者的关注点已逐渐从单纯的补贴和政策转向更为综合的在地生活方式体验。在媒体环境，特别是杂志与社交网络的广泛传播下，地区特色的差异化展示及民间组织的移居支援活动日益受到重视。以下将介绍地方创生前后出现的两种新的移居动向。

四、"地域移居计划"

"地域移居计划"作为一种由年轻人自发组织的移居倡议（U 型迁居与 I 型迁居），以京都的"京都移居计划"为发端，自 2011 年起逐步扩展至全国。该计划不仅详尽介绍了京都的居住、工作及生活支援服务，还通过"京都移居茶论"等活动平台，为实际移居京都的人们提供了宝贵的交流与经验分享机会。这些活动因易于参与且信息真实有效，在社交媒体上迅速传播，激发了全国范围内年轻群体的共鸣，进而催生了以"大家的移居计划"为名的多地联动网络，目前已覆盖 22 个地区。该网络超越了传统的地域界限，通过"全国移居选秀大会"及"两地居住"等全国性活动，展现了更为开放与包容的移居态势。特别是"全国移居选秀大会"，地方政府在指定移居者时，摒弃了单纯的人口数字考量，转而基于地区实际人才需求，通过个人接触与评估后发出诚挚邀请，这一转变不仅促进了人才的合理流动，也为陌生地区之间的联系搭建了桥梁。

五、"松散移居"

与此同时，福井县鲭江市于 2015 年推出的"松散移居"项目，以其独特的非目的性的体验居住模式吸引了广泛关注。该项目为参与者提供半年免费体验住宅，且不设定具体的移居目的或方式，行政支持仅限于住房提供。这种宽松的条件降低了移居者的心理门槛，尤其是对那些时间充裕但无明确移居意向的"家里蹲"（尼特族）及自由职业者产生了强大吸引力。项目通过社交媒体广泛传播，其新颖性成为吸引年轻人的关键因素之一。

尽管"松散移居"项目引发了关于外来者是否有效利用公共资源的争议，但其成效亦不容忽视。半数参与者在体验后选择继续留在鲭江市，而即便未定居者，也因项目而对鲭江市产生了浓厚兴趣并建立了初步联系，这对于地方的品牌推广与长期人口吸引具有重要意义。

综上所述，"地域移居计划"与"松散移居"两个案例共同揭示了当前移居现象中的新趋势，即"轻松感"与"信息传播力"成为吸引潜在移居者的关键因素。然而，凭借新奇性传播信息仅是一个开端，关键在于如何构建可持续的本地生活方式体验与社区归属感。同时，这些案例也映射出部分移居者对于居住地缺乏留恋、呈现漂泊状态的社会现实，为未来移民政策与社区建设提供了深刻的启示与思考。

第五节　未来人口流动趋势

一、新冠疫情下的迁移动态与新趋势

人口流动作为社会经济变迁的晴雨表，历来受到如石油危机、泡沫经济破裂、雷曼金融海啸、东日本大地震等的影响。2019年底开始的新冠疫情同样对地方移居产生了深远影响。

在地方创生政策的持续推动下，地方移居逐渐政策化，地方政府纷纷展现出对城市居民移居的欢迎态度。然而，疫情的暴发不仅严重限制了人口的自由流动，更在公众对城市疫情扩散的恐惧心理作用下，凸显了农村地区对外来人口的不宽容态度。具体表现为体验游与移居体验住宅项目的相继中止，以及部分地方政府暂停积极推广移居咨询服务的政策转向。

尽管如此，疫情防控期间的远程办公实践却意外激发了人们对移居的新兴趣。城市居民在紧急状态下体验到了远程工作的便利，认识到"无须换工作即可移居"的可能性，从而打破了以往移居面临的就业障碍。加之政府自2021年起扩大"地方创生移居支援事业"，为远程办公移居者提供财政支持，进一步加速了这一趋势的发展。

此外，疫情促使工作模式与生活方式的双重变革。以往以缩短通勤时间为首要考量的居住选择，逐渐让位于对日常生活舒适度的追求。远程办公的普及使得每周仅需少量通勤成为可能，进而推动了向千叶县、神奈川县等郊区迁居的新潮流，这亦可视作广义上的地方移居现象。然而，远程办公移居模式的稳定性仍依赖于企业及行业的态度与策略调整，未来能否持续推广成为关键。

二、线上咨询的潜力

新冠疫情的暴发还加速了移居咨询服务的在线化进程。"面对面咨询活动"频繁取消，那些积极利用在线平台展示地区特色与互动方式的地方政府，不仅有效维持了咨询量，甚至实现了同比增长。在线咨询的优势在于其跨越时间与空间限制的特性，既便于城市居民在家中轻松参与，也降低了地方政府的运营成本，使得偏远地区与离岛能够平等参与竞争，促进了信息的广泛传播与资源的优化配置。

有研究指出，尽管实地考察被视为移居决策的重要前提（小原满春，2020），但在线工具的进步使得双向交流更加便捷高效，为潜在移居者提供了丰富的积极体验，有助于消除迁移前的忧虑。不论实地访问次数多寡，通过线上交流的积极体验将有可能在一定程度上替代传统的实地考察方式。

三、共享生活与两地居住

2020 年，远程办公在疫情下得到认可，随着远程办公的普及，"不换工作也能移居"的观念深入人心，国土交通省适时重启"全国两地居住等促进协议会"，旨在推动全国范围内的两地居住实践。

"两地居住"指城市居民定期、反复地在同一农村地区停留（居住），这一术语在政策层面的使用始于 2005 年国土交通省的"两地居住人口研究会"。在此之前，20 世纪 80 年代曾被称为"双重居住"或"多重居住"。在空置房屋对策、不动产流通和"团块世代"移居需求的背景下，以周末乡村生活为卖点，一度形成了一股潮流，但实际需求并未达到预期。此外，在推进两地居住的过程中，水费、垃圾处理等公共服务的"搭便车"问题也成为挑战（难波悠，2016）。地方政府因此未积极推进，城市居民也因交通和房屋维护成本高昂而难以广泛参与。

为了降低住宅维护成本，利用空置房屋与未使用别墅的订阅服务应运而生。例如，"ADDress"提供的"固定租金全国无限制住宿"服务，用户无须购买或租赁固定住所，只需支付固定费用即可获得一定期限的使用权。这种订阅服务催生了"游牧工作者"和"地址跳跃者"等无固定居所、边移动边生活的群体。他们的居住点多为移居者自行改造的空置房屋，通过降低装修成本，将其用作廉价的旅馆或共享住宅。松村秀一（2016）将这种趋势称为"第三代建筑民主化"，并对通过空置房屋改造过程，让不同领域的人都能参与其中的机制给予了肯定。随着工作方式和居住方式的自由化，不局限于单一地点的生活方式逐渐兴起，这也可以称之为上文所提及的另一种新形式的"漂泊"型移居者。

第六节　超越定居人口论

一、培养新的接班人

本文从人口流动、政策变迁及具体案例等多维度探讨了地方移居这一新兴趋势，并审视了其形态的不断演变。若将地方移居界定为"非出于工作或家庭考量，而是以改变生活方式为目的的迁移"，那么，在不迁移亦可实现生活方式改变的情况下，以定居为前提的移居政策或将失去意义。

传统上，社区发展的主体是当地常住居民。然而，日本整体人口的减少，受自然减少和社会减少的影响也会导致地方区域活动量（交际关系总量）减少。尽管如此，即使接受常住人口减少这一事实，居民仍可通过积极与外界联系和交流，维持"关系总量"不下降，并有望以此培养出扎根地方社区的人才，实现"缩小规模的发展模式"（山崎义人等，2017）。

地方政府的移居政策旨在增加定居人口，但作为补充定居人口的手段，"交流人口"以及近年提出的介于旅游和定居之间的"关联人口"概念也应运而生。然而，新冠疫情导致的移居限制也开始影响交流人口和关联人口的存在方式。关联人口被定义为"对特定地区持续关注并参与的外来人口"（田中辉美，2021）。但除了城市居民直接访问地方这种传统的参与方式外，"在线关联人口"一词也应运而生，实现了无须以东京为枢纽的"地方与地方"直接联系。对于不涉及实地访问的在线关联人口，由于难以与特定人群以外的当地人接触，因此较少被视为"外来者"。这是因为"当被视为外来者时，实际上已经与当地建立了联系，在某种意义上已经成为当地的参与者"（敷田麻美，2009）。

二、构建可持续的人口流动机制

为维持地区活动量，应以新型城乡交流模式为契机，需从传统的地方单向"款待型"（服务供给）转向建立平等关系。这种地区所需的"交际关系总量"，在关联人口理论中可称为"参与空间"。

未来，随着技术革新，交流工具也将发生变革，使参与地方区域的方式更加多样化。在此背景下，农村地区是否应仅依赖传统的基于人口论的移居政策呢？社会形势的变化导致价值观的转变，并催生了新的移居方式。因此，除传统的物理"参与场所"外，创造虚拟"场所"等"多样化的参与空间"可能带来新的变化。空置房屋可通过开放改造过程，从"居住空间"转变为"人与人连接的空间"，创造新价值。同样，农村地区也可通过开放成为"人与人连接的场所"，赋予其超越居住场所的附加价值。为此，持续维护和管理地区资源储备，以确保未来发展潜力，显得尤为重要。

最后，希望大家能利用新的交流工具，参与到各地方区域中去，重新思考自己的生活方式。

【相关图书推荐】

1.『地域の未来を変える空き家活用——鹿野のまちづくり20年の挑戦』
（《利用闲置房屋改变地方区域的未来——鹿野20年城镇建设的挑战》）

insyuu 鹿野城镇建设协商会编著（2021）；NAKANISYA 出版

推荐理由：地方振兴团体以"闲置房屋改造"为契机，开始接纳移居者，并与移居者一起参与振兴地方的纪实。可以作为参考如何吸引国内外合作者的案例。

2.『地方暮らしの幸福と若者』（『地方生活的幸福感与年轻人』）

轡田龙藏（2017）；劲草书房

推荐理由：为什么不前往大都市圈，而是选择在地方城市周边生活的年轻人，将这样的生活方式作为自己的人生道路？这不仅仅是简单的经济理论问题，而是涉及到社会资本，以及地方作为被认可、被包容的"场域"的存在意义。

3.『定常型社会——新しい「豊かさ」の構想』（《稳态社会——新型"富足"的构想》）

广井良典（2001）；岩波新书

推荐理由：在人口减少的零增长社会语境下，如何建立衡量"富足"这一新价值的标尺？本书从社会保障和福利的角度，提出了作为可持续社会模式的"稳态社会"构想。

【参考文献】

石川菜央（2018）「ライフスタイル移住の観点から見た日本の田園回帰」『広島大学総合博

　　物館研究報告』10 号

石川義孝編著（2001）『人口移動転換の研究』京都大学学術出版会

市川康夫（2018）「フランス田園回帰にみるネオルーラル現象の展開と現在」『農業と経
　　済』84（9）

大友篤（1996）『日本の人口移動──戦後における人口の地域分布変動と地域間移動』大
　　蔵省印刷局

小原満春（2020）「観光経験と観光地関与がライフスタイル移住意図へ及ぼす影響」『観光
　　研究』32（1）

黒田俊夫（1970）「人口移動の転換仮説」『人口問題研究』113 号

小池司朗・清水昌人（2020）「東京圏一極集中は継続するか？──出生地分布変化からの
　　検証」『人口問題研究』76 － 1

塩見直紀（2008）『半農半 X という生き方』ソニー・マガジンズ新書

敷田麻美（2009）「よそ者と地域づくりにおけるその役割にかんする研究」『国際広報メデ
　　ィア・観光学ジャーナル』No. 9

図司直也（2013）「地域サポート人材の政策的背景と評価軸の検討」『農村計画学会誌』
　　Vol. 32，No. 3

田中輝美（2021）『関係人口の社会学──人口減少時代の地域再生』大阪大学出版会

田原裕子（2007）「合衆国におけるリタイアメントコミュニティ産業の展開──デル・ウ
　　ェッブのサンシティ・アリゾナを中心に」『國學院経済学』第 55 巻第 2 号

中川聡史（2001）「結婚に関わる人口移動と地域人口分布の男女差」『人口問題研究』57 － 1

中川聡史（2005）「東京圏をめぐる近年の人口移動──高学歴者と女性の選択的集中」『国
　　民経済雑誌』191（15）

長友淳（2015）「ライフスタイル移住の概念と先行研究の動向──移住研究における理論
　　的動向および日本人移民研究の文脈を通して」『国際学研究』Vol. 4（1）

縄田康光（2008）「戦後日本の人口移動と経済成長」『経済のプリズム』No. 54

難波悠（2016）「二地域居住における公共サービス負担に関する一考察」『東洋大学 PPP
　　研究センター紀要』6 号

桝潟俊子（1998）「「帰農」というライフスタイルの転換とその展開（上・下）」『国民生
　　活研究』第 28 巻第 1・2 号

松村秀一（2016）『ひらかれる建築──「民主化」の作法』ちくま新書

森川洋（1988）「人口の逆転現象ないしは「反都市化現象」に関する研究動向」地理学評
　　論 61 巻 9 号

山崎義人・佐久間康富編著（2017）『住み継がれる集落をつくる──交流・移住・通いで
　　生き抜く地域』学芸出版社

蘭信三（1994）「都市移住者の人口還流──帰村と人口 U ターン」松本通晴・丸木恵祐編
　　『都市移住の社会学』世界思想社

Ateljevic，I and Doorne，S（2000）""Staying Within the Fence"：Lifestyle Entrepreneurship in Tourism" *Journal of Sustainable Tourism*，Vol8.

Benson，M. and O'Reilly，K.（2009）"Migration and the Search for a Better Way of Life：A Critical Exploration of Lifestyle Migration" *The Sociological Review*，57（4）.

Lane，Bernard（2002）"Rural Entrepreneurship：A European Commentary and Case Studies"（農村地域でのビジネス起業——欧州での現状と事例），農林水産政策研究所

【专栏6】

加速进行的学校整合与农村的新挑战

［日］尾原浩子

自进入平成时代（1989—2019 年）以来，日本公立学校（小初高）的整合与废校便持续高位运行。即便在 2014 年日本政府启动旨在纠正东京单极集中化并遏制农村人口减少的一系列"地方创生"政策之后，学校整合的趋势仍在持续。总务省的统计数据显示，自 1989 年起的十年间，日本全国范围内有 557 所小学与 81 所中学消失；随后十年（1999 年起），这一数字分别激增至 2 231 所小学与 491 所中学被撤销。此间，伴随着"平成大合并"浪潮，日本全国市町村数量锐减 1 502 个，学校整合进程显著加速。值得注意的是，即便在"平成大合并"趋于平稳的 2009 年之后的 10 年间，小学数量仍减少了 2 006 所，中学减少了 494 所，学校裁撤整合的势头依然未减。高中虽因基数较小初期未成为整合重点，但近年亦出现了整合案例，数量从 1989 年的 5 511 所（包括国立、公立和私立）减少至 2018 年的 4 897 所，尤其是地方创生政策全面展开的 2014 年前后，高中整合明显加速。

学校作为教育空间，其意义远超越单纯的知识传授场所。儿童在社区中的日常活动，如上下学，为社区注入了不可或缺的活力；同时，社区居民积极参与学校事务，对儿童教育构成了重要补充。此外，儿童近距离观察并参与社区发展的过程，亦是其学习成长不可或缺的一部分。因此，学校不仅是知识传授的中心，更是社区建设的基石，教育力与社区力在此交汇共生。然而，地方创生政策旨在吸引农村移民的初衷，与学校整合加速导致的社区吸引力下降形成鲜明对比，二者实则背道而驰。在地方，学校的存在具有极其重要的意义，而对学校而言，扎根于社区的教育力量同样至关重要。

面对农村公立学校数量持续减少的现状，部分地区开始探索以学校为核心的新型发展模式，而非简单废除学校。以大分县竹田市久住地区 2019 年诞生的"久住高原农业高中"为例，该校前身（1961 年被合并后作为分校留存下

来）虽面临严重招生不足①，甚至多次面临关闭危机。尽管情况严峻，但在当地居民的共同努力下，这所分校最终成功转型为独立农业高中，按照时代潮流，学生人数太少本应关闭学校。然而，"学校是社区的财富"这一观念成为居民的共识，将分校升格为独立学校是当地农民的夙愿。经过近20年的努力争取，在县教育委员会和地方领导的决策下，这一愿望终于实现。该市利用合并特例债等资金建设了学生宿舍，为接收来自全国各地的新生做好了准备。

该农业高中向社区开放，与社区共同促进农业高中建设，实现了教育与社区建设的双轮驱动发展。该市是番茄、香橙高产地区，农牧业等均在日本全国领先，在吸引移居人口方面也取得了良好成果。这种社区环境为农业高中学生提供了宝贵的学习场所。从分校升格为独立学校后，课程安排变得更加灵活，可以灵活安排课程，更好地发挥学校特色，积极推进与社区合作的教学活动。

在少子化时代，关闭学校似乎成为一种趋势，但像该校这样不进行整合，而是以学校为核心开展社区建设，重新焕发活力的地区也在出现。例如，香川县的离岛——男木岛在2008年和2011年分别关闭了小学和中学，但在2014年又重新开放了。已将该岛视为故乡的多个有孩子的家庭表示希望移居到岛上，使得学校中孩子们的笑声再次响起。这两所位于濑户内海的学校，2021年通过与周边学校进行远程交流等创新方式仍在继续运营。

根据一般财团法人"地区·教育魅力化平台"等机构在2019年公布的调查结果，在1990年仅有一所公立高中的1 197个市町村中，那些未经自治体合并而被指定为人口稀少地区的自治体中，144个保留了高中，而49个失去了高中。比较这两类自治体的人口动态发现，因整合而失去高中的市町村在6年间人口净流出超过了总人口的1%。与保留高中的市町村相比，15～17岁人口的减少更为明显。虽然学校的存在价值无法仅用数字衡量，但数据清楚地表明，扎根于地方的教育机构对于维持过疏地区的人口稳定、促进经济活力具有不可估量的价值。

遗憾的是，现实情况中仍不乏地方政府在居民强烈反对下强行推进学校整合的案例。甚至有些地区，尽管居民们因学校整合问题开始思考社区建设，通过吸引移居者增加儿童数量，但小学还是被决定合并。单纯从"少子化导致学校整合不可避免"或"财政困难所以别无选择"这样片面的角度来考虑，只会导致农村学校的消失。社区建设与学校存续不应被割裂考虑。社区建设本质上

---

① 2010年以后，每个年级的学生人数甚至不到20人，严重低于招生名额。

也是在培养下一代，不应仅仅基于财政问题来判断儿童教育问题。因此，未来在探讨学校整合问题时，应更加注重小规模学校的存在意义，由包括儿童在内的居民共同思考和讨论社区的未来，同时行政部门也应尊重并支持居民的合理诉求与决定，共同推动农村社区的可持续发展。

第八章 CHAPTER 8

构建新的复兴进程

[日] 图司直也

第一节　本章讨论的问题

在描绘"农村地区的图景"时，多数构想或许会聚焦于广袤的田野与农田，背景映衬着茂密的森林与连绵不绝的山脉，溪流蜿蜒其间。此类场景在大学课堂的学生画作中屡见不鲜，且不乏添绘老者辛勤劳作及牛、鱼等乡村元素。当被要求归纳农村印象时，正面评价如"绿意盎然""空气与水质上乘""星空璀璨""人际关系密切"及"时光悠然"等屡见不鲜；而现实性描述则指向"少子化与老龄化加剧""青年人口流失""出行依赖汽车"及"野生动物频繁出没"等现象。查阅辞典，"农村"一词被定义为"大部分居民以农业为生的村落"（大辞泉电子词典），而"农村是务农者聚居生活的地方"这一印象早已广泛深入人心。

日本，作为温带季风气候国家，其特有的梅雨季节后接踵而至的炎热湿润夏季，为水稻种植提供了得天独厚的自然条件，从而维系了水田农业的高产状态。通过长子继承制，农村资源得以作为家族遗产延续传承，形成了农户与水田交织的独特乡村风貌（宫口侗迪，2020）。

作为农村基本社会单元的聚落，与地域资源紧密相连。第二次世界大战结束后土地改革促使村落主要由同质化的农业户构成。然而，随着高度经济增长期的到来，农村经历了显著的城市化元素渗透与农村特征淡化过程，具体表现为：始于20世纪60年代的农户兼业化、70年代起村落内部非农户增加导致的混居化，以及始于高度经济增长期的人口外流，导致20世纪80年代以后的农业村落显著萎缩，即出现人口过疏化现象。这些变迁从宏观视角被视为"城市化"进程的体现（日本村落研究学会，2007）。

过疏化现象常与"边缘村落问题"相联系，其本质是人口减少与老龄化加剧，导致农业生产和互助活动减少，农村社会陷入收缩均衡状态。为此，政府推行了一系列过疏化对策，近年更是将其纳入地方创生战略的移居定居政策框架，旨在稳定并促进人口增长（表 8-1）。

表 8-1 农业聚落的平均特征

（以 2015 年为中位数）

	日本全国	城市地区	平地农业地区	中间农业地区	山间农业地区
总户数（户）	50	220（↑）	57（↑）	38（↓）	24（↓）
农户数（户）	11	12	15	11	8
（农户率）（%）	(22.0)	(5.5)	(26.3)	(28.9)	(33.3)
销售农户（户）	6	6	10	6	4
（销售农户率）（%）	12.0	2.7	17.5	15.8	16.7
总人口（人）	174	934	190	113	62
老龄化率（%）	34.8	27.9	32.7	38.2	44.8

资料来源：农林业普查农村地区调查，部分内容由笔者补充。

注：①农户率＝农户数/总户数，销售农户率＝销售农户数/总户数；②总户数的箭头表示增减趋势。

相比之下，兼业化与混居化作为农村社会内部的质变，其影响往往不为当地居民直观感知，却实质上削弱了地方区域的活力。表 8-1 显示，当代农业聚落平均约为 50 户，其中农户只有 11 户，仅占总数的 1/5。尤为值得关注的是，作为农业生产核心的销售农户比例极低，在 50 户中只有 6 户，占比仅略高于 10%，且这一比例在平原与山区之间差异不大。

农村社会学家德野贞雄（2011）从"流动性"与"移动性"双重视角剖析了农村居民的生活状态。传统上，农村生活围绕家庭、邻里与村落展开，空间相对封闭。然而，兼业化趋势促使居民因工作与消费活动频繁外出，生活空间得以拓展，形成了二元化生活结构，削弱了农业社会的同质性与整合性。同时，个人生命周期中的迁居与迁入机会增多，增强了与外界的流动性。当前，以农业生产为基础的就业与生活模式仅在老年人中常见，在村落中青壮年已渐成少数派，德野警示道："农民正从农村消失"。

换言之，现代农村已从传统的同质性村落转变为具有高度多样性与异质性的社会结构，被描述为"村落的离农化"（德野贞雄，2011）。即便共处同一空间，居民属性与行为模式各异，与辞典中的传统定义相去甚远。在此背景下，非农业为主的居民与周边农田的联系日益淡薄。参与集体劳动（如道路维护、水渠清理、除草等）的积极性亦随之下降，年轻一代尤甚（经历过稻作的上代人认为这是村落工作的一部分，理所当然），因其对农业活动的认知与参与经验有限，导致人力短缺问题凸显。因此，现代农村社会面临严峻挑战：居民难以深切体会地方魅力，缺乏归属感与传承意识。

农业经济学家生源寺真一（2011）指出，日本的土地利用型农业，尤其是稻作农业，展现出独特的双层结构特征：上层与市场经济紧密互动，构成商业层面；而下层则专注于农业基础设施（如农业用水、农道）的维护与支持，深深植根于农村社区的集体行动中。这一双层结构在第二次世界大战结束后经历了显著变迁，过疏化与兼业化导致农村人口与经济活动农户数量减少，三角形框架缩小；混居化则加剧了农户与非农户之间的利益冲突，共同作业难以维系，传统农村景观保护面临困境（图8-1）。

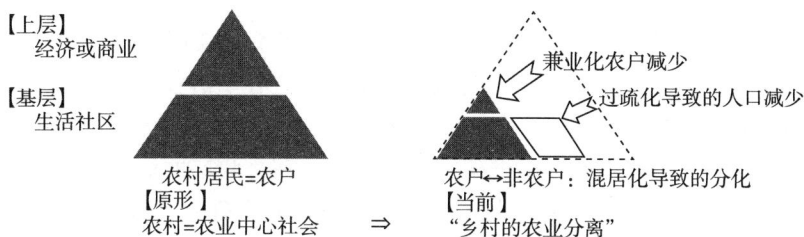

图8-1　农村社会基层与上层的变化

鉴于此，为维持自然丰饶的农村景观，需重构符合时代需求的农村资源管理机制。即使居民数量减少、人员构成多元化，基层社区仍应成为互动交流的场所，丰富个体生活，通过挖掘地域资源价值、增加商业参与机会，恢复并强化地方区域经济循环。此过程需重新审视农业中心社会中基层与上层结构的平衡关系，根据地方区域特点与未来需求逐步调整三角形的大框架。这一过程需要一定的时间和步骤。因此，我们需要重新审视并确认在农村地区构建新型复兴进程的根本目的。

第二节　重构生活与经济联系的地方区域建设实践

在实践层面，如何将农村基层的"生活领域"与"社区"同上层的"市场经济体系"及"商业活动"要素进行有效重新连接的新型地方区域建设模式是如何实施与推进的呢？本文旨在介绍两个地区的具体实践案例。

一、长野县饭田市："共创空间（平台）"模式下的区域自治与新产业创生实践

位于长野县南部的饭田市是一个独特的案例，它既是一个兼具多品种（温

带、寒带作物）生产能力的农村地区，又是一个拥有 10 万人口的地方核心城市，呈现出显著的混居化特征。在"平成大合并"后，饭田市整合了原上村与南信农村等过疏地区，致力于构建可持续的区域发展模式，以应对未来人口减少的趋势。

饭田市的地方自治根基深植于长期的公民馆活动，这些活动自 1937 年设市以来持续开展，即使在合并后也得以保留并扩展至各旧町村单位。通过设立自治振兴中心和公民馆，饭田市构建了一个以地区为中心的学习与交流平台，培育了"地区事务由地区解决"的自治文化①，为地区发展进行人才储备。

2007 年，饭田市制定了《自治基本条例》，该条例强调市民、市议会与行政三方的协作，旨在推动区域建设的全面发展。核心举措包括引入地区自治组织制度，在该市 20 个地方区域自治区设立包含地区公民馆在内的城镇建设委员会，为特色活动的开展提供框架支持。同时，在行政层面饭田市积极利用市场机制推进公私协作，特别是在环境保护领域，通过确立"地区环境权"，将地方资源产生的能源视为市民共同财产，并利用可再生能源项目的售电收益解决地区问题②，促进低碳、充满活力的地方区域建设。

饭田市将这一系列区域建设过程命名为"共创空间（平台）"，其核心在于建立一个平等参与的"圆桌会议"机制，鼓励居民贡献创意、讨论评估并达成共识，进而催生新事业与创新项目。这一模式不仅提升了个人生活质量（QOL），还显著增强了地方社区质量（QOC），为"良好地区"的创建奠定了基础。

在"共创空间（平台）"模式的推动下，饭田市成功实现了传统产业的转型升级与新产业的创生。蚕丝业与礼品绳等传统产业的衰退并未阻碍该市的经济发展，反而激发了农业作物向苹果、市田柿等水果的转型，并带动了食品加工、精密机械、电子光学等高科技产业的发展。此外，通过公益财团法人南信州·饭田产业中心的协调，中小企业之间形成了相互学习与合作的"风土改革"氛围，促进了航空航天产业集群的形成与出口竞争力的提升。"市田柿"品牌更是通过地理标志（GI）注册，巩固了海外出口的基础。饭田市正在航空航天、食品、医疗生物等新领域积极开展下一代产业创新的研究开发和人才培养，不断提升地区经济循环。

---

① 饭田市的地区建设以"结"（"yui"，意为互助合作）的精神和"ムトス"（"mutosu"，意为"做……"，表示积极主动的态度）为口号推进。

② 如利用售电收入在保育园和设施种植草坪，开展天龙川鹅流峡景观改善项目等。

二、从人才集聚到区域内经济循环：德岛县神山町的自立发展尝试

德岛县神山町位于德岛县中部，距离德岛市中心仅 1 小时车程。1955 年，神山町人口曾达 2 万，但如今已减少至约 5 000 人，仅为当时的 1/4，神山町正经历着显著的人口流失与老龄化挑战。然而，自 2011 年起，社会动态人口一度转为正增长，此后几年也时有正增长出现，表明人口流出趋势得到一定遏制，这一转变近年引起了广泛关注。

这一积极变化的背后，是源自过去 20 多年来的社区建设努力。神山町以当地小学收藏的"蓝眼睛人偶"为起点，逐渐发展成国际交流的新平台①。同时，通过实施"艺术家驻留计划"，邀请国内外艺术家驻地创作，提升了神山町的文化价值。2004 年，非营利组织 Green Valley 的成立进一步推动了人才聚集的进程。该组织通过运营"IN 神山"网站，成功吸引了艺术家、创意工作者和建筑师等多样化人才以"工作驻留"形式在神山町设立驻留基地。这不仅为神山町带来了新的活力和创意，还促成了 IT、设计和影像制作等企业的卫星办公室入驻。Green Valley 理事大南信也表示："这些移居者带来了活力和创意，正是他们的到来促成了卫星办公室的设立。"他将这一系列过程视为广泛的人才集聚。随着新的人口流入，神山町的经济循环也开始发生变化。移居者们开设的小酒馆、比萨店等服务业推动了当地食材和资源的需求，进而催生了旨在传承农业和饮食文化的"Food Hub Project"以及利用当地杉木创造新价值的"神山雺项目"②。这些项目共同构建了从上游开始的区域经济循环。

为了加强当地居民与移居者之间的交流与理解，政府还将地方创生综合战略设计为"将城镇传承给下一代的项目"，通过组织居民参加町内参观，让他们直接了解移居者开设的店铺和参与的项目，以及举办居民和移居者共同参与的研讨会等活动增进相互理解。

大南信还指出，尽管神山町仍存在诸多不足，但通过开展各种类型的"驻留事业"，成功地从外部引入了人才和创意，填补了地方的不足，并为地方引入了高端职业。他期待未来能与旅游业等领域合作，进一步吸引外部资金，推动神山町的持续发展。

---

① 神山町从当地小学收藏的"蓝眼睛人偶"这一日美友好的象征入手，居民自发寻找人偶的赠送者，这一经历发展成为国际交流的契机。

② 保护神山的山川，利用当地杉木制作器皿和精油，创造新价值。

第三节　解读案例所示的农村复兴步骤

一、共通的核心过程：基层内部的重新连接，以及基层与上层的重新连接

从长野县饭田市和德岛县神山町的社区发展实践中，我们观察到复兴进程遵循一定的逻辑顺序，并体现出共通的核心过程。概括其精髓如下：①基层内部再融合。面对人口流失和居民对地区关注度下降的问题，首要任务是解决社区的空洞化现象，即重塑和强化社区内部的联系。②基层向上层的推动。随着居民对地区生活的实际感受逐渐恢复，重点转向利用地区资源创造新价值，进而促进工作和商业活动的增长，形成从基层向上层的推动力。③上层的重构。最终目标是构建一个符合当代需求的地方区域经济循环体系，实现上层结构的重塑和优化。这一系列演变过程如图8-2所示。

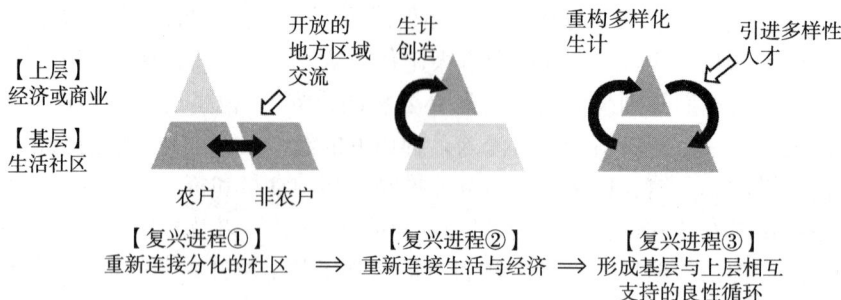

图8-2　农村社会复兴进程

回顾饭田市的实践举措：①应对社区空洞化（基层内部再融合），在长期公民馆活动积累的基础上，成立了新的城镇建设委员会。该市不仅着眼于提升个人生活质量（QOL），更致力于打造一个高质量地方区域社区（QOC），将"环境"定位为地方区域内可共享的现代主题，从而成为各种地方区域主体参与项目的入口。②以此为基础，以地域环境权为核心的社区项目逐渐具体化，为从日常生活到地区经济循环的过渡搭建了坚实的桥梁（基层向上层的推动）。③在社区自治框架下培育的"共创空间"，不仅激发了当地中小企业和不同行业之间的协同创新，还从全球视角提升了地区经济的竞争力，实现了更高层次的经济循环（上层的重构）。

神山町的情况如下：①面对人口减少、老龄化和地区经济萎缩的挑战，该町通过多样化的居住项目吸引外部人才流入。综合战略的制定不仅加强了移居

者与当地居民的交流，还促使本地居民意识到社区的变化，从而实现了基层居民的再融合（基层内部再融合）。②在人才聚集（以人引人）的过程中，新的需求应运而生，年轻人开始利用当地资源创造服务和就业机会（基层向上层的推动）。③这些新兴活动进一步激发了神山基础产业——农林业的新需求，提升了当地产品的价值。尽管人口减少和老龄化对农村经济构成挑战，但神山町的策略并非仅关注下游消费市场或依赖外部资金，而是与年轻力量共同合作，确保地区掌握自身发展的主导权，构建以内循环为主的自主经济体系（上层的重构）。

这一系列过程与稻垣文彦等（2014）在2004年新潟县中越地震重建工作中提出的"从加法支援到乘法支援"的阶段性支持理论相呼应。具体而言，包括：①在聚落因人口稀疏或灾害而陷入萎缩状态时，外部支持者的陪伴式援助帮助居民逐渐找回社区活力，开始小规模的行动并积累成功经验，这是"加法"阶段。②随着居民对现状的重新审视，迸发出与新伙伴共同前进的活力。③由此产生新的挑战，社区发展进入"乘法"阶段，与经济紧密相关的支持措施开始显现其效用，从而推动社区的全面复兴。

二、青年生计创造：基层与上层经济循环的桥梁

在前述两个案例中，长野县饭田市对"地域环境"的理解，以及德岛县神山町"外来青年"的定居现象，共同构成了基层社区建设与上层地区经济循环再连接的起始点。这一现象揭示了青年群体在推动农村地区复兴中的关键作用。

依据本书第七章的分析，自2000年下半年起，农村地区青年外流趋势开始逆转，青年回归农山村的现象日益显著。通过深入剖析地方区域振兴协力队等地方支援人才的实践活动，笔者观察到一种共性过程，即青年们首先通过日常交流、"生活支援"以及积极参与村落的共同劳动等"社区支援"活动，与当地居民建立深厚的信任基础。随后，他们利用自身经验和网络资源，在地区内探索并创造新的角色与工作机会，这一过程可视为"价值创造活动"，是青年的成长过程（图司直也，2014）。

此模式与第三章探讨的"生计创造"理念不谋而合。简井一伸（2021）将生计描述为谋生工作、自我实现的生活方式，以及利用地区资源和解决问题等与地区的联系的总和，并将其定义为一种经济活动，它不仅关乎个人生计，更在于与地区社区互动中创造并共享财富与服务，实现自我价值与地区发展的双重目标。青年的生计创造，正成为连接基层社区与上层经济循环的原动力。

三、在可持续里山环境建设中找到角色的青年

提倡生活农业论的德野贞雄（2011），从综合分析的视角，将从事农业的农民作为人的存在方式和行为方式的"人"的领域，与现代高度产业化社会中的消费生活以及过疏化、老龄化进程中的农家、农村的生活方式和生活状态等"村"的领域联系起来，提出了重新审视当前农村的观点。

延伸这一思路，即使在当今农村居民自身已远离农耕生活的情况下，农村仍是被以农业活动为基础的资源所包围的空间。因此，重要的是如何让社区重新感受到通过农业创造更好的居住环境。具体而言，需要重新建立当地居民与农业的接触点，让他们重新发现农业的乐趣和作用，对自己的饮食生活产生兴趣。

从这个角度来看，近年有志于有机农业的年轻人具有象征性的意义，笔者将他们的行动称为"生计务农"。他们出于"食物最好不用农药和化肥种植"的简单理由，立志从事有机农业，积极思考如何利用里山①资源，并与当地村落保持密切联系，努力增加同伴。还有人表示，"如果不从事农业，来山区就没有意义。我想通过巧妙地结合农业、林业和狩猎这三个齿轮来守护里山"。他们在追求里山环境的可持续性的同时，也花时间参与地区的自治，展现出扎根农村的积极姿态（图司直也，2019a）。

笔者长期关注的冈山县美作市上山地区，是一个因梯田复兴活动而活跃起来的地区。移居者从事的生计也多种多样，包括上门服务，旧民居改建网吧、民宿，药草销售，狩猎，鹿皮制品制作销售，木工和稻草工艺，露营地经营，服装设计，医生等，各自利用专长开展事业。但根本上，所有人都参与水渠清扫和农活，以重建上山梯田为目标，努力创造自己独特的农耕生活方式。

这些年轻人有一个共同点，就是对农耕生活的广泛理解，这与"半农半X"的本质相吻合。提出"半农半X"概念的盐见直纪（2014）将其定义为"在过着可持续的、以农业为主的小规模生活的同时，将天赋（个性、能力、特长等）用于社会，从事天职（X）的生活方式"。在当今年轻人回归农山村的趋势中，可以看到他们以农业为中心，同时创造出利用农村资源的"X"，以各自的方式参与里山，感受扎根于此的意义。

长期关注有机农业一线的大江正章（2020）也指出，回归田园的趋势日益增强，接受年轻人从事有机农业和"半农半X"挑战的地区有着共性。他表示，从事有机农业的地区负责人，虽然坚持自己的理念，但对他人宽容，无论

---

① 里山，指靠近村庄的山及森林。——笔者注

是在农林业、地方产业还是在政府工作中，都具有创造和推广真正有价值事物的伦理观和适当的商业意识（经济独立）。青年们正扮演着这一有机系统的关键角色，将这种意识以柔软、温暖、滋润的方式融入地方区域，他们中的许多人都具备这样的感性、能力和技巧。大江正章在这里使用"有机的"一词，赋予了"本质上，许多事物聚集构成整体，各部分紧密联系相互影响，创造良好关系"的含义。

可以说，年轻人正是通过有机地连接里山环境，在与当地居民建立有机关系的同时，承担着连接基层和上层的角色，以确保里山环境的延续。

第四节　新复兴进程中应思考的视角

一、超越世代隔阂，与外来者共创未来

在持续关注日本城镇建设动态的冈崎昌之（2020）眼中，当前引领返乡潮流的"团块世代"的第二代正面临艰难抉择：是回归故乡，守护年迈的父母与日渐式微的村落，还是将父母接入城市，共享现代生活的便利？这一抉择不仅关乎个体命运，更直接影响到山区聚落的存续与地方社会的未来。与此同时，冈崎昌之也指出，这一代人的流动模式已发生深刻变化，从单向的城市向地方流动转变为地方之间的复杂对流，伴随着更高的自由度与流动性，形成了城乡之间前所未有的互动格局。在日本总人口递减、社会结构日趋成熟的背景下，年轻一代虽受代际更替困扰，却仍有可持续社会的理想，运用"反向推演"的思维模式，致力于开创更加美好的未来社会。

此外，农村老龄化问题日益严峻，"核心世代"① 多历经第二次世界大战后科技振兴与经济发展，对家乡相对落后的现状多有无奈。面对人口老龄化和减少带来的衰退，他们虽在政策鼓励下尝试制定地方愿景，但受限于体力与精力，改善现状的努力往往力不从心，从而陷入从现状出发、逐步改良的"正向推演"困境。

因此，新的复兴进程亟须跨越代与代之间对农村未来认知的鸿沟，实现从"正向推演"向"反向推演"的思维转换，即不再局限于现状，而是面向理想社会进行前瞻性规划。然而，这一转换绝非易事。

---

① "核心世代"（亦称"中心世代"）指的是当前在农村担任社区领导和管理职责的主力人群。这一群体处于特殊的历史节点，他们既是日本快速发展时期的亲历者，又是当前农村衰退现象的见证者和应对者。这种双重身份导致他们在面对地区发展愿景规划时，往往表现出较强的无力感和悲观情绪，这种心理状态也影响着基层社区的政策实施效果。——译者注

为克服代与代之间的意识差异，冈崎昌之（2020）强调，把握年轻人对农山渔村兴趣高涨的时机至关重要，以免错失地方复兴的宝贵机遇。地方政府及建设组织需认真倾听并重视年轻人的心声与价值观，思考如何将他们的能力和热情有效转化为地方发展的动力。社会空间论学者佐藤宏亮（2017）亦提出，在地方区域社会流动化、跨世代跨地域的背景下，管理主体与管理方式的确定成为关键问题。他倡导，通过轻松的氛围促进个人想法的交流与分享，构建各类参与者的共鸣平台，从而通过友好交往确认该地方区域的社会规范。

笔者通过 10 年观察发现，投身农村的年轻人在初期摸索中与村民建立联系，对当地技术与文化产生敬佩（年轻人对地方区域的共鸣），随后获得村民支持，共同参与解决地方问题（地方区域对年轻人的共鸣）。这种互动逐渐发展为"共鸣的相互交换"，促使居民通过年轻人与更广泛的社会主体建立联系，切实感受到地方复兴的希望，并考虑将接力棒传递给年轻一代（图司直也，2019b）。如前所述，面对地方区域未来愿景的宏大规划，往往因承担者（中坚力量）无法预见未来，导致规划无法推进。此时，重识模糊居民面孔、强化薄弱资源联系、创造共同议题、深化内外交流，促进共鸣当为首要任务。

工作坊与乡土学习等活动[①]，通过参与式体验，让个体意识到自身事务与家庭、地区事务的紧密联系，从而激发责任感与行动力。例如，德岛县神山町的案例所示，持续优化现状、积累小步前进的经验[②]，比空谈愿景更能引领地方走向光明未来。饭田市的"共创空间"与神山町的城镇建设阶段均体现了这一理念。

二、以"生活景观"为标尺，提升农村品质

只有实现代与代之间的顺畅沟通，才能使居民以适合自己的时间轴，通过"反向推演"思维展望未来，并有意识地遵循图 8-2 所示的复兴过程，朝着更好的方向发展。实现这一目标，则可从返乡年轻人所重视的里山环境的维护开始提上日程。

从城市与地方区域景观视角探讨地方规划的后藤春彦（2015），将当地居民生活气息浓郁的景观称为"生活景观"。他认为，"生活景观"在继承上一个时代的基础上，不断叠加新的层次，通过空间和时间的积累来保持其价值。然

---

① 正是通过参与研讨会（工作坊）与乡土学习等活动，使人们意识到"个人事务"与"家庭事务"，进而与"地方区域事务"之间的联系，也是大家首次分享自己可承担角色及所能发挥作用的场所（平台）。

② Green Valley 理事大南信在总结经验时指出："实际上，我们并没有太多地描绘未来的愿景。每天都在优化现状，一直以'今天比昨天更好'为目标持续努力，当前所取得的成果便是其具体体现。"

而，在当今社会收缩的背景下，"生活景观"正在发生变化，甚至面临崩溃。因此，"生活景观"不仅需要保护和传承，更需要市民积极培育。需要在日常生活中努力将贴近生活的城镇建设成果以新的"生活景观"的形式呈现出来。重新发现和分享蕴含在地方区域中的"知识"和"价值观"，并将其体现在空间之中，将对最终形成的场所（景观）品质产生巨大影响。因此，后藤春彦指出，优秀卓越的"生活景观"才是我们追求的目标。

本章开篇描绘的农村景象，包括田野、森林、河流、村落房屋等构成的里山环境，恰与后藤春彦所说的"生活景观"理念相契合。例如，神山町与美作市上山地区案例所示，外部参与的年轻人继承老一辈的农村生活方式和文化，通过自身努力在乡村环境中叠加新层次，传承其价值。这一过程对提升农村品质至关重要。饭田市则以环境为纽带，提升个人生活质量（QOL）与社区生活质量（QOC），打造高品质农村。后藤春彦进一步指出，"城镇建设是居民利用社会关系资本追求丰富生活的过程"，为居民与移居者共享复兴目标提供了平台。

高品质农村作为未来理想形态，要求解决承担者（骨干人才）世代交替与资源传承问题。在传统家庭继承机制失效[①]的背景下，投身农村的年轻人开始接手农田、林地与房屋等资源，认识到地方区域空间利用的重要性，并尝试对这些资源翻新改造。后藤春彦（2015）提出的从"土地所有意识"向"空间共享意识"的转变，已经成为农村复兴不可或缺的视角。

地理学家宫口侗迪（2020）将地方建设描述为"创造并叠加符合时代价值的过程"。在本章探讨的世代交替场景中，"时代"一词显得尤为重要。他指出，农村的本质价值在于"人们继承和学习地利用自然的技能体系，使美丽的山川景观得以保留，以手工技艺为支撑的小规模农业和林业活动得以继续"。在村落中，支撑生活的许多习俗得以传承，"若能根据时代的发展对传承的重负进行灵活调整，则可叠加新的社会价值。除了生计问题，还需要思考如何构建舒适宜居的地方社会，在充满活力的关系中不断催生新事物，这些都需要社会理论的活性化思维"。换言之，如果作为基础的社区能够根据时代的变化创造舒适的生活机制，那么作为上层的经济价值也能自然得到提升。

宫口侗迪提出，应通过创建"先进的少数派社会"来实现"有吸引力的低密度居住"。如今，在那些居民能够共享这一理念的地区，吸引了众多年轻人，

---

　　①　农田、林地和房屋等农村主要资源，过去通过继承家业的方式得以维持。然而，随着家庭规范的淡化，通过继承实现资源传承的机制已无法正常运作。在所有者家族的血缘范围内，找不到合适的使用者和管理者，导致耕地荒废和房屋空置等闲置资源问题日益严重。

他们正在为顺利实现代际交替的接力而努力，农村创新的场景正在出现。超越世代，无论老幼男女，每天都在积累点滴努力，共同致力于建设高品质农村的浪潮，可谓真正意义上新的复兴进程。

【相关图书推荐】

1. 『**震災復興が語る農山村再生——地域づくりの本質**』(《震灾后重建所揭示的农山村复兴——地方建设的本质》)

稻垣文彦等（2014）；commons

推荐理由：该著作以新潟县中越地区为例，采用"加法与乘法过程"这一两阶段变化模型，对2004年中越地震后受灾集落的复兴过程进行阐述。此框架作为探讨农村复兴过程的基础理论，已在多种场景中得到广泛应用。

2. 『**プロセス重視の地方創生——農山村からの展望**』(《注重过程的地方创生——基于农山村的展望》)

小田切德美、平井太郎、图司直也、筒井一伸（2019）；筑波书房

推荐理由：该著作从实地层面描绘了社区（城镇）、人才（人）和就业（工作）这三个要素的发展过程，并阐明了这种描绘的意义。这三个要素不仅是地方建设的核心，也是地方创生的关键组成部分。

3. 『**過疎に打ち克つ——先進的な少数社会をめざして**』(《克服人口过疏——追求先进的少数派社会》)

宫口侗迪（2020）；原书房

推荐理由：作为地理学家，作者走遍国内外展开实地考察，提出从风土特色中发现并培育当地价值的重要性。对于人口稀疏地区，他早已主张应将其视为率先经历人口减少阶段的地区，并应志存高远，追求建设富足的少数派社会。这一观点已成为当今地方区域建设的理论支柱。

【参考文献】

NPO 法人グリーンバレー・信時正人（2016）『神山プロジェクトという可能性——地方創生，循環の未来について』廣済堂出版

大江正章（2020）『有機農業のチカラ——コロナ時代を生きる知恵』コモンズ

岡﨑昌之（2020）『まちづくり再考——現場から学ぶ地域自立への道しるべ』ぎょうせい

神田誠司（2018）『神山進化論——人口減少を可能性に変えるまちづくり』学芸出版社

後藤春彦（2015）「景観と自治」大森彌ほか『人口減少時代の地域づくり読本』公職研

佐藤宏亮（2017）「社会的空間論——遷移する都市のマネジメント」後藤春彦編著『無形学へ——かたちになる前の思考』水曜社

塩見直紀（2014）『半農半Xという生き方〔決定版〕』ちくま文庫

生源寺眞一（2011）『日本農業の真実』ちくま新書

図司直也（2014）『地域サポート人材による農山村再生』筑波書房

図司直也（2019a）『就村からなりわい就農へ——田園回帰時代の新規就農アプローチ』筑波書房

図司直也（2019b）「プロセス重視の「ひと」づくり——農山村の未来を切り拓くソーシャル・イノベーターのへの成長」小田切徳美・平井太郎・図司直也・筒井一伸『プロセス重視の地方創生——農山村からの展望』筑波書房

筒井一伸編（2021）『田園回帰がひらく新しい都市農山村関係——現場から理論まで』ナカニシヤ出版

徳野貞雄（2011）『生活農業論——現代日本のヒトと「食と農」』学文社

日本村落研究学会編（2007）『むらの社会を研究する——フィールドからの発想』農文協

牧野光朗編著（2016）『円卓の地域主義——共創の場づくりから生まれる善い地域とは』事業構想大学院大学出版部

【专栏 7】

"平成大合并"与人口小规模自治体

［日］小野文明

截至 2022 年 1 月末，日本全国共有市町村 1 718 个，其中包括 792 个市、743 个町和 183 个村。这一数字会给公众留下怎样的印象呢？在探讨此议题前，先回溯一下市町村数量变迁的历史脉络。

1889 年 4 月 1 日，日本正式实施"市制町村制"，标志着现代地方自治制度的建立，当时市町村总数高达 15 859 个，这一数字是"明治大合并"① 的产物。在此之前，未实施市制时的町村数量更是高达 71 314 个。

随后，自治体经历了"昭和大合并"（1953—1961 年，自治体数量从 9 868 减少到 3 472）和"平成大合并"（1999—2010 年，从 3 229 减少到 1 727）两次

① "明治大合并"：在明治维新运动的推动下，日本政府主导并强制推行了町村合并，旨在废藩置县，确立现代市町村制度，并为推行全国性的教育、税收政策以及农业产业结构转型奠定基础。——编者注

大规模合并，自治体数量逐渐减少到现在的水平。

根据总务省的资料，"明治大合并"是为了处理小学和户籍事务，以300~500户为标准，在日本全国范围内统一实施町村合并。"昭和大合并"是为了有效设置和管理中学，以人口规模8 000人为标准推进合并。"平成大合并"则是基于执政党"市町村合并后自治体数量目标为1 000个"的方针，推进自主性的市町村合并。"明治大合并"和"昭和大合并"都有具体方针，而"平成大合并"的背景则包括：①地方分权的推进；②少子老龄化的进展；③广域行政需求的增加；④行政改革的推进。基于这些背景，认为"需要充实基础自治体市町村的规模和能力，强化其财政基础"，从而推进市町村合并。

然而，"平成大合并"的成效评估存在分歧。合并后，合并与未合并自治体之间并未显现显著差异。多数学者认为，推动合并的根本动因在于自治体受到了中央政府就"地方交付税削减等严峻的财政状况"以及"合并后自治体所能享有的特殊优惠政策"等方面所做的广泛宣传的深刻影响。

此外，自治体的合并意味着地方首长和议会的消失，即政治主体的丧失，而这一关乎自治的根本性问题在地方乃至全国层面均未得到充分讨论。尽管"平成大合并"已经结束，但仍需着眼市町村中按人口规模划分的町村数量分布（表1）。

表1 按人口规模划分的町村数量
（基于2020年1月居民基本登记册人口）

人口规模（人）	町村数（个）	比例（%）
3万以上	64	6.91
2万~不足3万	84	9.07
1万~不足2万	263	28.40
5 000~不足1万	245	26.46
3 000~不足5 000	123	13.28
1 000~不足3 000	116	12.53
不足1 000	31	3.35
合计	926	100.00

（5 000~不足1万至不足1 000合计：55.62）

数据显示，在926个町村中，人口不足1万人的町村有515个，占全部町村的半数以上（55.62%）。这种规模常被称为"可见面的关系"，因其便于把握地理范围、聚落特征、地域文化及居民生活状态。此类小规模自治体即使在町村合并后依然广泛存在。

相比而言，欧洲各国的自治制度不同，自治体数量亦呈现多样性：①英国约 470 个；②法国约 35 000 个；③德国约 11 000 个；④意大利约 8 100 个。其中，法国约 97% 的自治体人口不足 1 万人。这一比例远高于日本。因此，从地方建设的角度来看，日本的市町村数量并不显得过多，人口规模小的自治体反而可能具有优势。

在职员人数较少的町村，一个人往往要负责多个领域。为了更快地应对地方区域面临的各种问题，跨领域的视角必不可少。在町村，这种应对方式反而成为优势。此外，小规模的行政机构也更容易实现部门之间的合作和迅速的决策；而且，与居民的"可见面的关系"也更容易把握地方区域发生的变化，促使他们时刻关注地方。町村职员普遍了解地方区域的实际情况，与他们交谈时，会感觉到很多人心怀整个地区。

在人口减少的背景下，"回归田园"和"关联人口"等面向地方的动向，在构建可持续社会结构方面应是最值得重视的因素。这也意味着地方区域的多样性比以往任何时候都更加重要。可以说，富足的社会是拥有多样化选择的社会。这同时也是一个凸显众多小型自治体存在意义的社会。

制定新政策

[日]岛田晓文

第一节　本章讨论的问题

有一种观点认为，"农村作为低效实体，在国家财政资源缩减的背景下，应该将其淘汰"。这种观点被称为"农村淘汰论"。即便不采纳如此极端的立场，"农村低效"的观念在民众中仍具有相当程度的普遍性和影响力。

本章旨在反驳这种阻碍农村可持续发展的观点，并在此基础上提出"新政策"的方向。具体而言，本章将着重阐述以下几点。

首先，"农村低效"的观念是在特定的"政策前提"下形成的，一旦这些前提发生改变，该观念便不再成立。这里的"政策前提"指的是政策中固有的理论假设和评估方法。

其次，通过关注农村"规模小"的优势和潜力来制定"新政策"，可以使农村成为创新的平台；同时，通过关注"规模小"的劣势和挑战来制定"新政策"，可以促进农村的可持续发展。

此外，需要明确的是"农村"是一个广义的概念，涵盖所有非都市地区，包括渔村。在提及"农村"时，有时指的是地方自治体的一部分（农村＜地方自治体），有时则指整个地方自治体（农村＝地方自治体）。本章主要以前者为主，但在必要时也会涉及后者。此外，在讨论农村的"小规模性"时，主要关注的是"农山村"。"农山村"不仅包含中山间地区，还涵盖地形和地理条件相对不利的区域，如离岛和偏远地区的平地农村（小田切德美，2014）。

第二节　政策与中央—地方关系

鉴于部分读者对政策的定义、形成主体及其实施方式的理解尚不深入。因此，为了便于理解本章内容，本文首先将对这些概念进行简要阐释。

"政策"是指"政府在意图改变其环境条件或目标群体行为的前提下，为实现这一目的而制定的行动方案"（西尾胜，2001）。其构成要素在国家（中央政府）层面主要包括法律（由国会立法）、政令（由内阁颁布）、府省令（由各省大臣制定）及通达（现称"通知"，由各省厅局长、课长等发布）。此外，预算（经国会表决通过）、国家层面的计划及基于这些计划的具体项目亦为构成政策的重要部分。

另就地方自治体（地方公共团体）层面而言，政策的构成要素则包括条例（由地方议会制定）、规则（由首长制定）、纲要（关于自治体基本或重要内部事务的规定）、预算（经地方议会表决通过）、地方层面的计划（记载自治体愿景、目标及其实现方法的文件）及基于计划的个别项目。其中，最核心的要素是法律。法律规定了政策的总体框架与标准，而地方自治体则负责具体执行，这是日本政府体系的基本形式。然而，当法律规定与地方实际脱节或不足以应对具体问题时，地方自治体有权制定并实施自身的条例等规范。

需要注意的是，中央与地方之间并非简单的上下级从属关系，国家不能随意支配地方自治体。尽管如此，地方自治体仍需遵守由"国家最高权力机关"（《日本国宪法》第 41 条）制定的法律。对于法律条文中"必须"或"应当"等强制性规定，地方自治体必须执行；而对于如"可以"或"应努力"等非强制性建议，地方自治体则享有选择权。

然而，从中央政府的视角出发，地方自治体的自由选择权可能带来不确定性。由于法律法规本身的抽象性，地方自治体在执行过程中拥有较大的自由裁量权，可能偏离中央政府期望的方向。为减少这种不确定性，中央政府通过发布通达，为地方自治体提供具体操作方式和详细标准。通达是由没有民主合法性的各府省官员发布的，作为组织内部规范，不具备对外法律约束力。因此，自治体理论上不需要遵守。然而，以前自治体不得不遵守的主要原因有二（此外，有说法称中央政府官员调派到自治体工作也是一种控制手段）。

第一，存在"机关委任事务制度"（即将自治体首长等视为中央下属机构，委任其处理国家事务的制度）。在这种制度下，自治体在处理机关委任事务时，被视为中央下属机构，必须遵守作为组织内部规范的通达。中央的便利之处在于，自治体基层并未区分哪些事务是机关委任事务，哪些事务不是。因此，所有事务中，通达都被尊重。

第二，补贴（补助金）作为中央政府的重要控制手段之一，其机制在于，若自治体按照中央规定的标准实施项目，国家将承担一定比例（有时甚至是全部）的费用。鉴于许多自治体财政拮据，面对补贴的诱惑往往趋之若鹜，从而被引导至中央期望的方向。

因此，日本长期以来维持着中央集权型的行政体制。然而，进入 20 世纪

90 年代，中央集权的弊端逐渐显现，受到广泛关注。1995 年，依据《地方分权推进法》，成立了地方分权推进委员会，主导了一系列改革。这些改革的成果在 2000 年 4 月 1 日施行的《地方分权一揽子法》中得以体现，这次改革被称为"第一次分权改革"。

此次改革废除了机关委托事务制度，自治体在处理自治事务时，不再受国家通告（原称为通达）的约束。尽管自治体仍需遵守法令，但法令的规定往往较为抽象，留有解释的空间。过去，通告在一定程度上限制了这种解释空间，而从通告的束缚中解脱出来后，自治体对法律的解释空间得以扩大。

同时，《地方自治法》的相关规定也为自治体的自主性和独立性提供了法律保障。该法第 1 条第 2 款第 2 项规定，"国家……应尽可能将与居民生活密切相关的行政事务委托给地方公共团体，并确保其在制定制度和实施政策时的自主性和自立性得到充分发挥"。此外，该法第 2 条第 12 项还规定，"有关地方公共团体的法律法规应根据地方自治的宗旨进行解释和运用"。第 2 条第 13 项规定，"考虑到国家与地方公共团体之间的适当角色分担。当法律或政令规定由地方公共团体处理的事务属于自治事务时，国家应特别关注地方公共团体的特性，使其能够根据实际情况处理相关事务"。综上所述，日本已经在一定程度上具备了便于自治体自主判断和自主制定政策的制度条件。

但是，包括补贴问题在内，仍有诸多遗留问题未得到解决。特别是近年，中央政府要求自治体制定计划，并通过财政控制手段来引导和控制自治体的做法愈发明显。此外，现行法律在许多情况下限制了自治体的行动自由。综上所述，进一步推进地方分权改革的必要性显而易见。

基于以上背景，需要阐明本章标题"制定新政策"的两层含义：第一层含义是"地方自治体应根据地方区域实际情况，自主判断选择或舍弃国家政策，或制定符合自身特色的政策"。第二层含义是"在现行法律框架无法充分实现上述目标的情况下，应通过修改国家制度来为其创造可能性（即实施地方分权改革）"。本章将围绕"制定新政策"这一核心议题展开讨论，并适时涉及地方分权改革的相关内容。

第三节　重新审视"政策前提"

一、摆脱"规模经济"的束缚

首先，本文将对"农村是低效实体"这一观点进行反驳。此观点在特定的政策前提下成立，然而，一旦改变这些前提，它就不再成立。

导致"农村是低效实体"这一观念形成的核心政策前提是："通过实现

‘规模经济’（即随着生产量增加，单位产品的平均成本下降的现象），可以实现政策的高效实施”。基于这一理念，"平成大合并"政策试图通过扩大地方自治体的规模来提升效率。然而，在具体政策实践中，这一前提并非总是适用。

以下水道建设政策为例，该政策涉及在目标区域铺设管道，收集并集中处理污水。下水道建设费用高昂，尤其是在人口密度低的农村地区，高昂的人均成本使得"农村是低效实体"这一观点显得尤为突出[①]。然而，污水处理并非只有公共下水道一种方式，合并处理净化槽[②]（即分散处理方式）提供了另一种选择。净化槽安装在家庭附近，无须广泛铺设管道，成本亦显著降低，因而"农村＝低效"的说法将不再成立。尽管合并处理净化槽的管理可能面临挑战（有批评指出由个人管理可能导致管理跟不上），但通过创新管理模式（如自治体管理或自治会统一管理）可以有效克服这一问题。

重要的是，根据地区实际情况选择适当的政策。此前，推动下水道建设的国土交通省（原建设省）影响力较大，而推动合并处理净化槽的环境省（前身为厚生省）影响力较弱，导致即使在不适合下水道的地方，也倾向于基于"规模经济"思想推进下水道建设（岛田晓文，2008）。然而，近年，国土交通省自身也开始重新审视政策方向，日本全国各地的自治体开始转向合并处理净化槽的建设（中川内克行，2020），体现了政策前提的转变。

展望未来，自来水政策也可能经历类似的转变。面对全国范围内水管老化的严峻挑战[③]，特别是在山区农村，大规模更新水管的成本效益更低。然而，如果改变政策前提，情况就会完全不同。乡村地区往往拥有良好的水源，可引水建造简易过滤设施，由居民管理小规模水道（不属于水道法规定的水道）。在冈山县津山市，通过当地、非营利组织（NPO）和市政府合作建设小规模设施，截至 2016 年，已在 5 个村落建成 6 个设施（保屋野初子，2017）。岩手中部水道企业团也在进行结合"慢速过滤"和"上向流粗过滤"的小型设施实证实验。此种情况下，对行政层面而言几乎没有成本，对居民而言，小规模水道不仅成本极低[④]，还能实现高效的水资源管理，形成双赢局面。

---

①　下水道建设需要巨额费用。例如，仅管网铺设费用，根据管径大小和施工方法的不同，每 100 米就需要 500 万～3 000 万日元（以某自治体为例）。在人口密度高的地区，人均成本较低，问题不大。但若将下水道延伸至人口密度低的农村地区，"农村是低效实体"这一观点就显得尤为贴切。

②　其净化原理本身与下水道相同，都是利用微生物分解污水，排放净化后的水。但合并处理净化槽安装（埋设）在各家庭建筑物的后面、侧面或车库等处，无须广泛铺设管网，因此成本大幅降低。

③　日本全国的水管总长度约为 68 万千米。截至 2016 年末，超过法定使用年限 40 年的水管总长度达到 14.8%，约 10 万千米（地球一周约 4 万千米，相当于地球周长 2.5 倍的水管已经老化）。导致每年发生超过 2 万起漏水和破损事故。

④　每年只需进行几次约 10 分钟的简单维护，而且用水几乎免费。

上述从"规模经济"思想向更加灵活、因地制宜的政策前提转变的趋势也在其他政策领域（如能源政策、林业政策、农业政策）中逐渐扩大。

二、跨部门效应与长期视角

"农村是低效实体"这一观点往往基于一个政策前提，即将"成本效益"评估局限于各政策领域的纵向分割，且时间轴相对较短。为反驳此观点，我们需要转变视角，从跨政策领域与长远发展的维度来重新考量"成本效益"。

公共交通领域中的"跨部门效应"概念提供了有益的参考框架。这一概念强调，通过对比分析取消公共交通后各行政部门所需承担的多样化替代成本，与当前行政在公共交通运营上的财政支出，可以全面理解公共交通的多方面效益（国土交通省，2021）。例如，取消公共交通可能引发出租车券等额外替代成本的增加，进而推高总成本；反之，维持公共交通不仅能促进老年人出行，提升健康水平，还可能间接带动就业机会和消费活动，最终实现"医疗费和护理费减少"及"税收增加"的良性循环。三重县玉城町引入"元气（健康）巴士"后，超高龄者（75岁以上）医疗费减少约2 000万日元。该案例表明，尽管公共交通运营可能短期内呈现亏损状态，但从整体社会效益来看，其长远价值不容忽视。

地方自治体作为综合性管理主体，相较于职权范围局限于特定政策领域的中央省厅，更具备从跨部门角度审视"成本效益"的优势。因此，应充分利用这一优势，推动政策制定与实施过程中的跨领域协同与整合。

同时，长远视角同样至关重要。从国家整体利益出发，农村人口居住不仅有助于通过耕作和社交活动保持老年人健康，减少医疗和护理负担，还能对自然环境保护和维持粮食自给率产生积极影响。这些跨领域与长期效益的综合考量，无疑是对"农村是低效实体"这一偏见的有力反驳。

此外，根据《展望2040年的社会保障未来预测》（内阁官房等机构于2018年5月发布），2025年社会保障支出中护理和医疗费用将持续攀升[①]。相比之下，公共事业相关费用（6万亿～8万亿日元）虽有所波动，但总体规模相对较小。鉴于未来主要的资金投入方向，凸显了基于长期跨部门效应来制定政策的重要性，以确保资源配置的合理性与高效性。

综上所述，本节通过重新审视政策前提，从跨部门效应与长期视角出发，对"农村是非效率的"这一传统观点进行了有力反驳。下一节将聚焦于农村地区"小规模性"的独特优势，探讨如何通过政策创新与地方分权改革，进一步

---

① 护理费用约为15.3万亿日元，医疗费用约为47.4万亿～47.8万亿日元。

激发农村发展潜力，创造出"农村富于创新"的崭新局面。

第四节 探索"农村＝小规模"优势的政策展开潜力

一、发挥"小规模"优势的政策展开

从"规模经济"的思维来看，由于农村的规模较小，而被认为是低效的。然而，一旦摆脱这种思维模式，深入剖析农村的"小规模性"时，不难发现其中蕴含的丰富优势和强项。这些优势包括但不限于人际关系的紧密性（即面对面的交流机会）、高度的灵活性以及个体自我实现的便利性。这些特质与农村长期积淀的文化底蕴（如精湛的技艺、广博的智慧、对非经济价值的重视）以及得天独厚的自然环境特征相互交织，共同塑造了农村独特的魅力。

遗憾的是，过往的政策制定过程中，这些"小规模性"带来的优势并未得到充分发掘和利用。相反，政策制定者往往不自觉地以东京等城市为标杆，采用城市化的思维模式来规划农村发展。这种倾向在多个领域均有体现，以教育领域为例，当提出将小学和中学的空闲教室开放给社区居民使用时，常遭遇来自学校内部的反对声音，主要担忧在于开放后可能带来的安全隐患。

因此，有必要重新审视并调整政策制定的思路，深入挖掘并充分利用农村"小规模性"的优势。通过政策创新，如探索灵活多样的教育资源共享模式；同时加强安全管理措施，以平衡开放与安全之间的关系，从而释放农村发展的内在潜力，推动农村向更加多元化、可持续的方向发展。这一过程不仅有助于提升农村的经济效率，更能促进农村社会的全面进步与繁荣。

表面上看似合理的观点，在城市环境中或许有其适用性。然而，当我们将视线转向农村地区时，情况是否依然如此？鉴于农村地区的"小规模性"特征，居民之间往往相互熟识。在此背景下，学校的开放实际上可能让"社区居民的监督"得以加强，从而更敏锐地察觉外来者的侵入，进而提升安全性（南学编著，2016）。

以东京为标准的城市化思维在农村地区并不总是合理。更为关键的是，需要制定符合地方实际情况的政策，这些政策应充分认识到并利用"小规模性"所带来的优势和强项。

二、推动地方分权改革

为了扩大地方自治体在制定政策时考虑"小规模"优势和强项的可能性，推动地方分权改革显得尤为重要。

以监管政策为例，监管政策是通过设定规则来限制人们的权利和自由，以抑制不良事态。根据《道路运输法》，未注册为自用有偿旅客运输团体而私自载客并收费，即构成"非法营运"行为（违法行为）。为避免此类情况，须达到一定标准并获得团体注册，注册团体需定期报告，且驾驶员必须接受驾驶培训。

然而，为何需要如此监管？主要担忧在于"无监管则安全性不足"和"可能出现向乘客过度索费的非法行为"。但对于前者，日常驾驶者并非特别不安全，仅75岁以上高龄驾驶者需特别考虑，这应通过改善驾照制度解决。对于后者，担忧基于陌生人一次性乘车的前提，若司机与乘客熟识且多次搭载同一乘客，则此担忧将大为降低。在以"小规模"为特征的农村，不良行为会迅速传开并受到谴责，因此鲜有人为之。

鉴于此，全国统一实施严格监管或许并非必要。即使在未按照《道路运输法》进行注册的情况下，也可允许一定程度的金钱交易，特别是在农村地区公共交通衰退的背景下，这符合确保就医、购物等出行手段的需求。

虽然制度设计的细节需要进一步完善，但可以考虑如"通过法律规定'允许自治体自行制定条例，在上述情况下将该地区设定为法律不适用地区'"的制度设计。总之，为实现现行法律无法涵盖的事项，进一步扩大自治体的政策制定能力，并满足地方实际需求，推动地方分权改革势在必行。

三、农村作为创新孵化地的可能性

监管政策通常基于"不特定多数"的社会结构（即城市型社会）构建，以应对投机取巧与背信行为，因此实施严格的规则化、惩罚措施或经济激励。然而，农村作为"特定少数"的社会，居民行为高度可见，且基于持续居住的前提，背叛行为罕见，形成了一种独特的"相互监督社会"。这种社会结构虽非全然无弊，但其效用不容忽视。基于此，本文提出的"以条例为媒介的农村限定监管放宽"（以下简称"农村限定监管放宽"）策略，旨在利用这一效用，允许各地方自治体通过地方条例灵活应对具体问题，而非仅依赖从上至下的统一规则。

这种"农村限定监管放宽"策略可以应用于各种政策领域。若能在多个政策领域实现，农村作为创新孵化地的可能性将大大提高。

需要认识到一些农村已经成为潜在的创新孵化地，如高龄生产者利用 PC 和平板电脑接单并出货"配菜"（tsumamono）① 的"叶片生意"（德岛县上胜

---

① "配菜"是指在日本菜中用于日式清汤或生鱼片的配菜。其主要功能是期望通过美化视觉效果或消除腥味来刺激食欲。通常，附加在生鱼片旁的海藻、青紫苏，以及黄瓜或萝卜的细丝、食用菊花、欧芹、山葵、生姜等均被广泛称为"配菜"。——译者注

町）；将整个岛屿作为学习场所的"高中魅力化项目"（岛根县海士町）等。其形成背景如下所述。

第一，农村中仍然保留着城市中逐渐消逝的"野性智慧"。例如，因纽特人通过观察自然现象导航的智慧①。这是为了在严酷的自然环境中生存而发现并传承下来的智慧，正是"野性智慧"的体现。在日本农村，这种智慧体现在种植农作物、砍伐树木、烹饪等多个方面，为创新提供了丰富的土壤。

第二，现在日本各地的农村都出现了被称为"热闹的过疏"现象。尽管是人口稀少地区，但地区内正在发生许多新的变化，呈现出一种热闹的景象。在这里，原有的地区居民、试图在当地创造自己"工作"的移居者、寻求与地区建立联系的所谓"关联人口"、为他们提供支持的 NPO 和大学相关人员以及关注地方区域并致力于社会贡献的企业相关人员等多样化的人群在交错和交流（小田切德美，2021）。这里充满了多样性。在不同环境中成长的人们之间的交流会产生相互刺激，进而带来相互成长和创新。前文提到的"野生智慧"，在封闭的地域环境中，很难得到社会的广泛认可。但是，通过有品位和能力的城市人的参与，可以赋予其被社会广泛认可的普遍性。结果就产生了创新。宫口侗迪（2020）称之为"野生与普遍性的对接"。

第三，饱受人口减少等问题困扰的农村被迫寻求创新之路。俗话说，"需求是发明之母"。正是因为面临难以为继的局面，才不得不寻求创新。当然，在居民对严峻形势感到绝望的地区，创新是不可能发生的。创新只可能发生在居民不放弃、直面困难的地区。这些地区的居民灵活接纳外部人才，竭力支持他们，并团结一致地努力。外部人才也在努力回应这些期望，并最终结出创新的果实。前文提到的海士町的"高中魅力化项目"就是一个典型例子（岛田晓文，2016）。

基于以上背景，农村已经具备了成为创新孵化地的基础。在此基础上，若能在多个政策领域实现农村限定监管放宽，将进一步激发农村的创新潜力。具体而言，这种放宽将促进更自由、多样的尝试，为农村创新提供更为宽松的环境。

关于实现"农村限定监管放宽"策略的途径，虽无法详尽讨论，但《支持

---

① 城市居民开车时往往依赖导航系统，导致不再特别记忆路线。过度依赖科学技术也意味着人类失去了一些重要的东西。与之形成对比的是生活在冰封世界的因纽特人。他们在晴朗的夜晚不得不在冰上行走时，会通过观察星星来确定方向。问题在于恶劣天气无法看到星星时，他们会通过观察雪的风纹来判断方向。因为他们知道哪个季节风从哪个方向吹来，所以能够确定方向（NHK，2018）。

人口过疏地区可持续发展特别措施法》第四十条[①]为监管放宽提供了法律基础，明确了基于农村特殊性的监管审视与调整必要性。若能在多个政策领域实现农村限定监管放宽，将进一步激发农村的创新潜力。具体而言，这种放宽将促进更自由、多样的尝试，为农村创新提供更为宽松的环境。关于实施途径，虽无法详尽讨论，但《支持人口过疏地区可持续发展特别措施法》第四十条为规制放宽提供了法律基础，明确了基于农村特殊性的规制审视与调整必要性。

本节着重讨论了农村"小规模性"的优点和优势，但其劣势亦不容忽视，如市场规模小导致生活服务存续困难，自治体难以提供各种行政服务，行政服务水平可能下降等。为实现农村的可持续发展，必须积极应对这些挑战。下一节将深入探讨针对各劣势的应对策略，旨在克服农村发展中的障碍，推动其向"热闹的过疏"转型，避免陷入困境。

第五节　克服与缓解"农村＝小规模"劣势与弱点的策略

一、构建小规模核心区域——增强生活服务可持续性

农村的小规模特性显著制约了其生活服务的可持续性，主要体现在市场规模小导致购物场所、加油站等基础设施难以维持运营，进而影响到居民的日常生活便利性。谷本圭志等（2020）通过对中国地方和四国地方（不包括离岛及广岛县府中町）町村的实证研究，揭示了基础生活服务（如公共交通、购物、医疗、金融等）的存续与人口规模之间的关联，指出约 1 000 人的人口规模是这些服务（食品、燃料、餐厅和邮政服务）存续与消失的关键界限。然而，这一结论是基于某一时点的人口规模与服务设施存在性的横截面分析，并未涉及长期动态变化，因此其普适性和精确性仍需进一步验证[②]。

尽管如此，该研究面对服务消失的可能性，从正面应对小规模性带来的劣势，并建议根据未来人口预测，在人口接近 1 000 人之前采取存续支持措施，这一策略具有较高的实践指导意义，应给予高度评价。正如人们常言"到了某

---

　　① 该条规定："中央政府……当收到来自人口稀少地区的市町村的提案时，为了促进人口稀少地区的可持续发展，……应适当考虑对该提案相关的监管进行修改"，从正面规定了鉴于人口稀少地区（≈农村）的特殊性，有必要放宽监管。

　　② 这项研究并非纵向观察实际存在的服务随时间消失的过程，而是在某一时点，按照各町村的人口规模，调查自治体中各项服务的营业场所是否存在，并在控制其他影响变量的基础上，阐明了人口规模与服务营业场所存在与否之间的关系。因此，即使对于上述基本生活服务，1 000 人的人口规模是否真的是存续与消失的分界线仍不确定。

个年龄需注意某些事项"，对于农村而言，当预见到人口规模接近临界点时，及时采取行动同样至关重要。

为实现这一目标，构建"小规模核心区域"成为一种有效策略。该策略旨在将商店、诊所等日常生活必需的设施和功能集中设置于小学学区等多村落分散地区的中心地带，形成多功能的小型社区中心，并通过社区巴士等交通网络与周边村落相连，以促进人员聚集与交流，实现村落地区的复兴与发展。

这种策略之所以有效，因其不仅能够通过"一人多岗"（即一个人承担多项工作）的方式降低运营成本（如岛根县云南市波多社区利用废弃小学运营"波多市场"的案例[①]所示），还能够激发"顺带消费"[②] 行为，提升生活服务的可持续性和区域内经济循环效率。

二、自治体之间的合作（广域合作）——弥补独立服务能力的不足

农村的小规模性特质导致的第二个显著劣势在于自治体（尤其是农村自治体）在提供全面行政服务方面面临的巨大挑战。小规模自治体因财政资源有限，难以独立承担并提供所有必要的公共服务，这是"农村＝自治体"框架下普遍存在的问题。

为应对此挑战，自治体之间的合作（广域合作）已成为被广泛认可的解决方案。具体而言，通过与其他自治体共享资源、共同承担成本，如联合建设垃圾焚烧厂等基础设施项目，自治体能够有效减轻财政负担，并确保居民生活不受影响。这种自治体之间的合作模式不仅提升了服务的可持续性，还促进了区域之间的资源共享与协同发展。

然而，自治体之间的合作亦非毫无瑕疵。其潜在弊端包括难以迅速决策、责任归属不明确等，最为显著的问题是可能"损害个别自治体的自主决策权，进而影响居民的民主监督与参与度"。正如家庭旅行决策的比喻所示，当多个家庭共同参与决策，尤其是当参与方之间存在力量不均等的情况时，个人或单个家庭的意愿可能难以得到充分表达和实现。

---

① 由于地区内唯一的商店撤出，导致居民无法购物，于是岛根县云南市的波多社区协议会（波多地区，截至 2019 年，人口 296 人，老龄化率达 53.38%），在交流中心（利用废弃的小学）运营"波多市场"。市场之所以能够维持经营，是因为当按铃响起时，办公室的工作人员就会来收银，因此省去了店员的人工成本。

② 如果"小型核心区"有餐厅，居民在处理其他事务后，常会顺便去餐馆用餐。生活服务难以维持的原因在于，随着人口减少，难以获得维持所需的销售额。如果"顺带消费"增加，相应服务的持续可能性就会提高，从而促进"区域内经济循环"。

因此，各自治体在寻求合作时，应审慎权衡利弊，明确界定合作领域与边界。任何试图剥夺自治体选择自由、强制推行区域行政标准化的倡议（如2018年《自治体战略2040构想研究会第二次报告》所提及），均因忽视自治体的独特性与多样性而显得尤为不合理（岛田晓文，2019）。在推进自治体之间的合作的过程中，保障自治体的自主权与居民的民主权利，是确保合作成效与可持续性的关键所在。

三、ICT（信息通信技术）拓展的可能性——发挥优势，减少劣势

农村小规模性带来的第三个劣势和弱点是可能导致"教育服务水平下降"，尤以学校教育为甚。当学生规模缩减至一定程度时，教师与职员的配置也随之减少，进而引发教育质量下降的连锁反应。具体而言，可能出现以下情况：①形成复式班，无法充分发挥教师的专业特长；②难以接触到多样化的观点；③俱乐部活动和社团活动的种类受到限制；④体育课的球类活动和音乐课的合唱合奏等集体学习受限；⑤集体活动和活动的教育效果下降；⑥孩子们的社交圈固化；⑦学习和升学选择的榜样资源匮乏等。

然而，小规模学校亦蕴含独特优势，包括：①容易进行细致的指导；②有更多发表意见和感想的机会；③有更多担任领导角色的机会；④容易进行跨年龄段的学习活动；⑤容易获得社区的合作；⑥容易开展利用地方资源的教育活动等（文部科学省，2015）。因此，制定应对策略时应聚焦于将这些优势最大化并将劣势最小化。

具体实践中，德岛县、宫崎县五濑町、兵库县香美町等地已率先探索通过建立学校之间的网络，实施联合课程与活动，以缓解劣势，并借助社区合作强化优势。然而，传统模式下物理距离的限制制约了这些措施的灵活性与普及性。

近年，ICT技术的飞速发展为此类挑战提供了创新解决方案。借助ICT平台，学校之间可轻松实现远程联合授课与活动，跨越地理界限，极大提升了资源共享与互动效率。尤为关键的是，通过联结多所小规模学校进行远程教学，有效避免了复式班级的设立，减轻了家长顾虑，并为学生提供了接触高水平教育资源的机会，增强了教育获得感。

当然，对于低年级学生而言，维持屏幕前的学习专注度仍是一大挑战，需辅以社区居民的支持与协助。但鉴于农村小规模社区的紧密性，获取此类支持相对便捷，不构成显著障碍。

第六节 两种类型的地方建设与"逆人口堤坝论"

笔者认为,地方建设可划分为"基础满足型"与"特色卓越型"两大类。前者致力于构建一种"虽非尽善尽美,但足以安居"的环境,核心在于消除居民生活中的不便;后者则旨在营造"此地独优,令人向往"的地方区域特色,强调个性与独特魅力的彰显。

本章探讨的"新政策"本质上即为实现上述两种地方建设目标的策略集合。关键在于,"基础满足型"地方建设虽不可或缺,但不应视为终极目标。唯有通过深入挖掘地方区域资源,实施富有个性的地方建设,方能吸引内外部人口流入,推动农村地区的可持续发展。

针对"增田报告"中倡导的"地方核心城市"实施"选择与集中"策略的"人口堤坝论",本文持保留意见。若地方核心城市发展为"迷你东京"(虚拟东京),不仅难以有效发挥"人口堤坝"功能(即遏制人口向东京流动),反而可能因缺乏独特魅力,仅能提供"东京虽优,此亦城矣"的消极认同,难以留住潜在的有意愿迁往东京的人群。相较于东京,此类城市在竞争中显然处于不利地位。

因此,要真正发挥"人口堤坝"功能,必须通过"特色卓越型"地方建设,激发居民"因本地独有魅力而深爱此地"的积极情感依恋。笔者认为,农村地区更易于实现这一目标。

同时,就"基础满足型"地方建设而言,农村相较于城市确实存在一定劣势,尤其是在活动多样性与节庆频繁性方面,可能对部分居民构成负担。

鉴于此,理想的居住模式或可归纳为两种组合:一是居住于农村,尽享其独特魅力,同时利用邻近城市(含同一行政区域内)的便利设施;二是居住于城市,享受城市生活的便捷,同时定期探访周边农村,体验其独特风情。

无论采取何种模式,"富有个性的魅力乡村"均是发挥"人口堤坝"功能的关键所在。这与"'选择与集中'于'地方核心城市'"的观点截然相反,可称之为"逆人口堤坝论"。通过创新与实践"新政策",将其与作为"逆人口堤坝"基石的"富有个性的魅力乡村"建设紧密结合,方为当务之急。

【相关图书推荐】

1.『政策実施』(《政策实施》)

大桥洋一编著(2010);minervashobo

推荐理由:这是一本视角独特的著作,由行政法学者与行政学者共同撰写，将抽象法律逐步具体化直至最终在实地执行视为政策实施的全过程。其中，该书第九章和第十章由笔者撰写，相信对于全面理解日本政策实施的整体面貌具有一定的助益。

2. 『地方分権改革』（《地方分权改革》）

西尾胜（2007）；东京大学出版会

推荐理由：此书堪称"地方分权改革中期总结"之佳作，出自日本一位在学术界与实践领域均具代表性的行政学者之手。该学者长期引领日本地方分权改革，若未研读该著作，则难以全面且深入地理解和探讨地方分权改革。

3. 『地域衰退』（《地方区域衰退》）

宫嵜雅人（2021）；岩波新书

推荐理由：此书由一位新锐财政学者所著，深入探讨了地方区域衰退的机制及其遏制策略。尤为值得关注的是，作者在书中第四章中明确指出了"规模经济"政策在应对衰退时存在的问题，这与本章所探讨的问题意识存在诸多契合之处。

【参考文献】

小田切徳美（2014）『農山村は消滅しない』岩波新書

小田切徳美（2021）『農村政策の変貌——その軌跡と新たな構想』農文協

国土交通省（2021）「地域公共交通計画等の作成と運用の手引き入門編〔第2版〕」

嶋田暁文（2008）「省庁間コンフリクトと下水道行政」『自治総研』7月号

嶋田暁文（2016）「海士町における地域づくりの展開プロセス——「事例」でも「標本」でもなく，実践主体による「反省的対話」の素材として」『自治総研』10月号

嶋田暁文（2019）「小規模自治体と圏域行政——自治と持続可能性の観点から」『地域開発』夏号

嶋田暁文（2020）「地域の支え合い活動と事業者の既得権防御——NPO等による移動サービスの現在」日本地方自治学会編『自治の現場と課題』敬文堂

嶋田暁文（2021）「持続可能な地域公共交通の実現のために——見えてきたさまざまな問題点と自治体に求められる取組み」『自治実務セミナー』710号

谷本圭志・土屋哲・長曽我部まどか（2020）「小規模自治体における生活サービスの存続可能性に関する実証分析」『都市計画論文集』55巻3号

中川内克行（2020）「特集　縮む下水道，広がる浄化槽——人口減少・老朽化で汚水処理行政が様変わり」『日経グローカル』396号

西尾勝（2001）『行政学〔新版〕』有斐閣

保屋野初子（2017）「水道未普及地域——「水道」に大きな問いを投げかける小さな存在」
　　『都市問題』6月号

南学編著（2016）『先進事例から学ぶ——成功する公共施設マネジメント』学陽書房

宮口侗廸（2020）『過疎に打ち克つ——先進的な少数社会をめざして』原書房

文部科学省（2015）「公立小学校・中学校の適正規模・適正配置等に関する手引」

NHK（2018）「ETV特集　極夜記憶の彼方へ——角幡唯介の旅」4月7日放送

【专栏 8】

政策制定的本质与过程

［日］小野文明

　　"政策"一词在辞典中被定义为"政府或政党等的方针和施政方向"。为确保政策的有效实施，最有效的机制是通过立法和预算措施等实现"制度化"。日本的市町村负责广泛的行政领域，但其中大部分可以说是基于个别法令的制度化业务（如垃圾处理依据《废弃物处理法》，保育所运营依据《儿童福祉法》，城市规划依据《城市规划法》等）。因此，各市町村在业务实施上的自主判断和裁量空间相对有限。推进地方分权和监管放宽，旨在实现从基于国家标准（法令）的行政向基于地方实际情况的行政运作转变。

　　法律的制定和预算的表决无疑是立法机关的职责，而国家政策的核心是经过国会审议后形成的。与此同时，在宪法保障下地方公共团体有权在法律范围内制定条例。2000年《地方分权一揽子法》的施行修订了《地方自治法》，扩大了地方公共团体的条例制定权，使其涵盖所有事务，并废除了机关委托事务，使地方公共团体的一线工作中不再有国家事务。

　　在条例与政策制定的关系中，值得关注的是"委托条例"和"自主条例"的分类。委托条例是实现法律委托的内容，如公营住宅管理、道路结构标准、课后儿童俱乐部设施运营标准等。自主条例（有各种内容和性质）则可以在不违反法律法规的前提下，根据地方政府的裁量制定，包括设置开发行为和环境监管的独立标准，以及促进地方区域振兴的条例（如"干杯条例"）[1] 等。

---

　　[1]　"干杯条例"是日本地方公共团体条例的一种形式。这类条例的核心内容是倡导在宴会上主要使用该地区特产的酒类，尤其是清酒，进行干杯仪式（通过推广地方特产酒类，旨在促进地方经济发展，体现了地方政府的经济发展战略）。其立法宗旨在于鼓励市民、自治体和企业共同努力促进这一习惯。这种由地方自治体颁布的条例被统称为"干杯条例"。——译者注

作为提高地方建设政策实效性的工具，制定"自治基本条例"显得尤为重要。自治基本条例规定了地方自治的基本原则和理念，以及包括政策制定在内的行政运作规则，被称为"自治体（地方）宪法"。截至2021年4月，日本已有397个道县市町村制定了"自治基本条例"（根据NPO法人公共政策研究所的数据），其中最早的是北海道新雪谷镇的《城镇建设基本条例》。该条例的序言①明确了自治体存在的目的和政策制定的最终目标，即为了居民的利益和城镇的繁荣。

一般而言，除少数几部法律规范外，大部分法规并不包含序言②。然而，各地方自治体的自治基本条例却沿袭了包含序言的模式，突出其最高规范性。

条例还规定了修订条款，该町条例在2010年完成第四次修订，一直沿用至今。修订后的城镇建设基本原则强调了"信息共享原则""信息访问权""行政说明责任"及"居民参与原则（保障町民参与町务的企划立案、实施、评估各个过程）"。这些内容构成了民主政治的典范。此外，该町还制作了条例的便携版，分发给所有家庭，并在町民讲座和座谈会上分发，确保"信息共享"和"居民参与"始终得到重视。

在地方自治体的实践中，灵活高效的政策制定正在为居民提供服务。城镇建设的成败，关键在于政策制定的方式。《自治基本条例》作为政策制定目标的灯塔，持续引导着政策制定的进程。

---

① 序言为"新雪谷镇在先辈们的辛劳中镌刻了历史，在许多热爱这个城镇的人们的智慧支持下迎来了今天。我们镇民将守护并培育这片美丽而严酷的自然，以及在互助中培养的风土人情，旨在创建一个'以居住于此而自豪的城市'。城市建设的基础是每个镇民自己思考并行动的'自治'。我们镇民通过实践'信息共享'，学会了实现这种自治。我们镇民在此明确新雪谷镇的城市建设理念，并制定了本条例，旨在建设一个让人们在日常生活中感受到喜悦的城市。"

② 除了《日本国宪法》之外，有序言的法律规范只有《教育基本法》和《男女共同参与社会基本法》等少数几部。

建设新国土

[日]中川秀一

第一节　本章讨论的问题

一、"国土"的历史性

1971年出版的一本以"国土综合开发"为主题的小学生社会科学习辅助教材中，提出了"将整个日本建设成新的都市型社会"的口号。这预示着通过全国性的综合开发规划，日本将转型为一个紧密联系的新社会。其中，技术开发将在各地催生新兴产业，交通通信网络的建设将推进信息社会化，实现知识交流，从而描绘出一幅国土的未来图景。同时，鉴于当时日本1.1亿总人口中有占比为57％的国民拥挤在仅占国土面积2.2％的城市区域（人口密度过高），而偏远地区则面临人口急剧减少的过疏问题，该教材向孩子们提出了"为什么需要区域开发""有没有更好地利用这片国土的方法"等关乎地方发展与国土利用的深刻问题。

半个世纪前的孩子们通过社会科的国土综合开发课程，满怀期待地学习着日本未来将如何变化与发展。如今，当时描绘的国土梦想图景已在某些方面得以实现。例如，该辅助教材中预言的"利用电视居家学习的广播大学将会普及"，与现今大学在线授课的现状颇为相似。甚至可以说，现今生活的时代已经超越了当时所描绘的未来图景（图10-1）。

随着地球、生态系统等环境问题的变化，各领域的全球化进程，以及向可持续社会转型的努力，世界形势发生了诸多超出过去预期的变化。在日本国内，经历了战后复兴、经济大国化之后，进入21世纪，面临着总人口长期下降的趋势，迎来了一个人口减少的社会。在这些国内外形势的变迁中，关于"国土"的认知与思考方式也随之发生了转变。

本章的任务是，基于"国土规划"，在回顾国土历史性的基础上阐明其现状，并探讨未来的展望。此处的"国土规划"是指从第二次世界大战前的国土规划到今天的国土形成规划，涵盖了日本政府制定的所有关于国土的规划（与

"利用电视居家学习的广播大学将会普及"

图 10 - 1　未来梦想图景

资料来源："日本全体がひとつの'新都市社会'に生まれ変わります"，梶野豊三，《社会科学習文庫国土総合開発》，国土社，1971 年，31 页。

国土相关的法律和制度种类繁多，包括《北海道开发法》等区域开发相关制度。但所谓的国土规划是指国家有义务制定的、覆盖全国的法定综合开发规划，其相关法律法规包括《国土利用规划法》《土地利用规制法》《特定地域振兴法》《过疏法》《城市规划法》《农地法》《森林法》等，而第二次世界大战后制定的国土规划则主要依据《国土综合开发法》及其修订后的《国土形成规划法》）。

那么，"国土"概念的历史性究竟体现在何处呢？例如，《第三次全国综合开发规划》中将"自有史以来估计共有约 4.7 亿日本人居住在日本列岛，这 4.7 亿人在约 2 000 年间不断在土地上刻下的综合积淀"（国土厅计划·调整局，1978）视为国土。这一表述揭示了"国土"一词所蕴含的丰富内涵，它不仅仅指代简单的领域或空间。进一步地，可以参照与国土相关的词汇来深化理解。与"土"相关的词汇，如"领土""风土""乡土"等，都与土地有着密切的联系。矢野畅（1989）指出，国土规划在推动社会现代化的同时，还发挥着挖掘、强化和延续其固有特性的功能。他将这种特性称为"国土的底蕴（国土的永恒性）"，即无论社会如何现代化，都不会改变的、扎根于该土地生态空间中的思维方式。他列举了七个方面的例子，包括以传统农户为基础的"家"、对土木工程的信赖、作为理想乡形象的"故乡"、与私有制结合的土地信仰、作为官方思想的国土规划、村落范围的束缚以及优先建设完善社会的基础设施。然而，资本及其相关技术的力量改变了国土的意义，原有的意义逐渐消失，取而代之的是由资本构建的新空间（内田隆三，2002）。这些讨论揭示了国土所包含的象征意义，并且这种意义也因国土的实际情况得以维持和加强。

二、国土规划方法的转变与现状

中央政府主导的国土规划在构建当今日本国土结构中发挥了极其重要的作用。尤其是第二次世界大战后日本的高速经济增长，在很大程度上得益于国土规划推动的区域开发。然而，也有观点认为，国土规划在某些方面未能充分满足社会对经济以外的需求，甚至阻碍了这些需求的实现。面对这种情况，中央政府通过有计划地改造国土来应对，这反映了日本不同时期的时代背景，因此国土规划也随之不断演变。

随着日本与世界各国关系的变化、自然环境保护意识的提升以及实现可持续社会发展的努力，新时期对国土规划提出了更高的要求。这不仅影响了国家、资本和地区所期望的角色定位，也促使国土规划的角色和机制在地方分权和新自由主义政策思潮的讨论中不断转变。

因此，本章将从长期视角出发，将第二次世界大战战前到战后的发展过程纳入研究范围，对这些变迁进行全面概览。同时，尝试引用既往研究的框架对战后几次全国综合开发规划的变迁进行结构性分析，以此为基础确认国土规划的转变和现状。

第二节　国土规划的起源与演变：战后国土规划的发展路径

一、关于起源的两种论述

"国土"一词的含义不仅局限于领土范畴；同样，"国土规划"这一术语的定义也尤为复杂。在国际范围内，能够与日本国土规划制度进行比较的案例较为稀缺，且内容各异。若将国土规划界定为"旨在确立国家理想与国土未来愿景，应对待解问题，并提出实现这些目标的基本思路与方法的综合性政策体系"，则在日本之前或同期，仅有英国的《巴洛委员会报告》及其衍生政策与德国国土空间整治局的设立可作为参照（国土规划协会，1993）。

日本国土规划理念的孕育过程可大致划分为两大思潮（川上征雄，1995）。其一是由第二次世界大战前内务省技师石川荣耀（1941a）所倡导，他认为国土规划的萌芽可追溯至1924年在阿姆斯特丹召开的国际住宅及城市规划会议。

该会议探讨了城市规划无法涵盖的广域性问题，并指出地方乃至国家层面的规划（national plan）的必要性。石川荣耀视此次会议为国土规划的起点，并将国土规划定义为"在国土范围内建立土地秩序"。另一思潮则起源于1937年在内阁府设立的企划院，该机构将德川时代经济学家佐藤信渊提出的"国土经纬"理念纳入国土规划范畴。佐藤信渊的思想体现了幕藩体制时期对全国性规划的特征。

这些差异不仅体现了内务省与内阁府企划院之间的部门管辖之别，更映射出对国土规划的不同理解：是将其视为由地方层面逐渐累积并协调的上行（自下而上）体系，还是作为国家统治手段的下行（自上而下）体系。随着昭和前期（1926—1945年）对国土规划的日益关注，这种理解上的差异愈发显著（石川荣耀，1941b）。在战时体制下，国家统治占据主导地位，上行体系被迫潜藏。然而，正如后文所述，这种体系上的差异已成为当今论点的重要伏笔。

二、战时对国土规划的关注

第二次世界大战战前至战中时期，日本政府对国土规划的关注度显著提升，其背景可归纳为两大方面。一是，昭和大萧条时期[①]，为应对资本主义国家的"市场失灵"，苏联的"戈斯普兰"[②]、美国的田纳西河流域管理局、德国纳粹的政策等海外国土开发政策被相继介绍并研究。其中，内务省对英国城市规划和地方规划的研究亦占据一席之地。二是，在战时体制下，国土规划作为国家统制手段的重要性日益凸显，国防被置于首要地位。

三、战后复兴国土规划的起点

第二次世界大战结束后，当时的内务省发布了《国土规划基本方针》（1945年9月），标志着战后复兴国土规划的起始。该方针以"促进必需物资的生产与和平产业的维持发展，并通过和平贸易满足国民经济"为目标，并明确了日本政府主导国土复兴的方向（次年，即1946年9月，又制定了《复兴国土规划纲要案》，以进一步实现政府主导的国土复兴）。然而，由于盟军最高司令部（GHQ）的要求，经济稳定本部（1946年8月成立）掌握了物资供应

---

① "昭和大萧条"：受全球经济衰退和恢复金本位制伴随的日元升值的影响，日本经济在1930年遭遇了突然的通货紧缩和经济活动的严重收缩，史称"昭和大萧条"。——编者注

② "戈斯普兰"：苏维埃政权建立的最高国民经济委员会，俗称"戈斯普兰"，负责制定和执行国民经济计划，调节和分配各种资源和产品。——编者注

等关键权力，导致日本政府失去了国土规划制定的主导权。真正的国土规划讨论转而在经济稳定本部内的国土综合开发审议会进行，并于 1950 年制定了《国土综合开发法》（以下简称《国综法》）。

有观点认为，"战后，我国面临的最重要课题是利用有限的国土和稀缺的资源，维持并提高不断增长的人口的生活水平。从这一视角出发，保护战后荒废的国土，同时积极、合理且高效地开发利用国土和资源，与提升人口承载力、促进产业发展与地方区域振兴，成为紧迫的要求"（矢田俊文，2017）。

然而，从《国综法》的制定到全国综合开发计划的实施，历经了 12 年的时间。《国综法》在制定全国综合开发计划之前进行了修订（1952 年），并实施了以河流综合开发为中心的特定地域综合开发计划（在 GHQ 的指导下，参照新政执行。最初指定了 19 个地区，后增加了 3 个地区，但仅作为有限的试点）。全国综合开发计划的实施是在经济活动已经恢复到战前水平，即标志着"战后时期已经结束"的经济白皮书发表之后开始的。时至今日，已制定并实施了七次国土规划。

第三节　对国土规划的理解：战后国土规划的结构性解析

一、政策与规划的认知

首先，我们来回顾并概述以往研究对塑造当今日本国土发展方向的战后国土规划的理解。"国土政策的意图是通过制定国土规划来实现的，但结果并不总是符合预期。"这句话出自下河边淳（1994），他曾是制定前三次全国综合开发规划的经济企划厅和国土厅的行政官员，在制定《第四次全国综合开发规划》工作中担任国土审议会委员，在《21 世纪国土宏伟设计》（以下简称21GD）工作中担任国土审议会会长，参与了所有全综计划的制定并发挥了重要作用（盐谷隆英，2021）。

国家的宏观国土方针，即国土政策，与通过法律和预算等具体化的"实施计划"，即国土规划，并非同一概念。矢田俊文（2017）从结构性的角度，提出了一个展示"动因"、规划制定主体（规划者）以及规划"目标"之间相互关系的框架，用于分析国土规划的构成。接下来，我们将参考这一框架进行讨论（图 10 - 2）。

表 10 - 1 整理了各个时代的背景、基于这些背景设定的基本目标，以及实现这些目标的方法（开发方式）。从中可以看出国土规划的变迁轨迹。大西隆

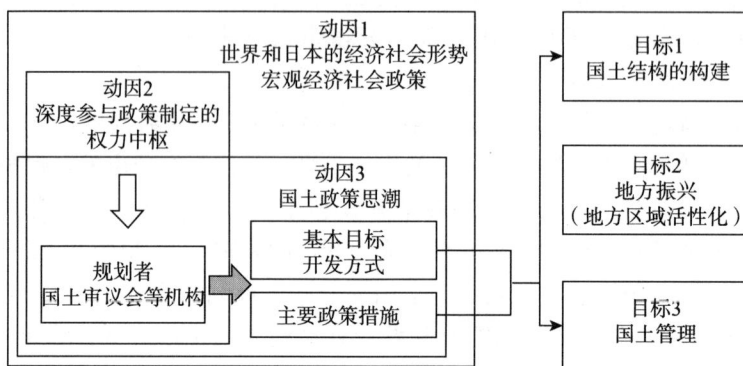

图 10 - 2　国土规划制定的框架

资料来源：笔者基于矢田俊文（2017）修改制成。

（2010）基于国土规划所处的经济社会形势，将其划分为高度成长期（前三次全国综合开发规划制定）和低成长期（第四次以后的全国综合开发规划制定），并指出此后又发生的进一步的变化（动因 1）。此外，当时掌权者的思想对国土规划的影响也不容忽视（动因 2）。川上征雄（2008）对国土规划的变迁进行了多视角的详细研究，提出了国土规划历史转折点上存在的几个二元对立的视角。特别是在国土政策制定的规划思想中，可以观察到"效率主义"和"公平主义"的交替出现（动因 3）。

表 10 - 1　基本目标与开发方式

	时代背景	基本目标	开发方式	地方区域（农村）发展策略
《第一次全国综合开发规划》（1962）	所得倍增计划（太平洋沿岸产业带构想）	区域之间均衡发展	重点（微型中心）开发方式	从国民经济角度解决区域生产力差异
《第二次全国综合开发规划》（1969）	高速经济增长加速与石油危机	营造丰饶的环境	大型项目构想	通过基础设施建设扩大发展潜力并实现均衡化
《第三次全国综合开发规划》（1977）	向稳定增长过渡"地方时代"	人居环境的综合整治	定居圈构想	在发挥地域特色的同时，立足于历史和传统文化，营造人与自然和谐、稳定、健康、富有文化内涵的人居环境

（续）

	时代背景	基本目标	开发方式	地方区域（农村）发展策略
《第四次全国综合开发规划》（1987）	广场协议导致的日元升值、东京一极集中	构建多极（中心）分散型国土	交流网络构想	通过定居和交流实现区域振兴（活性化）
"21GD"（《第五次全国综合开发规划》）（1998）	全球化，老龄化社会	奠定多轴型国土结构形成的基础	参与与协作	营造多自然居住区并构建地区合作轴
《国土形成规划（Ⅰ）》（2008）	亚洲经济发展与信息通信技术的进步、人口减少	一极一轴型国土结构的修整	广域区块的自主发展	可持续发展的地方、具有抗灾害韧性的国土、美丽国土、以"新型公共性"为核心的地方区域建设
《国土形成规划》（Ⅱ）（2015）	地方消亡论、可持续社会、可持续发展目标（SDGs）	促进对流型国土的形成	紧凑型城市＋网络	促进自立与创造引以为傲的地方、"微型中心"

接下来，我们将从国土规划对地区之间差距的影响这一角度，探讨国土规划中始终倡导的"纠正（缩小）差距"和"国土均衡发展"理念。

二、如何看待均衡发展与地区之间的差距

在探讨均衡发展与地区之间差距时，需明确两者所蕴含的多重维度。差距可细分为机会差距与结果差距，前者涉及公共基础设施完善程度与就业机会，后者则涵盖收入与生活水平。历史上，对地区之间差距的关注多聚焦于结果差距，尤其是收入差异。

大西隆（2010）通过分析 20 世纪 60 年代初至其后 40 年间日本各都道府县人均收入的变化，指出在高度经济增长期，地区之间差距有所缩减，这主要归因于工厂的地理分散与人口迁移。经济合作与发展组织（OECD）（2016）的最新评估报告亦证实，日本在 OECD 国家中城乡人均国内生产总值（GDP）差距最小（图 10 - 3），这进一步印证了产业布局分散政策对缩小地区之间差距的积极作用。在此期间，国土规划通过重点基地开发、大规模项目、定居圈构想等方式，积极促进产业向地方分散，并配套实施了《工业等限制法》（首都圈 1959 年，近畿圈 1964 年）、《新产业城市建设促进法》等一系列法律政

策，这些措施共同塑造了国土空间的中心—边缘结构，为地方和农村经济的存续奠定了基础（冈桥秀典，1997），并且今日农村面临的国土结构问题基本上也延续自此（中川秀一，2015）。

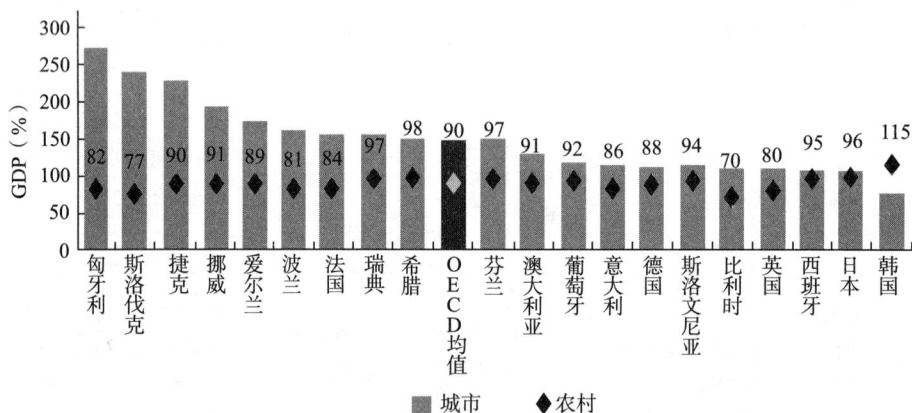

图 10 - 3　与全国平均水平相比的城乡人均国内生产总值

图片来源：OECD（2015），Regional Statistics（database），http://dx. doi. org/10. 1787/region-dataen.

然而，地区之间收入差距的缩小并非全然归因于产业布局调整，人口向大都市圈的流动也对抑制地区之间收入差距扩大产生了影响，这从反面说明，作为产业布局的国土规划在人口再配置方面的局限性（并未奏效）。人口减少导致的地方和农村的衰退状况表明，均衡发展远未实现（大西隆，2010）。随着日本总人口步入减少阶段，单纯依赖人口动态作为国土规划指标已显不足，转而需要更加重视机会差距的改善。

三、目标演变及其外部驱动因素

国土规划的目标设定可从三个维度展开：国土结构框架的构建（目标1）、地方区域活力的激发（目标2）以及人口与自然系统的和谐共生（目标3）（矢田俊文，2017）（表10-2）。自《第四次全国综合开发规划》制定以来，目标1强调多极多轴形国土结构及地方区域之间联系网络的构建，规划中更增设了广域地方规划，实现了地方区块级的制度化。目标2则自21GD起，关注各地区与亚洲的交流及农村作为新居住地的潜力，重视通过交流促进地区内生发展及多功能国土管理。目标3则聚焦于应对全球环境变化引发的自然灾害。

表 10 - 2 国土计划中的目标

	目标1： 国土结构的构建	目标2： 地方区域振兴（活性化）	目标3： 国土管理
《特定地域综合 开发规划》 （1950）	产业复兴（煤炭、钢铁、纺织）及四大工业地带①的复兴	城乡复兴	江河治理、大规模植树造林、水电大坝建设
《第一次全国综合 开发规划》 （1962）	能源革命：材料主导的重化工业化； 太平洋沿岸带：一轴的形成	农山村劳动力外流；人口过（稀）疏化； 煤矿产业地区衰退	放弃国内矿产资源； 大气污染、水质污染
《第二次全国综合 开发规划》 （1969）	一极一轴型国土结构； 树状城市系统； 日本列岛改造	大都市圈的人口过密对策→革新性地方自治行政的展开	大气污染、海洋污染； 地价飞涨、土地利用混乱； 依赖进口木材→森林荒废
《第三次全国综合 开发规划》 （1977）	高速公路的稳步完善→利用高速公路网重新布局机械工业	推进农村工业化→东北； 多样化的地方建设：一村一品运动→九州	地方中小河流的治理； 自然保护运动的活跃化
《第四次全国综合 开发规划》 （1987）	扩大网络； 多核型大都市圈； 形成地方极点——中枢、核心城市	以网络节点城市为核心的广域经济圈的形成； 地方圈内区域差距扩大	度假区开发导致的大规模自然破坏
21GD （1998）	向多极型国土发展； 推进ICT革命； 知识产业成长	倡导多自然居住地区； 大都市中心区的再开发； 展开亚洲布局	阪神、淡路大地震（灾后重建）； 应对边缘村落的增加
《国土形成规划Ⅰ》 （2008）	全国规划和广域地方规划（两层规划体系）； 中央与地方协作推进广域区块建设	与东亚交流合作； 形成可持续地区； 以"新型公共"为基轴的地方区域建设	美丽国土的管理与传承
《国土形成规划Ⅱ》 （2015）	对流促进型国土； 紧凑＋网络； 超级大都市区； 地方发起创新	地方创生； "田园回归"意识的高涨； 小型中心的形成； 关联人口、二地居住	东日本大地震（灾后重建）； 应对基础设施老化； 应对低利用地、闲置地，空置房问题； 国土强韧化

---

① "四大工业地带"是指京浜工业地带、中京工业地带、阪神工业地带及北九州工业地带。——译者注

21GD标志着国土规划方式的重大转变，从全国综合开发规划向国土形成规划的过渡，象征着国土规划从中央政府主导的开发模式向更为多元化的转型。这种转变不仅限于日本，在采取发展主义政策的亚洲国家中也可以看到类似趋势[①]。换言之，"以制造业为中心持续增长的亚洲国家的国土和地区政策，在全球化、产业结构变化、地方分权、环境政策等20世纪90年代以来的新趋势"的冲击下，以缩小地区差距为名义的中央集权式国土开发基础逐渐动摇，国家被迫摆脱发展主义束缚，为了在全球化后的"大竞争（mega competition）"世界中生存，必须寻求在"新趋势"财政约束下实现"以集聚和不平衡的国土结构为导向的经济增长"（政府的真实意图）。在此背景之下，促使中央政府通过放松市场监管、以优惠政策引导民间经济活动，或向地方分权以转移公共工程项目，这些举措与新自由主义政策思潮相结合，推动了（动因1、动因2）国土规划从自上而下向自下而上的体系转变。目标1向地方之间网络的转变及目标2中地方主体与亚洲区域交流的强化，均体现了这一转型过程。

四、目标变迁的内在动因——国土规划的核心价值探讨

目标的变化不仅仅是由全球化等外部因素引起，其深层次动因植根于日本社会结构的深刻变迁，尤其是人口结构的动态演变。自第二次世界大战结束以来，日本社会历经了人口持续增长、少子高龄化加剧，直至步入人口减少的新阶段。21GD正是对这一未来趋势的积极响应，它标志着国土规划理念的转型，明确了国家与地方在"参与与协作"框架下的角色定位。国土形成规划通过构建全国规划与广域地方规划的双层规划体系，进一步细化了国家与都道府县，以及都道府县与市町村之间的关系脉络。

在21GD实施之前，全国综合开发规划因其外来型开发特征而饱受批评，被指责为侵蚀地方自治的元凶（宫本宪一，1973）。在此背景下，地方分权运动应运而生，成为对抗外来型开发、倡导地方区域主义与内生性发展的重要实践课题（玉野井芳郎，1990）。然而，值得注意的是，当前地方分权的趋势并非完全源自上述运动的直接成果，而是与平成时期（1989—2019年）的市町村合并、道州制讨论及地方创生政策等复杂因素交织在一起。尽管如此，强调自治体与地方居民创意的内生性、推动自下而上创新实践的重要性日益凸显。这是因为在人口增长阶段，自上而下的空间整备规划能够有效分配资源；而在人口减少阶段，用于控制空间的规划和方法尚未找到像农村过疏对策那样能迅

---

① 此处的"发展主义"指的是，与先进资本主义国家中基于个人与企业为核心的经济自由主义发展模式相对立，亚洲国家中普遍存在的是由国家主导的经济开发模式（濑田史彦等，2004）。

速解决问题的普遍方法（濑田史彦，2016）。亟须根据地方实际情况采取多样化的应对措施。例如，城市空置房产与空地、农村耕地抛荒与森林管理不善等资源利用不足问题，均需在自治体与居民层面寻求解决方案，并通过区域实践积累经验。

目标的变化体现了国土规划理念的深刻调整。目标 1 向地方分权的倾斜，以及目标 2 对自治体与民间企业作用的重视，共同反映了中央政府在这一领域角色的相对退缩。然而，国家在国土管理方面的作用并未削弱，反而在目标 3 中通过防灾对策等具体领域得到了进一步强化。此外，以河流流域为单位规划经济社会与自然生态系统共生的发展路径，不仅提升了国土管理的精细化水平，也促进了农村多功能性与空间商品化趋势的融合，进而重塑了农村在国土规划中的现代定位。

第四节　农村的形象

一、国土规划中农村的变迁

在日本的国土规划中，农村的定位几经变迁。在战时，如何利用因人口减少而扩大的休耕地来增加粮食产量是农村面临的课题。随着战后粮食短缺问题的解决和高速经济增长的推进，克服因城市人口过度密集和与之相对的地方因人口过度流出导致的过疏化成为全国综合开发规划的农村课题。这一定位在新全国综合开发计划（《第二次全国综合开发规划》）中得以延续，而在《第三次全国综合开发规划》中，农村被纳入定居圈构想，作为与城市一体化的区域进行建设。《第四次全国综合开发规划》则进一步将农村定位为具有多功能性，特别是作为城市居民与自然接触的广域交流场所。进入 21 世纪，作为第五次国土规划的 21GD，将亲自然居住列为四大战略之首，赋予了农村作为 21 世纪新型居住空间的积极定位。

尽管在此期间部分农村地区过疏化现象加剧，但自 21GD 制定以来，国土规划对农村的定位逐渐转向积极。当前的国土形成规划明确提出"建设美丽宜居的农山渔村"，强调生产活动、土地利用状况及居民生活方式共同塑造农村魅力，并倡导自然环境、生产基础与生活环境的和谐共存。这一趋势表明，现代农村在国土议题中正被重新赋予重要价值。

二、现代农村价值的多元化讨论

关于现代农村的价值定位，存在"地方消亡论"与"田园回归论"两种截然不同的观点。"地方消亡论"（增田宽也，2014）通过解析人口再生产的地区差异和地域之间的人口流动，揭示了日本总人口长期减少的原因，并主张通过国家战略应对人口减少带来的社会挑战。该理论通过列出可能因自然减少而消失的地方自治体名单（共 896 个），采用"休克疗法"唤起地方自治体的危机意识，成为一系列地方创生政策（城镇、人口、工作创生综合战略）的起点。"地方消亡论"不仅引发了广泛的社会讨论，而且促使"地方创生"一词逐渐取代了传统的"地方振兴"或"地方区域活性化"，成为地方振兴领域的新替代词汇。

相对而言，"田园回归论"（小田切德美，2014）则是对"地方消亡论"的一种反思，它基于社会对农村生活的向往和对地方建设的关注而提出。在"地方消亡论"之前，大野晃（2005）就已经从聚落层面的实际情况出发，探讨了农山村"边缘聚落"复兴的具体策略。"田园回归论"则是在该脉络基础上探索的延续。强调城市与农村之间的交流与互动，认为农村具有复兴的潜力。

以下将从人口流动的观点和创新的思考角度，比较并整理两者的差异。

"地方消亡论"认为，迄今为止的宏观政策无法阻止农村人口流出，为了遏制东京一极集中，需要以地方为焦点的国家战略。具体而言，就是以"对年轻人有吸引力的地方核心城市"为轴心，构建"新的集聚结构"作为人口的"堤坝功能"和"防卫逆转线"。为此强调贯彻投资与政策的"选择与集中"。因此，也暗示了山区居住地等条件不利地区被舍弃是不可避免的。在人口流动方面，"田园回归论"指出都市居民特别是年轻人（尤其是 2000 年以来）向农村移居的趋势正在增强，并批评"地方消亡论"忽视了这一动向。同时，"田园回归论"倡导通过促进区域之间人口回流来激发农村的创新活力，近年全国范围内展开的关联人口、双地域居住、引入地方区域振兴协力队等外部支援人才的新措施，可以说是符合田园回归趋势的。简而言之，"地方消亡论"试图遏制从地方向外的人口流出，而"田园回归论"则是促进地方与大都市之间或地方与地方之间人口对流的政策，这是两者的主要区别。

从创新角度看，"地方消亡论"倾向于引入城市中的创新元素，如引进具有外资企业就业经验的商业人士作为地方大学的教职员工或将自动驾驶汽车等引入农村地区，以此创造新的商业机会。"田园回归论"则更看重移居者与当地居民之间基于本地资源和需求的互动创新（小而新），它强调促进对流，认为新的关系会产生创新。"地方消亡论"试图通过引入城市等外部产生的创新来创造商机，在农村发现新的市场。地方和农村也是城市资本利用的资源储备宝库，农村被赋予作为城市资本客体的价值（增田宽也等，2015）。这种城市资本的力量是"农村空间商品化"的主要因素，试图将农村生活本身和空间本身都商品化。此外，"田园回归论"认为，通过移居者、关联人口与当地居民的相互作用，利用地区资源创造满足地区需求的业务，或发展性地继承现有业务，是创业模式之一。《国土的宏伟设计2050》到《第二次国土形成规划》所继承的关联人口、两地居住、田园回归、外部支持人才（地方区域振兴协力队）等政策，可以理解为是开拓这一道路的尝试。当然，这并不意味着"田园回归论"排斥新技术的引入，也不意味着"地方消亡论"未将社区商业纳入考量。需要指出的是，实际运营的业务往往难以明确归类于某一特定范畴。田园回归现象本就与农村空间的商品化进程并行发展。在当代农村，这些不同的价值观念既相互竞争，又相互交织，形成了一种发展态势。

尽管上述对比可能过于简化，但它确实揭示了当代日本农村所面临的根本性问题和分歧。具体而言，一个方向认为农村将被城市化的空间扩张所吸纳，或者被切断行政服务和消费机会，从而失去生活机会并最终走向消亡。这种观点在20世纪尤为根深蒂固，其核心假设是农村无论如何都将走向消亡。然而，21世纪国土大规划的另一种选择是，将农村作为21世纪新的生活空间，即亲自然型低密度居住地区（宫口侗迪，2020）。这标志着农村有潜力成为人类社会未来发展的另一方向。与此相对，这一选择主张不应通过国家的"选择与集中"策略来减少农村的发展可能性，而是应依赖于地方区域主体的自主行动来维持和拓展这些可能性。这正是分权化社会所追求的方向。

三、地方主体性与国土管理构想

地方作为主体选择地方区域的未来意味着什么？国土审议会计划推进部国土管理专门委员会经过5年研究提出的国土管理构想，正是基于"在人口减少的情况下进行适当的国土管理，同时推进可持续的地方建设与国土建设"的观点，颇具启发意义。

如前所述，在当代日本，如何协调因人口减少而引发的土地和资源利用不足问题，已成为一项重大课题。国土管理构想旨在"解决国土管理上的难题，通过在地方层面讨论土地管理方式，并促使地方区域居民就所选择的土地利用方式达成共识"，以克服这一挑战。长野县长野市中条御山里的伊折区已实施了"伊折未来工作坊"（2019年1月至2021年3月），该项目从国土管理的角度出发，使当地居民能够了解并掌握本地区的土地利用状况，共享信息并交换意见。居民们在把握地区现状与预测未来趋势的基础上，共同描绘了该地区的未来图景，并将其以地区管理构想图的形式绘制在地图上，同时明确了管理主体、管理方法及相应的行动计划。这一实践是居民们集体重新审视地方区域土地利用的尝试，其成果已被整理为"伊折地区建设未来战略"。各地区所制定的地区管理构想图将被纳入市町村管理构想图中，作为其中一部分。此方法不仅积累了地区规划制定的经验，也展示了未来自下而上规划体系的发展方向。

综上所述，农村在国土规划中的描绘与变迁反映了日本社会结构的深刻变化和对农村价值的重新认识。在多元化价值定位的推动下，现代农村正逐步展现出其独特的魅力和发展潜力。同时，地区主体性的增强也为国土管理的创新提供了新的思路和实践路径。

第五节　多元化的国土与农村化的社会

一、国土规划的变迁

自第二次世界大战时国土规划制定以来，其历程见证了多重变迁，这些变迁不仅反映了国内外形势的不断变化，更是各时代政治理想在国土空间上的投射（图 10-4）。战时体制下的国土规划聚焦于资源获取与国防安全，而战后的《国土综合开发法》则是基于对寻求国外资源而发动战争的反省，旨在通过国土资源的合理利用促进和平富裕社会的建设。然而，实际国土规划的实施已是在战后复兴任务完成之后，面对高度经济增长下的区域之间发展失衡（如何缩小地区之间差距）问题，"国土均衡发展"成为全国综合开发规划持续关注的课题。尽管中央政府主导的自上而下外来型国土规划模式（开发主义）饱受批评，但在促进经济增长与国土效率利用方面取得了一定成效①。在工业化进程中，通过推动产业向地方分散布局，试图平衡高度经济增长与国土均衡发展之间的张力，这被视为一种并不矛盾的追求。

然而，随着全球竞争环境的加剧与国民经济增长速度的放缓，地方分权改革应运而生。地方分权不仅是批判外来型开发运动的产物，也是内生发展路径下地方建设的实践课题。当前，地方分权改革与新自由主义思潮及人口减少趋势交织在一起，促使国土规划从 21GD 的"参与和协作"理念出发，逐步向自下而上的规划体系转变，这一过程中出现了多元价值观并存的现象。同时，关于城乡关系的讨论在"地方消亡论"与"田园回归论"之间形成了鲜明对比，在国土规划领域亦呈现出对立的复杂态势。

二、现状分析与未来课题

上述情况也在推进《第二次国土形成规划》的四个专门委员会设置中得到了具体体现（图 10-2）。这些委员会分别聚焦于国土结构构建（目标 1，如

---

① 　中央政府依据实际情况，在通过集聚以提升国土空间利用效率（实际目标）与维持地区之间均衡发展（公开宣示的政策导向）进行调整与平衡，从而推动了经济增长。

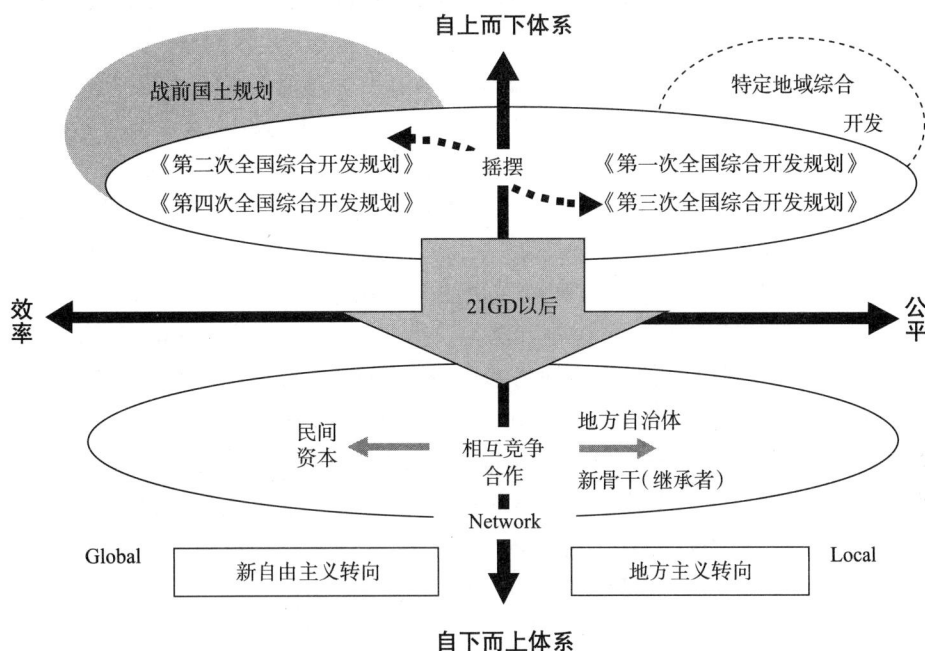

图 10-4 国土规划变迁

"超级大都市圈"构想）、地区活性化（目标 2，包括"创收国土"与"宜居国土"），以及国土管理（目标 3）三大领域。

超级大都市圈构想①虽延续了以往巨大集聚体的规划思路，但其必要性在未来仍需进一步探讨。目标 2 中的两个委员会并置，凸显了农村发展路径的多元化视角。面对人口减少的新形势，目标 2 与目标 3 均强调了规划体系的转型需求，即从传统的自上而下模式向更加灵活的自下而上模式转变。

这一转型趋势预示着国家在国土规划中的角色逐渐淡化，而地方自治体的地位与责任则相应提升。未来，地方分权改革需与增强自治体功能的政策措施相结合，以应对复杂多变的国土发展挑战。

国土规划的目的在于提出全民共享的愿景与梦想，而战后的日本国民正是通过国土规划看到了经济增长与社会进步的希望。随着国土开发的深入，公共基础设施建设推动了地方产业化与现代化进程，改变了地方的生活和经济，人们大多持乐观肯定态度看待这些变化。正如矢野畅（1989）所言，人们有时可

---

① 通过建设磁悬浮新干线，旨在形成一个涵盖东京、大阪、名古屋三大城市，并将其包含在一个圈域内的超级大都市圈构想。

能会将农村视为"国土的优质资产",这种现象可以说是 20 世纪面向城市化迈进过程中的现象。

然而,当前国土规划所面临的现实已远非半个世纪前所能预见。这一新的方向转变并非始于今日,而是从 20 世纪末开始逐渐进行的。

今天的国土,在全球化与全球环境问题交织的新背景下,"农村"正在这个新的语境中被重新定义。这种趋势可被视为与 20 世纪城市化进程相对照的"农村化"现象。

图 10-5 展示了现代地方区域变化的多样化方向,左侧代表城市化进程,右侧则指向非城市化的"农村化"路径。上半部分反映了私有化与民营化趋势,而下半部分则强调了朝向地方区域共同管理与共享的趋势(中川秀一,2021)。

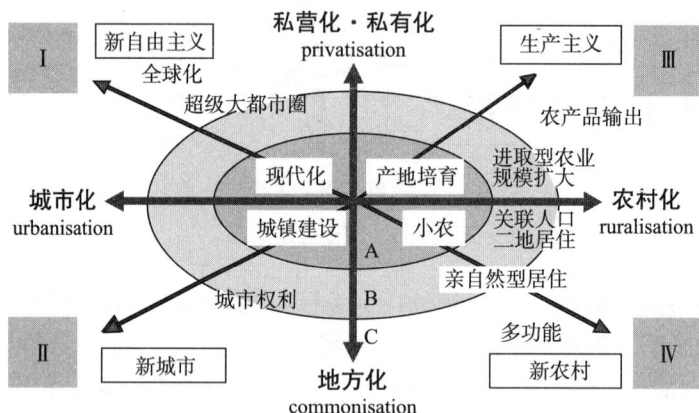

图 10-5 地方区域的多样化

20 世纪,在全球化与新自由主义思潮的影响下,尽管城市化曾一度被视为社会发展的主流方向(图 10-5 的 I 部分),但面对资本力量对公民权益的挤压,也随之产生了重获生活世界主导权的社会运动(图 10-5 的 II 部分)。

同时,农村空间不仅强化了为城市化社会供应食物的生产功能,其传统文化和自然环境等要素本身也成为适应城市市场的消费对象(图 10-5 的 III 部分)。田园回归不仅将农村空间作为消费对象,还通过交流和移居活动来尝试重新创造农村空间(图 10-5 的 IV 部分)。这体现为不必然追求规模经济效应,而是注重通过农产品生产与城市居民建立直接或间接的交流渠道,或以农业生产和森林管理所具有的公益功能获得制度性补偿,作为维持地方社会持续性基础的农村形态。关于国土空间规划与发展战略的学术研究表明,将图 10-5 的 IV 部分所示的发展模式纳入新型国土空间体系构建中,正日益成为一个关键性研究课题。由此，促进区域活力的提升，构建多元化、动态流动的国土空间体系将成为可期的发展目标。

【相关图书推荐】

1. 『田園回帰の過去・現在・未来』（《田园回归的过去、现在与未来》）

小田切德美、筒井一伸编著（2016）；农文协

推荐理由：该书采用"田园回归"这一新颖视角，为当代日本农村问题的探讨提供了一个新的、清晰的立足点。作者基于农村实地发生的多元化现象，运用实地调查等多种研究方法，深入剖析了这些现象的本质及其所面临的挑战。进而，作者以富有说服力的叙述手法，从"田园回归"这一趋势出发，展望并描绘了日本国土未来的发展前景。

2. 『「持たざる国」の資源論』（《"资源匮乏国家"的资源论》）

佐藤仁（2011）；东京大学出版会

推荐理由：关于资源的论述在第二次世界大战前后经历了显著的转变。该书通过深入解读这一转变过程中民主主义与治理之间的复杂关系，并探索综合性与实践性知识的作用及其潜力，为探讨日本国土相关问题提供了富有启发性的新视角。

3. 『ポスト資本主義——科学・人間・社会の未来』（《后资本主义——科学、人类与社会的未来》）

广井良典（2015）；岩波新书

推荐理由：该书融合科学哲学的深厚专业知识与对福利政策的敏锐实践洞察，从人类历史的宏观视角出发，对现代资本主义的转型进行了独创性且富有启发性的动态解析。作者指出，21世纪是"扩张与增长"和"成熟与稳定化"两种趋势相互角力的时代，并深刻剖析了这一过程的最终归宿——向"社区经济"的过渡。基于此，作者对可持续发展的福利社会前景进行了展望。

【参考文献】

石川荣耀（1941a）『日本国土計画論』八元社

石川荣耀（1941b）『都市計画及国土計画』工业图书

内田隆三（2002）『国土論』筑摩书房

大西隆編著（2010）『広域計画と地域の持続可能性』学芸出版社

大西隆（2015）「縮小時代の国土政策——地方創生の課題と展望」『土地総合研究』夏号

大野晃（2005）『山村環境社会学序説——現代山村の限界集落化と流域共同管理』農文協

岡橋秀典（1997）『周辺地域の存立構造』大明堂

小田切徳美（2014）『農山村は消滅しない』岩波新書

川上征雄（1995）「戦前から戦後国土総合開発法制定までの国土計画の経緯に関する史的研究」『土木史研究』15

川上征雄（2008）『国土計画の変遷——効率と衡平の計画思想』鹿島出版会

国土計画協会編（1993）『ヨーロッパの国土計画』朝倉書店

国土庁計画・調整局編（1978）『「人と国土」別冊　第三次全国総合開発計画第 1 巻』国土計画協会

塩谷隆英（2021）『下河辺淳小伝 21 世紀の人と国土』商事法務

下河辺淳（1994）『戦後国土計画への証言』日本経済評論社

瀬田史彦（2016）「人口減少局面の漸進的プランニングと国土計画の役割」『土地総合研究』春号

瀬田史彦・金昶基・頼深江・大西隆（2004）「開発主義に特徴づけられたアジア諸国の国土政策の形成に関する一考察」『都市計画論文集』39（1）

玉野井芳郎（1990）『地域主義からの出発』学陽書房

筒井一伸編（2021）『田園回帰がひらく新しい都市農山村関係』ナカニシヤ出版

中川秀一（2015）「日本の山村に関する研究枠組みの変遷——構造改革期以降の山村研究の視座構築に向けて」『駿台史學』153

中川秀一（2021）「農村空間の商品化からコモンの再創造への「田園回帰」」筒井一伸編『田園回帰がひらく新しい都市農山村関係』

増田寛也編著（2014）『地方消滅』中公新書

増田寛也・冨山和彦（2015）『地方消滅創生戦略篇』中公新書

宮口侗廸（2020）『過疎に打ち克つ——先進的な少数社会をめざして』原書房

宮本憲一（1973）『地域開発はこれでよいか』岩波新書

矢野暢（1989）『国土計画と国際化』中央公論社

矢田俊文（2017）『国土政策論〈上〉産業基盤整備編』原書房

OECD（2016）"OECD Territorial Reviews：Japan 2016", OECD Publishing, Paris.

【专栏 9】

市町村政府是地方最大的智库

［日］ 小野文明

市町村政府作为地区治理的核心机构，扮演着地区最大智库的角色。其公务员的角色与职责在《地方公务员法》第三十条中得以明确界定："所有公务员作为全体公民的公仆，必须致力于公共利益，并在履行职责时展现出高度专注力与执行力。"这一条款虽表述略显强烈，但从城镇规划与建设的视角审视，实则要求地方公务员敏锐洞察地方与社会变化，并高效整合既有资源与能力，以实际行动推动区域发展。地方政府公务员可谓是在法律上被赋予参与城市建设权力的特殊存在。

市町村政府，无论地处繁华都市还是偏远乡村，均承载着作为区域智囊与政策制定核心的重任。其业务广泛覆盖居民日常生活的方方面面，包括但不限于社会福利、环境卫生维护、交通基础设施建设等。尤为关键的是，在推动旅游开发、促进人口流动与文化交流、激活地方产业等深层次城镇建设领域，市町村政府作为智库的价值得以充分彰显。地区特色与治理成效，实则是城镇建设成果与地方政府公务员不懈努力的结果。

以山形县小国町为例，这是一个位于该县西南部（多雪地区）、与新潟县接壤的人口仅约 7 000 的小型自治体，却汇聚了许多热心于城镇建设的政府公务员。据该町总务课行政管理负责人今美穗介绍，在 117 名一般行政人员中，约有 20～30 人自发投身于城镇建设之中，他们不仅自主组织学习会和工作坊等活动营造了积极的学习氛围，还积极与外部力量协作，共同策划并实施了多项促进地方发展的活动。其中，今美穗亲自参与并成功改造了经营不善的木工体验设施，通过与高校及企业的深度合作，不仅激活了地方经济，还增强了居民对本土文化的认同感。

"我一直想让这个活动成为镇级项目，"今美穗说道，"签署合作协议的那一刻感慨万千。"职员们的小小发现和努力为地方带来了巨大的成果。然而，今美穗却从未负责过与城镇建设相关的工作。与她一起开始这一活动的公务员已经调到另一个部门，但两人仍在继续参与该项目。

公务员自主参与的活动还不止于此。镇内唯一的县立小国高中为了应对少子化导致的学生减少问题，开展了魅力化项目（地域对话项目）"谈话圆舞曲"，要求学校外部的成年人参与其中。对社交媒体号召做出积极响应的公务员们主动参与，为学校项目提供支持。此外，自 2020 年启动的人才培养计划"小国未来塾"在非工作时间或周末开展，年轻公务员亦以学员身份参与其中。同时，由公务员自发组织的非定期学习会也在持续进行。尽管近期受疫情影响改为线上形式举办，但会议频率反而有所提高。值得注意的是，此类学习活动并非近期才开始实施。副町长阿部英明在担任科长期间，曾策划多次以小国町为主题的电视专题节目和档案影像鉴赏会，旨在使年轻公务员了解该町的历史演变。这种做法犹如前辈向后辈传递接力棒，期望他们能进一步提升和积累地区价值。

公务员进行上述活动的内在动力是什么？即使面临人口持续减少的困境，他们仍然坚持不懈地为未来奋斗。更值得注意的是，他们在解决问题的过程中获得了作为公务员的职业成就感，并持续开展切实可感的地方建设工作。笔者在接触小国町公务员的过程中发现，他们普遍表现出积极向上的精神面貌，其言行举止中流露出参与地方建设的自豪感。

小国町公务员的积极实践，为我们呈现了一种范式，即市町村政府作为具备自主思考与行动能力的地方智库，应如何恰当地履行其职能并展现其应有的角色定位。

第十一章 CHAPTER 11

展望新农村——本书总结

[日] 小田切德美

第一节 农村问题的根源与演变

一、农村问题的根源——问题地区问题的探讨

本书以"农村问题"为研究对象，围绕各章节主题，深入探讨了新农村的形态及其发展前景。作为本书的终章，本章旨在阐明以可持续发展为导向的农村问题整体把握方式，并对各章节主题进行定位总结。

"农村问题"的内涵随时代变迁而不断演变，但其根源在于农村的"落后性"，这一特征在所有国家中均普遍存在。伴随经济增长，产业之间和区域之间的发展速度差异日益显著，这种差距被视为资本主义的普遍规律。

经济学家宫本宪一指出，在资本主义发展过程中，"从政治经济学角度看，城市相较于农村具有六个显著特征"（宫本宪一等，1990），包括：人口与生产资料、生活资料的集中，社会分工的进展，市场的发达，交通通信的发展，城市生活方式的渗透，社会权力的集中。资本主义通过具有这些特征的城市为基础不断扩张并吸收农村，然而，"即使在现代社会，城市与农村在历史中形成的基本特征仍无法完全消除"。

这种差异在发展过程中被视为城市与农村之间的"地区差距"或产业之间（农业与工业之间）的差距，"均衡化"成为政治和经济领域的重要课题。这一认识为政策制定提供了依据，在政治经济学中，这被称为国家垄断资本主义的社会整合功能（另一功能为促进资本积累）。

在日本，这一观点在 1961 年制定的《农业基本法》中得到了充分体现。制定该法的讨论过程中，政府农林渔业基本问题调查会将当时的农业与工业之间的收入差距视为"农业的基本问题"，并表现出强烈的危机意识，认为这是一个"与民主主义思想格格不入的社会政治问题"。因此，《农业基本法》的制定旨在明确农业发展的新方向，并为农业政策制定目标，该法旨在纠正"其他产业从业者与农业从业者的收入和生活水平差距"以及"其他产业与农业的生

产力差距"（图 11-1）。

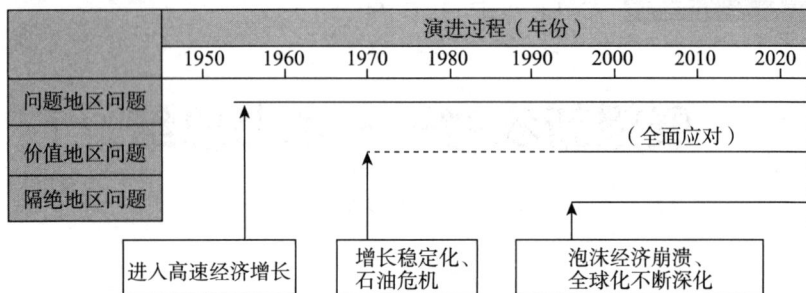

图 11-1　农村问题的演进

从地理角度来看，这种农业和工业之间的差距在 1962 年内阁会议决定的《全国综合开发规划》中得到了进一步体现。该计划基于"现有大工业地带以外的地区承担了相对低生产力的产业部门，导致高生产力地区的经济活动越活跃，与低生产力地区之间的生产力差距就越大，从而形成地区差距的主要原因"这一认识，明确提出了"地区之间均衡发展"的目标。

在此背景下，农村地区在高速经济增长期被定位为"承担低生产力产业部门"的"问题地区"，在国土规划中被赋予特定角色。因此，"追赶先进地区"成为必然目标，"都市化"也成为重要的政策课题。例如，根据《农业基本法》内阁决议的"农业白书"，在其首次报告（1962 年度版的《农业动向年报》）中，通过比较城市与农村的生活状况，指出"尽管农民在医疗设施、上下水道、道路、交通工具、教育设施等生活环境方面正逐步改善，但与城市劳动者相比，仍处于不利条件"，并提出了相应的改善措施（表 11-1）。

表 11-1　国土开发中的问题与应对措施

显现的问题	战略	农村对策	基础理论
地区差距扩大	缩小差距	（同质化的）城市化	地域开发论
价值实现基础的脆弱化	内生性发展	（特色化的）地方区域化	内生发展论
差距与分化的固化	城乡共生	（区域之间的）合作	团结经济论

这种对农村问题的认识在第二次世界大战前就已初现端倪，如《贫困的农村》（猪俣津南雄，1934）等著作所述。然而，在战后高速经济增长的背景下，随着城市地区的显著发展，"问题地区"这一农村问题观迅速传播开来。

二、农村问题的演变：价值地区的探讨

自 20 世纪 70 年代石油危机前后，农村问题的关注焦点发生了显著变化。

这一转变最初由当时的经济企划厅提出，特别是在其"农林渔业第三产业化调查研究委员会"的报告中得到了明确阐述（1972 年 3 月）。该报告指出，农林渔业、从业者及农山渔村承载着多重功能，包括：食品等国民生活物资的生产与供应、自然环境的保护与培育、提供休闲空间与时间、陶冶国民情操、作为其他产业发展的基础、维护社会稳定。基于此，报告强调，随着国民对自然体验需求的增长，推动农林渔业的第三产业化，以更好地发挥其休闲与情操陶冶的功能，显得尤为重要。

这一时期的讨论不仅反映了发达国家普遍经历的经济增长成熟化所带来的国民价值观转变，还特定于日本国内稻米过剩及其转型政策全面实施导致所引发的农村闭塞感。因此，政策制定者开始积极评价农业生产之外的"公益性功能"。类似地，在欧洲，对欧共体（EC）农业政策的重新审视也催生了相似的讨论，尽管稍晚，但 1985 年 EC 委员会的"共同农业政策展望（绿皮书）"标志着农业结构政策的转变。这一关于农业和农村多功能性的讨论在国际上广泛传播，并成为农业政策的一个标准。

在此背景下，农村问题的关注焦点不再局限于"落后性"，而是转向保护和发展在现代社会中新获得认可的农村价值。政策的重点因此转变为关注以农业为核心的地区产业和地方社会因人口减少等因素导致的可持续性下降问题。这标志着从"问题地区"向注重可持续农村发展的"价值地区"的转变。

针对这一问题的对策，如图 11-1 所示，并非"都市化"，而是维持和发展"农村特色（rurality）"，这可称为"地方区域化"或"农村化"（关于 rurality 的详细讨论，请参见专栏 1）。与过去"存在问题的地区问题"中以追赶城市、强调均一性的做法不同，"地方区域化（农村化）"强调发挥方地方区域特色，两者形成鲜明对比。

此外，在日本的农村地理学界，近年通过引用英国等国的讨论，以"农村空间的商品化"这一表述，对经济企划厅报告中的观点进行了深入探讨（田林明，2013）。值得注意的是，这一概念的渊源可追溯至半个世纪前的日本国内。

三、政策中"问题"的演变：从"问题地区"到"价值地区"

国家政策对国内地区的定位在国土规划（包括全国综合开发规划及国土形成规划）中得到了深刻体现。作为与经济计划相辅相成、影响政府各部门政策的整体性上层规划，国土规划在不同历史时期均发挥了关键作用。第十章已详细阐述了规划思想中各要素的平衡。为简明扼要地观察这一趋势，本文汇总了 7 个国土规划文件中象征农村问题的关键词出现频率（表 11-2）。

表 11 - 2 "国土规划"中的关键词词频

关键词	全国综合开发规划					国土形成规划	
	第一次 1962 年	第二次 1969 年	第三次 1977 年	第四次 1987 年	21GD 1998 年	第一次 2009 年	第二次 2016 年
差距	12	12	13	8	10	15	5
均衡	20	7	43	22	8	3	3
个性	0	2	10	40	61	25	91
自立	1	3	1	8	58	46	39
可持续	0	0	0	0	8	29	52
竞争	0	1	1	11	40	73	80

资料来源：依据各规划书制成。

注：①"GD"为21世纪国土宏伟设计；②用语频率包括各规划书的"目录"；③粗体字为各规划书中的出现频率第一位和第二位的用语。

需明确的是，国土规划虽非仅聚焦于农村（农山渔村），但地方区域的定位无疑是规划的核心议题之一，关键词分布也印证了这一点。尽管各规划文件的篇幅存在差异，但从数据分析中可观察到，直至《第三次全国综合开发规划》（1977 年）中"差距""均衡"等反映"问题地区"问题的词汇开始频繁出现。然而，自《第四次全国综合开发规划》（1987 年）起，"个性""自立""可持续"等象征"价值地区问题"的词汇比重显著增加。这一趋势在 21GD（《第五次全国综合开发规划》）（1998 年）及其后的规划中尤为明显，特别是在《第二次国土形成规划》中，"个性"一词出现了 91 次，而"差距"仅出现5 次，显示出问题定位的根本性转变。

事实上，关于农业与农村作为"价值地区"的讨论早在 20 世纪 70 年代初便已萌芽，但受经济增速放缓、泡沫经济的产生（1986 年）和泡沫经济破灭（1991 年）等剧烈变动影响，这一概念在国土规划层面的正式确立相对滞后，大致定型于 20 世纪 90 年代后半期。内容层面，21GD 中的"亲自然居住地区论"是转变的标志。该理论倡导"将中小城市及农山渔村等自然环境丰富的地区视为 21 世纪新生活方式的前沿阵地，通过强化区域内外联系，构建集城市服务、宜居环境与丰富自然资源于一体的自豪且自立的圈域，即'亲自然居住地区'"。尽管此理念未能完全转化为新政策，但其对农村地区潜力的挖掘与重估具有里程碑意义。

与此同时，2000 年修订的《过疏地区自立促进特别措施法》亦体现了政策导向的变化[①]。对此，该法的提案议员发言指出："……今后过疏地区应当利用其丰富的自然环境和广阔的空间来实现新的生活方式，并作为拥有美丽风景和地方文化的富有特色的地区，与城市地区相互补充，期望过疏地区在实现富裕的国民生活方面发挥重要作用"，这表明了其对过疏地区能够发挥与以往不同的积极作用的殷切期望。地理学家宫口侗迪早期就已在学术界提出过这一观点，并参与了 2000 年版过疏法的讨论，他指出："与以往的过疏法相比，现行的过疏地区法更加支持地方的原创性建设"（宫口侗迪，2007）。

尽管过疏地区与农山渔村并不完全重合，但我们可以从中观察到"作为价值地区的农村问题"的典型问题认知及其政策化进程。相较于先前"作为问题地区的农村问题"所采取的"农村城市化"应对策略，当前的政策取向明显倾向于"农村特质的强化（乡村性的维护）"。这一政策认知在欧洲也得到了广泛认同。英国农村地理学领域的代表性学者伍兹指出："在当代语境下，农村地区不再被视为需要外部援助的落后地区，并不是要让它们走上发展成为'现代'工业化都市型社会的轨道"（Woods，2011）。此外，地域经济学近年对作为"价值地区"基础的"地区价值"的源泉与意义进行了深入探讨，为理解农村问题的本质提供了新的视角（除本理史等，2020）。

第二节　农村地区建设的范式化："价值地区问题"下的实践探索

随着"作为价值地区的农村问题"认知的普及与深化，农村地区在持续面临人口减少和老龄化的挑战下，如何实现地区价值的可持续性成为亟待解决的实践课题。在此背景下，作为其中的一环，"地方区域建设"在农村地区应运而生。

宫口侗迪（2007）将"地方区域建设"定义为"内生性地创造出符合时代

---

① 《过疏地区自立促进特别措施法》（2000 年版过疏法）第一条规定："本法旨在对因人口显著减少而导致地方社会活力下降、生产功能及生活环境建设等比其他地区落后的地区，实施综合且有计划的对策所需的特别措施，以促进这些地区的自立，从而为提高居民福利、增加就业、纠正地区差距及形成美丽且有风格的国土作出贡献。"其中，"形成美丽且有风格的国土"是对旧法（《过疏地区活性化特别措施法》，1990—1999 年版）的补充。相应地，第三条"对策目标"新增了"促进创业"（第 1 项）、"信息化"（第 2 项）、"促进地区之间交流"（同）、"通过建设完善美丽景观、振兴地区文化等，形成个性丰富的地方社会"（第 4 项）等内容。

需求的地方区域价值，并将其叠加于地区之上的工作"。他指出，"在日本，直至 20 世纪末，人们才开始不再将地区差异视为差距，而是致力于发掘地区价值并努力打磨提升这些价值，这种内生性的尝试逐渐得到广泛开展"。

前文提到，"价值地区问题"的认知在政策层面可追溯到 1973 年石油危机前后，然而，这种认知及其在地方层面的实践系统化，实则是在 20 世纪 90 年代中期以后逐步显现的（如图 11-1 所示，虚线与实线分别代表了认知与实践的不同步性）。

这一时期的内生性发展理论，由宫本宪一（1989）提出并范式化，强调"这种内生性发展在国际上是作为一种替代性方式，区别于传统的追赶欧美社会的经济增长模式，是发展中国家正在探索的道路"。这是一种不同于"问题地区"视角的地区问题认识方式，可以说是这种问题把握的基础理论。宫本进一步指出："（日本的）内生性发展是在高速经济增长期被外来型开发所忽视或失败的地区作为一种替代性方式而兴起的"。可见，农村地区的相关实践早已受到关注。

鸟取县智头町在 20 世纪 90 年代率先将内生性发展理论与地方政府的支持制度相结合，通过"零分之一村落振兴运动"等创新举措，实现了地方区域建设的系统化实践。独特的命名方式至今仍备受瞩目（寺谷笃志等，2019）。此后，各地开展了类似的系统性实践，自治体层面的标杆成果则可见于长野县饭田市的地方建设政策（第八章中也有详细介绍）。

饭田市提出的"人才循环"战略具有典型意义。在该地区，由于缺乏四年制高等教育机构，约 80% 的高中毕业生选择外迁，而最终仅有约 40% 回流定居。基于此现状，饭田市提出了如下理念，为推进可持续的地方建设，构建"人才循环"机制至关重要。该机制旨在确保年轻人即使暂时离开本地，仍能在未来选择回归饭田市，并获得适宜的子女抚育环境。

具体而言，饭田市提出了三个地区发展主题：①创造可回归的产业，②培养具有回归意愿的人才，③营造宜居的地区环境。针对这些主题，该市采取了以下措施：实施了以"获取外汇、促进财货循环"为核心理念的地区经济振兴计划，旨在扩大来自地区外的收入并抑制其外流；提出"地育力"概念，强调利用本地资源培养对饭田市价值和特色充满自信的人才。通过家庭—学校—社区联合的体验式教育和职业教育，推动人才培养；制定自治基本条例作为地方建设的"宪法"，并在传统公民馆基础上建立新的地区运营组织，由市政府职员提供支持。

通过此种方式，地方建设历经各地的实践探索与发展，逐步发展至今。基于此，图 11-2 展示了从智头町、饭田市等地区案例中提炼总结而出的"地方建设框架"。如图 11 - 2 所呈现，地方建设可被视为由以下三个核心支柱所构成：第一是"生活尺度建设"，即地方建设的主体建设，对应饭田市的"培养具有回归意愿的人才"；第二是"生活机制建设"，即地方建设的场所建设，在饭田市表现为"营造宜居的地区环境"，具体措施包括制定自治基本条例和创设地区运营组织；第三是"资金及其循环建设"，即地方建设的可持续条件建设，对应饭田市的"创造可回归的产业"，以"获取外汇、促进财货循环"为核心内容。

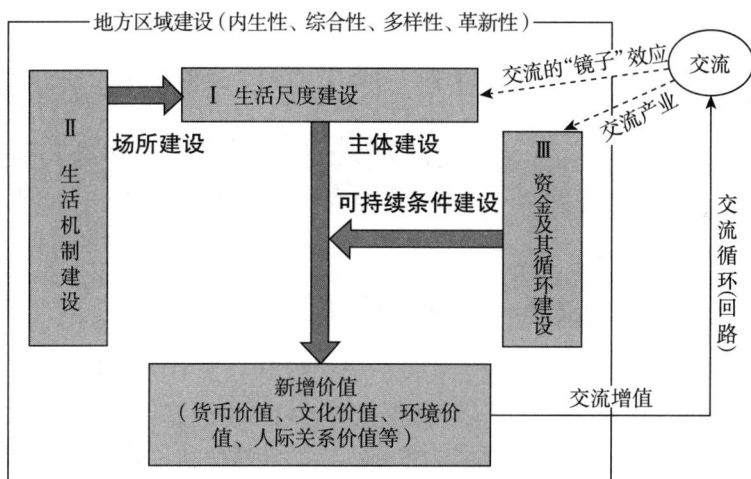

图 11 - 2 农村的地方区域建设框架

换言之，通过有意识地构建主体、场所和条件三个要素，创造出地区的新机制。其目的是"叠加新的价值"。这不仅限于货币价值，环境、文化，甚至"社会关系资本（社会资本）"等也是地区的重要价值。

综上所述，地方建设是以叠加地区新价值为目标，根据地区情况巧妙结合主体、场所和条件三要素的实践。这可视为内生性发展理论在日本当代农村的具体化，而内生性发展理论本身是包括发展中国家在内的全球各个国家和地区正在探索的方向。

需要注意的是，三个要素分别对应①人才培养、②社区复兴和③经济振兴，要求统筹推进。进一步概括为"城镇"（②）、"人口"（①）和"工作"（③），这正是 2014 年开始的"地方创生（城镇、人口、工作创生）"的核心内容。换言之，至少在农村地区，地方创生与地方建设在实质上是重合的。本书第二章至第七章的主题部分也体现了这种对应关系：①对应第二、七章，②对应第五、六章，③对应第三、四章。

第三节　地方建设的新演进：迈向 Knowing-how 阶段

作为针对"价值地区问题"的回应，地方建设随后在各地取得了进展。尽管这一过程中受到了诸如"平成大合并"（1999—2010 年）、东日本大地震（2011 年）以及因地方消亡论而启动的地方创生政策（2014 年）等多重因素的影响，但各地实践的不断积累使得先前构建的框架和内容得以进一步明晰。从这些实践中汲取的经验促使农村研究从 knowing-what（对象知识）阶段迈向 knowing-how（方法知识）阶段（平井太郎，2020）。本书标题中的"新（乡村、地方区域）"即指代这一阶段，各章节都包含了对这个阶段方法知识的论述。

综合各章节内容，可将地方建设的新见解概括为以下五点。这五点是近年地方实践的结晶，也是经济—社会—环境三个方面和谐的农村可持续发展的必要条件。

一、新型内生发展——交流驱动型

日本农村的内生发展以地方建设的形式展开，其中交流（尤其是城乡交流）作为不可或缺的元素在图 11-2 框架右上角得以凸显。这种内生发展路径虽名为"内生"，实则强调包括人力要素在内的外部行动者的参与及其重要性。自 20 世纪 90 年代起，城乡交流活动逐渐普及，通过精心策划，城市居民作为"镜子"，促使当地居民以外部视角重新审视地区价值，此现象被称为"交流的'镜子'效应"（小田切德美，2004）。在绿色旅游活动中，城市居民对农村空间、农村生活、农林业生产活动的发现与感动，反向激发了农村居民对本地区的重新评价。智头町的"零分之一村落振兴运动"便是一个典型例证，该运动强调与外界交流以激发乡村自豪感（运动企划书，1986）。

此外，如"关联人口"部分所阐述的，交流形式正呈现多元化趋势。在"地方建设"概念的定义中，宫口侗迪等（2010）很早便敏锐地洞察到大学生参与地方区域交流的重要性，并给予了高度评价，特指"地方建设实习项目"（该项目旨在派遣学生至农村进行为期数周的地方建设实践，起源于 1996—1998 年，最初作为原国土厅的一项举措启动）。宫口侗迪等指出，学生的参与能够激发仅依靠当地人难以实现的动力与情感共鸣，这构成了实习项目核心价值之所在。本书第七章在探讨人口流动新趋势时，亦强调了农村在接纳此类人群过程中展现出的新价值，进一步印证了交流多元化对于地方区域发展的积极影响。

经过"地方建设实习项目"和新潟县中越地震灾区复兴支援员体系的设立

（后文将此体系称为"加法支援"），自 2008 年度起，国家层面开始实施"集落支援员"（总务省主导）、"地方区域振兴协力队"（同样由总务省主导）及"乡村工作队"（农林水产省负责）等地方支援人才派遣政策。其中，"集落支援员"主要由熟悉当地情况的本地居民担任，而"地方区域振兴协力队"则因需迁移户籍至服务地，故其成员多为来自城市地区的年轻人。

这些多样化的外部人才在各地积极投身于集落（村落）和地方区域产业的复兴工作。时至今日，外部力量的参与已成为推动农村内生性发展的重要组成部分。众多学者此前已指出，内生性发展并非一个"封闭"的概念。例如，保母武彦（1996）在继承并发展宫本宪一的内生性发展理论时强调，"内生性发展理论以自主利用地方区域内的资源、技术、产业和人才为基础，推动产业和文化的振兴以及景观的塑造，但这并不意味着其发展仅限于地方区域内部"。

进一步而言，新的论点不仅否定了封闭状态，更着重强调了与外部的开放交流对提升地方内生性的重要性。这构成了一种新的理论视角，即"将交流视为内生性动能的新型内生性发展观"（交流型内生发展论）（小田切德美等，2018）。本书第八章对此机制进行了深入阐述，展示了外部人才的迁入与参与如何促进地方区域内部的"重新连接"，并进一步实现了内外之间的"共鸣性相互交换"。

二、关联人口——新型外部人才

近年，部分原本被归类为"交流者"的群体被重新定义为"关联人口"，这既是因为"交流人口"一词逐渐特指游客，也是为了适应越来越多的人以多样化形式居住于城市却与地方保持紧密联系的现象。这一概念的支持者之一指出一正（2016）举例说明，诸如致力于参与空置房屋改造的年轻建筑师团体正体现了地方上出现的新型、独特活动群体。他解释道："关联人口，即字面意义上的'与地方有关联的人口'，包括那些每周末定期访问自己喜爱地区或虽不常来却以某种形式支持该地区的人群。"尽管这一定义看似模糊，并受到学界的批评，但关联人口本身的多样性和持续演变特性使得严格界定变得不切实际（因此有意识地避免过于严格的定义）。

关联人口的量化研究也在深入。国土交通省于 2020 年实施的"关于与地方区域关系的问卷调查"以"三大都市圈"和"地方圈"的 18 岁以上居民为对象，将"在日常生活圈、通勤圈及业务访问之外，定期、持续与特定地区保持联系并实际访问的人群（排除单纯的探亲等基于地缘、血缘关系的访问者）"定义为"访问型关联人口"，并对其数量及活动内容进行了调查，其主要发现内容如下（国土交通省、生活方式多样化与关联人口相关恳谈会，

2021）。

（1）在三大都市圈（18 岁以上人口为 4 678 万人）中，占比约 18%（861 万人）作为关联人口持续访问特定地区。

（2）这些关联人口进一步细分为直接贡献型（参与地区项目的策划、运营、合作、支持等）301 万人，兴趣消费型 233 万人，参与交流型 189 万人及远程工作型 88 万人等。

（3）所关联地区中，约半数位于同一大都市圈内，体现了"都市内关联人口"的存在；同时，约有 448 万人与"三大都市圈"以外的地区保持联系，其中与"农山渔村部"有关联的占比为 9.9%，虽然比例不高，但实际人数达到 44 万人。

综上所述，尽管关联形式和参与内容多样，但关联人口已形成相当规模。这一现象的成因包括：一是人们生活方式的多样化，尤其是年轻群体对与地区建立多元"关联"的追求；二是信息通信技术的进步，使得地方信息得以迅速传播，如社交媒体上的空房改造志愿者招募等；第三，基于上述两个要素，涌现出一批认为与地区及其居民建立联系具有意义的人士。指出一正（2016）明确指明，"对年轻人而言，为构建关系而投入资金已成为一种理所当然的趋势"。这可被视为"关联价值"的产生，它构成了前文所述农村新型内生性发展的基础条件。

图 11-3 直观展示了关联人口与田园回归（地方移居）之间的联系（地方移居的详细过程见第七章）。图中，关联人口的"关联"被分解为对地区的"关心"程度和"参与"程度两个维度，其存在领域即为图中的灰色部分。关联人口填补了"无关联人口"与已移居者之间的空白，体现了与地方联系的多阶段性。如图所示，如从持续购买地方特产到最终移居的过程（"关联阶梯"），此阶梯仅为一个实例，实际上存在着多样化的路径。可以说，地方移居这一现象是在人口关系的厚度与广度中孕育而生的。反之，若无攀登"关联阶梯"的广泛人口基础，田园回归现象难以如此活跃。

值得注意的是，关联人口超越了简单的移居关系，展现了更强的创新性。特别是在年轻人中，许多人并不局限于攀登"关联阶梯"，停留在同一阶段同样具有重要意义。田中辉美（2021）指出，过度引导移居反而会传递出"不定居即无资格参与地区事务"的讯息。相反，这些（狭义的）关联人口正在成为新的研讨核心。

本书第二章在探讨人才论时，提出了以地区承诺度（参与地区事务的热情程度）为指标提出的"新型人才"概念，不再将定居作为必要条件；相反，这也是一个关注定居人口中承诺度较低的群体（定居人口中的"无关联人口"）

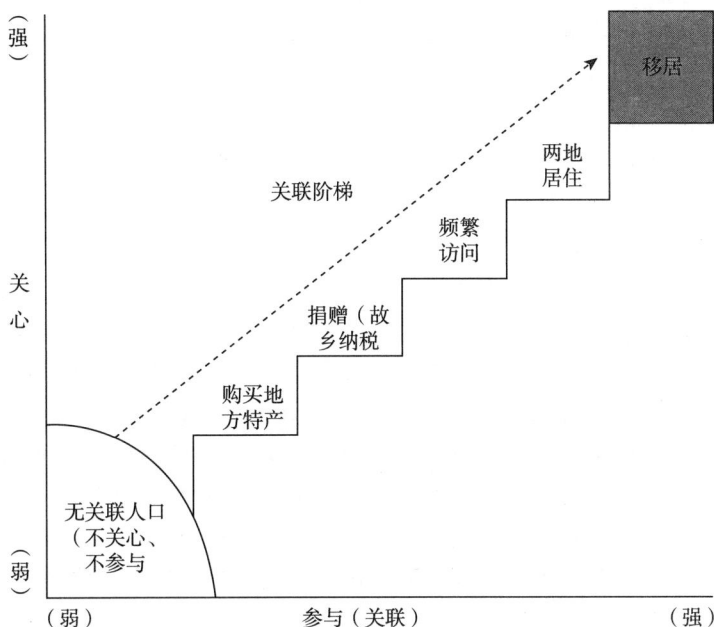

图 11 - 3 关联人口示意图

的新概念，值得关注。其前提是，随着关联人口的增加，地区内外的界限逐渐模糊，形成连续且无缝的状态。在当今的农村，或许正在出现这种新的情况。因此，为了全面把握人们对地方的行为模式，"无缝地区人才"这一概念在描述关联人口时将更具有效性。

三、区域内经济循环——新的地方区域经济形态（第一部分）

近年，农村经济研究领域的一项重大进展是"区域经济循环"概念的具体化，这一观点是传统内生性发展理论的核心，宫本宪一（1989）也将其作为内生性发展的原则之一，强调"产业开发不应局限于特定行业，而应涉及多个复杂的产业部门，以确保在各个阶段的附加值都能归属于本地，从而实现区域产业关联"。同时，作为区域经济学研究的领军人物的冈田知弘，进一步将这一概念动态化为"地区内再投资能力"，视其为地区可持续发展的条件（冈田知弘，2020）。

第四章围绕这一主题，借鉴了英国智库新经济基金会提出的"漏斗理论"，深入剖析了区域内经济循环的必要性。在日本，藤山浩（2015）进行了积极的实证研究。特别是在岛根县益田圈域的具体案例分析中，明确了"商业""食品""电气机械""石油"等产业作为"回收"或"回流"的重点领域，并提出了相应的实践，旨在通过构建能够有效回收外流收入的产业经济体系。

此类讨论在地方政府层面引起了广泛响应。以长野县为例，在其县级地方创生战略——"人口定居、确保生活实现综合战略"（2015年）中，明确提出了在食品、木材、能源等领域实施"地消地产"策略，即根据地域消费的实际需求调整地区内生产，实现资源的本地化循环利用。这一策略不仅限于食品领域，如推动住宿、餐饮、学校供餐、加工食品等使用本地农畜产品，还扩展至木材和工业产品，标志着地方区域经济发展战略的新突破。

然而，这种政策也会受到批评。富山和彦等（2014）指出，为了防止财富流出域外，不顾及生产力差异地推广"地消地产"，可能陷入重商主义的误区，反而不利于区域经济的长远发展（增田宽也等，2015）。这一观点批评了"回收"政策可能会保留生产效率低下的企业，质疑该方针的机械化应用。对此，本书第四章在肯定"回收"或"地消地产"策略积极意义的同时，也指出了其潜在风险，并提出了相应的反驳与改进建议。更为重要的是，区域内经济循环为生产者（企业）提供了业务创新的新机遇。通过精准把握消费趋势，识别并替换低效供应源，域内供应商（生产者）能够在与本地消费者的紧密互动中形成转型升级的动力。长野县"地消地产"而非"地产地消"的战略定位，正是基于这一深刻洞察。因此，区域内循环型产业需持续创新，紧密贴近本地消费需求，这意味着"新内生性发展"也伴随经济结构中的新元素。

四、多产业型经济——地方区域经济新形态（第二部分）

各界对区域经济的多产业化情况及其理解已发生显著变化。在此采用"多产业化"而非"多元化"一词，因"多元化"通常指从单一业务向多业务转变的过程，而在农村地区，特别是山村，原本即存在"多产业型经济"结构，故以"多产业化"来表达此回归过程更为贴切。

对此，长期致力于日本山村地理研究的学者藤田佳久（1981）指出，"受自然条件限制，山村经济基础薄弱，农户难以仅凭农业或林业为生，因而广泛从事副业及外出务工。此现象即使在第二次世界大战后农地改革催生大量专业农户时期亦持续存在，山村就业形态普遍表现为兼业农户"。

随着货币经济渗透、社会分工深化及柴炭业、林业衰退，"多产业型经济"逐渐聚焦于农业，特别是本为多产业之一的稻作，成为主要就业领域。尽管农业（稻作）得以保留，但其经营规模受限，非因农业衰退，而是多产业型经济结构（其他多样"产业"的存在）使然。因此，对于非传统农业主导的山村而言，促进包括农业在内的多产业化经济复兴，成为经济复兴的必然路径，此思路亦适用于一般农村地区，与"六次产业化"① 理念相契合。

关于新型多产业化经济的构成，2020 年《粮食、农业、农村基本规划》进行了深入探讨，提出"拓展六次产业化理念，挖掘农村资源价值，通过'农村资源×○○'模式与农业外领域融合，建立新合作关系，利用相关技术创造新事业与价值，提升收入"，定义此举措为"农山渔村创新"，并强调其推进的必要性。实例包括"乡村民宿""野味产业""可再生能源"及"农福合作"等，均属农村已开发实践领域，经"农山渔村创新"概念整合，更凸显了这些举措的必然性和重要性。

此外，居民生活服务亦属多产业化范畴。在农村人口减少、老龄化加剧的背景下，民间服务供给能力下降，交通、福利、购物等基本生活条件面临挑战。居民组织的地方区域运营机构正好填补此空白，提供生活、交通支援等服务，虽多基于志愿服务，但通过行政支持稳固为正式"业务"至关重要。

多产业化主体涵盖个人与地方组织，后者如地方运营组织等。村落农业在推进农业内部复合化（如水田农业＋α"其他产业"）的同时，亦在探索非农业领域多元化，如前述岛根县出云市旧佐田町的 green work（绿色工作）案例所示，除包括农产品集散在内的农业部门外，还承担农村地区等直接支付制度的事务工作、冬季灯油配送、公园管理、老年人接送服务等。

综上所述，个人与地方组织层面的多产业化乃历史发展的必然，农村需要以多产业化为前提，追求可持续性，而非将部门分解为单一产业并扩大其规模（参见专栏 3 中北海道的"平行农户"）。本书第三章视此模式为"新型社区商业"，并关注新成立的特定地域发展事业合作社（2019 年立法）及劳动者合作社（2020 年）等等新兴组织形式的潜力。

五、过程重视——地方发展新原则

最后，本文提出"过程重视"作为实践中显现的地方建设（内生性发展）新原则。这亦是在其他领域广泛传播与应用的理念。在企业项目管理中，"过程设计"备受重视。在项目执行过程中，强调"过程本身的价值"，因此也诞生了"过程质量"的概念。此外，在企业组织内的"对话型组织发展"中，通过有意识的对话来引导创新，同样强调过程的重要性（包括人际关系的变化等广泛概念）（Bushe et al.，2015）。

---

① "六次产业化"：20 世纪 90 年代由日本学者提出的一种农业发展理念，认为农业发展应走农村一二三产业融合之路。"六次产业化"通过延伸产业链、提升价值链，旨在增加农业附加值，提升农村活力和农民收入。——编者注

在农村地区建设中，居民作为主体推进各项举措，过程的重要性不言而喻，与"过程设计""过程质量"及"对话"理念相契合。然而，政策介入后，情况往往发生变化。政策制定者（包括地方政府）很容易将政策视为即时改变地方区域问题的"灵丹妙药"，导致预算获取成为首要关注点，一旦预算到位，就会产生对"量化成果"的过度追求及对"短期成效"的盲目期待，同时滋生对政策的过度依赖（图 11-4a）。这种将政策视为瞬时效应的思维方式，易引发"强调量化成果""期望短期成果"及"政策依赖加剧"三种不良倾向，尽管这或许是一种略显极端的解读，但在政策执行中屡见不鲜（由于政策负责人为全力争取预算，多少会产生这种意识）。"过程重视"原则则强调地方发展的阶段性与渐进性。以新潟县中越地区的村落复兴支援"加法与乘法"理念为例，该理念强调在灾后重建初期提供贴近式支援（加法阶段），为后续经济活动新设项目支援（乘法阶段）奠定基础（稻垣文彦等，2014）。地方区域发展具有多样模式与阶段性过程，需根据具体情况独立设计实施路径（图 11-4b，过程被比喻为"黑箱"）。

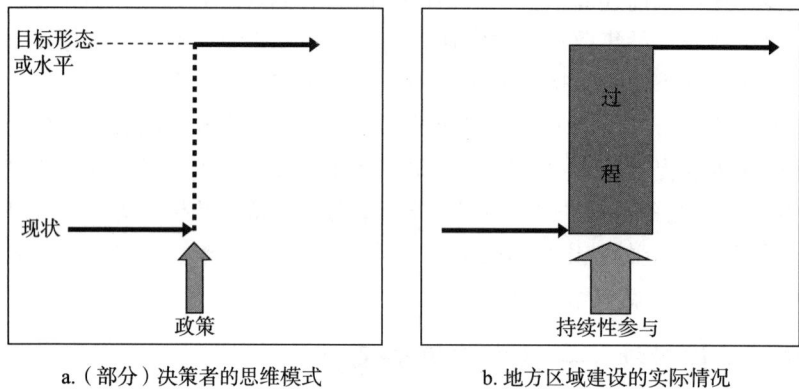

图 11-4　地方区域建设中过程的意义

近年，对过程设计的重视日益增强，体现了地方建设的进步。本书第六章探讨了水路、农地等地方区域资源的管理与利用，强调了细致过程设计及其在管理主体代际更替中的重要性。此过程中的"加法阶段"与居民及相关者的"当事人意识"紧密相连，"一切始于当事人意识"（牧野光朗，2016），这常被表述为"问题自我化（将问题视为自己的事情）"，并与地方建设框架中的"生活尺度建设"相呼应。

图示化这一过程，可表达为"①他人之事（they）→②自我之事（I）→③地方之事（we）"的连续转变，强调从"他人"到"自我"再到"地方"

的意识扩展与融合①，避免孤立化倾向②。本书第五章将此过程视为"尊重的连锁反应"，作为地方社区形成的基础，并指出政府行政不应"单方面划定时间"，共享了"过程重视"的理念。

然而，现实中政策制定常陷入"单方面划定时间"的误区，如国家地方创生政策初期设立的"地方创生先行型"补助金，迫使地方政府竞相快速提交计划以争取资金，忽视过程设计的必要性③。相比之下，北海道新雪谷镇（ニセコ町）通过长时间积累式会议制定（甚至动员初高中生参与）地方版综合战略（关于新雪谷镇自治基本条例等的意义，请参阅专栏8），体现了对过程设计的重视与坚持。

综上所述，地方层面广泛认同的"过程重视"理念，若未能在国家层面得到有效贯彻，将可能阻碍地方建设的有效推进。本书第九章从地方视角深入探讨"制定新政策"问题，多次强调地方分权改革重要性的原因就在于此。

第四节　农村问题的演进与展望

一、新的农村问题——隔绝地区问题

20世纪90年代，应对"作为价值地区的农村问题"的措施在农村逐渐显现。与此同时，全球化也开始全面展开。全球化通过世界贸易组织（WTO）《农业协定》和《自由贸易协定》（FTA）等机制降低了关税，导致进口农产品和食品激增，对农村地区产生了直接冲击。然而，全球化不仅限于贸易领域，其引发的产业结构变化也在重塑地方区域经济圈的面貌，这一点不容忽视。

经济学家水野和夫（2007）指出，日本经济已失去同质性，多个不同的经济圈正在形成。同样，作为经济全球化参与者的经营顾问富山和彦（2014）也讨论了全球经济圈与地方经济圈的分裂现象，认为即使全球经济圈繁荣，地方经济圈也未必能从中受益，从而否定了"涓滴效应"的存在。尽管"地方经济圈"并非一个明确的地理概念，但显然大多数农村地区均被纳入其中。

这一现实认识在全球化的批评者中得到了共鸣。田代洋一（2014）从地理角

---

① 不仅需要①→②，还需要②→③连续发生（①→③也有可能）。

② 因为仅靠"自我"可能会导致孤立，需要将当事人意识扩展到整个区域。

③ "地方创生先行型"补助金明确对地方版综合战略的早期和有效制定实施予以大力支持。这意味着根据综合战略制定的速度和内容，决定地方创生政策补助金的获取与否，地方政府被迫参与"尽可能快速、尽可能令中央满意、尽可能获得更多资金"的竞争。在这种情况下，对过程的关注往往会被忽视。

度分析了日本国土的三层结构——首都圈、太平洋沿岸经济带及其他地区，并指出无论是制造业还是金融业的经济增长，其效应均难以溢出至首都圈和太平洋沿岸经济带之外，进一步证实了全球化背景下地区之间"涓滴效应"的缺失。

尽管立场各异，但学者们普遍认同日本国内地方，尤其是农村地区，在经济良性循环中被隔绝的现象，这预示着新地区问题的出现，即"作为隔绝地区的农村问题"。这一认识对于理解农村问题的相位变化至关重要。过去，经济地理学常以"大城市—农村"的"中心—外围"关系来探讨两者之间的联系（冈桥秀典，1997），但当前经济结构的变化已使这种联系变得薄弱，地区之间的分割趋势愈发明显。

值得注意的是，"隔绝"并非仅限于地理概念，它同样可能出现在全球化重点中心城市内部，与欧洲社会政策中日益受到关注的"社会排斥"现象相呼应，并连接到个体层面的分割。因此，"地方区域问题"在当前背景下变得更为隐蔽，问题的识别与验证本身成为一个重要课题。

回顾图 11-1，"隔绝地区问题"与"问题地区问题"的根本区别在于，前者无法期待通过简单的"赶超"策略解决问题。相反，连接两个分隔领域成为核心议题。这不仅限于经济领域，还涵盖了社会、防灾、文化等多个方面。"没有农村就没有城市的安心，没有城市就没有农村的稳定"这种城乡共生理念被视为应对隔绝地区问题的关键战略。

在此背景下，迫切需要支持战略实践的新宏观理论。如图 11-1 所示，"问题地区问题"时代依赖于地区开发理论，"价值地区问题"则对应于内生发展论。本书第一章旨在挑战现有理论框架，探索团结经济理论在解决隔绝地区问题中的潜力，该理论已在欧洲和拉丁美洲得到实践验证，并在法国实现了政策化。

此外，还需认识到"问题地区问题"和"价值地区问题"并未消失，而是与"隔绝地区问题"并存，形成三重叠加的复杂局面。因此，现代农村要实现可持续发展，必须同时解决"缩小差距""内生发展"和"城乡共生"三大课题。只有在纠正地区差距、保障内生发展、实现城乡共生的基础上，农村地区的可持续发展目标方能得以实现，这也是未来社会建设的目标。

二、新的冲击与展望

在全球背景下，近期出现了两大冲击，即疫情防控常态化社会①的形成与

---

① 其日文表述为"ポスト・コロナ社会"，直译则为"后疫情社会"。需注意的是，这一表述并非中国官方的专业用语。为便于我国读者理解，译者将其译为更符合我国语境的"疫情防控常态化社会"。——译者注

低碳社会的到来，这两者给农村发展带来了新的挑战与机遇。

1. 疫情防控常态化社会

自 2020 年新冠疫情暴发以来，其对农村的冲击影响尤为显著。作为地方建设基石的工作坊等一线活动，因需避免"三密"（密闭、密集、密切接触）环境而难以开展，进而阻碍了农村及地方建设发展的基础进程，这一负面影响预计将持续较长时间。然而，更深远的影响在于，社交距离措施的实施加剧了社会各阶层、各群体之间的分裂与对立①，如感染者与非感染者、医护人员与非医护人员、年轻人与老年人、城市居民与地方居民之间，这与"隔绝地区问题"相结合，区域之间的对立可能在疫情防控常态化时代持续存在。

面对这一挑战，地方社区采取了积极的应对措施，如新潟县燕市通过向外出学生寄送家乡特产（大米）和口罩并附上温馨信息，有效传递了故乡的支持，增强了地方与外出居民的联系②。此类举措③虽规模有限，却深刻体现了利用地方资源加强凝聚力的潜力，成为抵御社会分裂的一股积极力量。

此外，疫情防控期间，城市农产品直销与农林水产品电子商务的兴起，进一步打破了食物与农业的传统壁垒。例如，高桥博之经营的"Pocket Marche"电商平台，以令人印象深刻的方式"打破了食品与农业之间的壁垒"④。

在城乡关系及其内在实质之一的食农关系中，一方面分离加剧，另一方面联系增强。在农村"隔绝地区问题"的演进过程中，需要有意识地支持后者的发展趋势。在此背景下，本章作为新型地方区域建设要素之一而强调的关联人口，可以从更宏观的视角将其定位为联系的主要承担者。

---

① 在疫情扩散初期的 2020 年春季，曾有报道称（极端案例），"新冠自卫队"骚扰自肃（自我约束）期间营业的餐饮店，以及对返乡者和外县车牌车辆进行骚扰等。如果这种情况被放任不管，将会根深蒂固，使社会变得脆弱。

② 新潟县燕市向该市出身的学生发送了当地产的大米和口罩，并附上信息："无论年轻人身在何处，燕市始终是一个充满活力、欢迎你们回来的燕市。'孕育你的燕市，现在仍在支持着你们'"。

③ 这个项目自 2020 年春天新冠疫情暴发初期启动以来，使用者超过 500 人。这一举措不仅为学生提供了来自家乡的必需品，似乎还向整个社会展示了一条不同于分裂对立的道路。之后各地也纷纷涌现了来自农村的类似支援。

④ "在谁也没有预料到的疫情中，Pocket Marche 连接了许多生产者和消费者。生产者因为失去销售渠道而不知所措，消费者则因限制外出而被迫过着充满压力的生活。生活在不同世界的双方相遇，互相支持，共享生产者的'心意'和消费者的'美味'，活力四射地享受着意想不到的世界。在这个连接生产者和消费者的平台上，有志向的生产者得以绽放光彩，有志向的消费者予以呼应。众多'生产的故事'和'餐桌的故事'连成一片，创造了无数温暖人心的故事。与现有流通系统的标准化陷阱完全相反，创造了独一无二的无法替代的故事，这是一个恢复了人类个体尊严的世界"（日本《每日论坛》2021 年 6 月 10 日）。

2. 低碳社会

2020 年，日本政府宣布 2050 年碳中和目标，这是跟随欧盟积极推进的低碳行动。在此背景下，食品和农业领域为配合先行的欧盟"从农场到餐桌战略"（2020 年 5 月），日本农林水产省公布了"绿色食品系统战略"（2021 年 5月）。旨在通过农业生产技术创新推动可持续发展。然而，该战略对生产地内生性的关注不足，与农村地方区域建设的连续性并不强。

相比之下，环境省提出的"地区循环共生圈"构想（参考本书第四章），更为全面地考虑了低碳、资源循环与自然共生社会的统合，其规划图（图 11-5）中亦体现了构建城乡关系的重要性。此外，在城市与农村"隔绝化"的过程中，从国际视角来看，将农村定位为国内供给基地的构想（国内战略地区构想）（小田切德美，2014），涉及正在战略物资化的食品、水、自然能源、二氧化碳吸收源（森林、农地）等，与上述构想相辅相成，共同指向农村在低碳社会中的新角色。

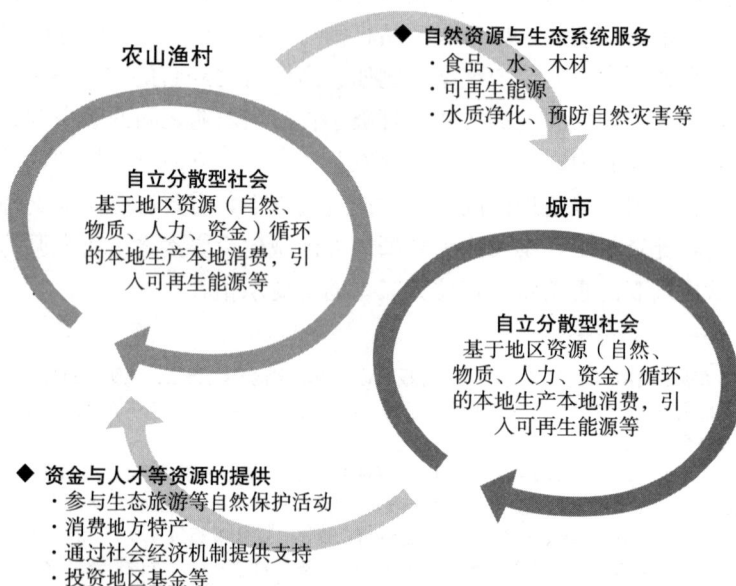

图 11-5 "地区循环共生圈"概念图

资料来源：引自日本环境省《环境·循环型社会·生物多样性白皮书》（2021 年版）。

然而，这些政策建议是否能够在"人类新世代"（即人类活动已经对生态系统和地质产生影响的时代）尺度上实现所需的"去增长"（斋藤幸平，2020）的形成，仍是今后需要探讨的课题。农村的地方区域建设实践同样面临这一挑战。

综上所述，在疫情防控常态化时代与低碳社会背景之下，未来的发展不可能以隔绝的农村作为前提。因此，这要求我们在理论与实践层面不断探索，以期超越农村发展所面临的既有障碍（"隔绝地区问题"），进而推动城乡共生社会目标的实现。这无疑是本书在推动可持续农村发展方面留存的研究课题。

【相关图书推荐】

1.『踏査報告窮乏の農村』（《贫困农村实地考察报告》）

猪俣津南雄（1934）；改造社（后由岩波文库于 1982 年再版）

推荐理由：农村问题研究的经典之作。本书生动描绘了 20 世纪 30 年代初期"昭和经济危机"影响下的农村，呈现了"贫困的各种形态"（该书"初编"的标题），可以说是本章所讨论的作为"问题地区"的农村的原点。从中我们也可以看出当时已经开始的农村工业引入，以及本章所讨论的农村"多产业化经营"的雏形。

2.『農山村再生に挑む——理論から実践まで』（《挑战农山村复兴：从理论到实践》）

小田切德美编著（2013）；岩波书店

推荐理由：正如序言中所讨论的，本书旨在将该书出版以来的变化描绘为"新型乡村地区"。因此，通过对比阅读这两本书，这期间的变化将会更加清晰。此外，该书还包含了本书未涉及的森林与林业、农村医疗、生活问题等内容，我们也建议从这些角度进行对比阅读。

3.『ルーラル——農村とは何か』（《乡村：农村与"地区循环共生圈"的概念图是什么》）

Woods，Michael（2011），高柳长直、中川秀一监译，农林统计出版社（2018）

推荐理由：这是英国农村问题研究的标准教材。原著于 2011 年出版，让我们得以了解英国及其他欧洲国家农村的面貌。其结构系统性强，包括"开发农村""生活在农村""重构农村"等章节。希望读者能通过比较本书的结构和内容，体会日本与欧洲在农村问题及其系统化方面的异同。

【参考文献】

稲垣文彦ほか（2014）『震災復興が語る農山村再生——地域づくりの本質』コモンズ

猪俣津南雄（1934）『踏査報告窮乏の農村』改造社（その後，岩波文庫，1982年）

岡田知弘（2020）『地域づくりの経済学入門〔増補改訂版〕——地域内再投資力論』自治
　　体研究社

岡橋秀典（1997）『周辺地域の存立構造——現代山村の形成と展開』大明堂

小田切徳美（2004）「自立した農山漁村地域をつくる」大森彌・小田切徳美ほか『自立と
　　協働によるまちづくり読本——自治「再」発見』ぎょうせい

小田切徳美（2014）『農山村は消滅しない』岩波新書

小田切徳美・橋口卓也編著（2018）『内発的農村発展論』農林統計出版

国土交通省・ライフスタイルの多様化と関係人口に関する懇談会（2021）「最終とりまと
　　め——関係人口の拡大・深化と地域づくり」

斎藤幸平（2020）『人新世の「資本論」』集英社新書

指出一正（2016）『ぼくらは地方で幸せを見つける——ソトコト流ローカル再生論』ポプ
　　ラ新書

田代洋一（2014）「地域格差と協同の破壊に抗して」農文協編『規制改革会議の「農業改
　　革」——20氏の意見』農文協

田中輝美（2021）『関係人口の社会学——人口減少時代の地域再生』大阪大学出版会

田林明編著（2013）『商品化する日本の農村空間』農林統計出版

寺谷篤志・澤田廉路・平塚伸治編著（2019）『創発的営み——地方創生へのしるべ鳥取県
　　智頭町発』今井印刷

冨山和彦（2014）『なぜローカル経済から日本は甦るのか——GとLの経済成長戦略』PHP
　　新書

平井太郎（2020）「ワークショップにおける「参加の実質化」をめぐって」『農村計画学会
　　誌』39巻 Special Issue 号

藤田佳久（1981）『日本の山村』地人書房

藤山浩（2015）『田園回帰1％戦略——地元に人と仕事を取り戻す』農文協

保母武彦（1996）『内発的発展論と日本の農山村』岩波書店

牧野光朗編著（2016）『円卓の地域主義』事業構想大学院大学出版部

増田寛也・冨山和彦（2015）『地方消滅創生戦略篇』中公新書

水野和夫（2007）『人々はなぜグローバル経済の本質を見誤るのか』日本経済新聞出版社

宮口侗廸（2007）『新・地域を活かす——地理学者の地域づくり論』原書房

宮口侗廸・木下勇ほか編著（2010）『若者と地域をつくる——地域づくりインターンに学
　　ぶ学生と農山村の協働』原書房

宮本憲一（1989）『環境経済学』岩波書店

宮本憲一・横田茂・中村剛治郎編（1990）『地域経済学』有斐閣

除本理史・佐無田光（2020）『きみのまちに未来はあるか？——「根っこ」から地域をつくる』岩波ジュニア新書

Bushe，G. R. et Marshak，R. J.（2015）Dialogic Organization Development：The Theoryand Practice of Transformational Change，Berrett-Koehler Publishers.（中村和彦訳『対話型組織開発——その理論的系譜と実践』栄治出版，2018 年）

Woods，Michael（2011）Rural，Routledge（高柳長直・中川秀一監訳『ルーラル——農村とは何か』農林統計出版，2018 年）

译后记

POSTSCRIPT TRANSLATION

  本译著之缘起，余撰博士论文《日本地方振兴政策研究》，多引日本农政学界宿儒小田切德美先生之论著，以为拙作之论据。感先生研究之精深博大，遂生推广之志。经数次书信往还，幸获先生支持与中译授权，乃着手联系国内出版业者。询诸多家出版社而未果，幸得中国标准出版社刘立梅编辑引荐，遂与中国农业出版社结缘。向出版社呈递小田切先生近著《日本农业政策变迁》《创建乡村发展新模式：可持续农村发展论》之简介及中译样章，以供审核立项。经社方综合考量，终定《创建乡村发展新模式：可持续农村发展论》一书立项，盖其可为我国推进乡村振兴提供裨益。

  余学识尚浅，译作中诸如"团结经济理论"等难解之论，一度阻碍翻译进程。后得恩师麻宝斌教授指导，幸而有所突破。历时近一载，夜以继日，译著终成。谨此特别感谢中国农业出版社编辑及工作人员，为译著出版协议之订立，不辞辛劳，穿梭于中日之间。译作之成，实赖中日双方鼎力相助，虽未一一提及尊名，谨此一并致谢！

  引介小田切德美先生全面回顾日本战后农业政策之力作《日本农业政策变迁》于国内，亦为助力丰富国内相关领域研究之初衷。祈未来若机缘成熟，此心得偿。

廉　成

谨识于甲辰吉月

始觉书斋